NOODLES
NOODLES
ASIA

NOODLES ASIA

FOTOGRAFIEN VON · TAISUKE YOSHIDA

CHIHIRO MASUI · MINH-TÂM TRÂN · MARGOT ZHANG

AUS DEM FRANZÖSISCHEN VON HELMUT ERTL

150 REZEPTE FÜR RAMEN, UDON, SOBA & CO

KNESEBECK

INHALT

Einleitung **7**
Die asiatische Nudelküche **9**
Chinesische Nudeln **14**
Vietnamesische Nudeln **15**
Japanische Nudeln **16**
Asiatische Nudelvielfalt **19**

KLEINE SCHALEN
Somen-Suppe **42**
Soba-Suppe **43**
Soba mit Pilzen **44**
Soba mit Nori **46**
Soba mit Zitrusfrüchten **47**
»Ausgefuchste« Soba **48**
»Dachs«-Soba **49**
Soba mit Natto **50**
Soba mit Mochi **51**
Suiton nach Art meiner Mutter **52**
Soba mit Süßkartoffel **54**
Kalte Somen auf chinesische Art **56**
Mian des sonnigen Frühlings **58**
Mian mit Tsa Tsai **60**
Fen mit Essig und Chiliöl **62**
Hu Tieu mit Fisch **66**
Bun mit Meerbarbe **67**
Mien mit Huhn **68**
Kalte koreanische Nudelsuppe **70**

GROSSE SCHALEN
Soba nach Art der Barbaren im Süden **76**
Udon mit Garnelen-Tempura **78**
Tempura **80**
Soba mit Kakiage **82**
Udon-Nudel-Topf **84**
Miso-Suppe mit Udon **86**
Ramen nach Art von Hakata **88**
Ramen mit Sojasauce **90**
Ramen mit Kimchi **91**
Ramen mit Salz, Char Siu und Spinat **92**
Ramen mit Gemüse **93**
Instant-Ramen **94**

Ramen mit Miso **95**
Ramen nach Art von Madame Ebina **96**
Lamian mit Rindfleisch **98**
Mian mit Rindfleisch nach Art von Taiwan **102**
Mi Fen nach Art von Guilin **103**
Mian des Nudelträgers **104**
Mian mit Wan-Tans **106**
Wan-Tans mit Schweinefleisch-Garnelen-Füllung **108**
Mi Xian »überqueren die Brücke« **110**
Pho mit Rindfleisch **112**
Spezial-Pho nach Art des Südens **114**
Pho-Brühe **116**
Pho mit Huhn **118**
Banh Canh mit Schweinerippe **120**
Banh Canh mit Krebsfleisch **124**
Bun mit Hanoi-Brühe **125**
Bun mit Bambussprossen und Ente **126**
Bun mit Krebsfleisch und Tofu **128**
Bun mit Rindfleisch aus Hue **130**
Hu Tieu mit Schweinefleisch und Garnelen nach Art von Saigon **132**
Hu Tieu mit Schweinefleisch und Garnelen nach Art von My Tho **134**
Hu Tieu mit Rindfleisch und Shacha-Sauce **136**
Mi mit Ente und Shiitake-Pilzen **138**

NUDELN MIT SAUCE
Hiyamugi **144**
Grüntee-Soba **145**
Kalte Soba **146**
Udon Sukiyaki **148**
Udon mit Rohkostgemüse **150**
Udon mit Umeboshi und Wakame **151**
Kalte Udon mit Umeboshi **152**
Shabu-Shabu mit Udon **153**
Frische Udon mit Lachs und seinem Kaviar **154**
Kalte Mian mit Huhn **156**
Mian mit Sesamsauce **157**
Mian mit Auberginen **158**
Mian mit Frühlingszwiebeln **160**

Mian mit roter Sojasauce **161**
Mian nach Art von Wuhan **162**
Geschnippelte Mian mit Tomaten **164**
Mian mit Tomaten **165**
Mian mit Dalu-Sauce **166**
Mian nach Art von Chongqing **170**
Geschabte Mian mit Gemüse **171**
Mian Dandan **172**
Mian mit Zhajiang-Sauce **174**
Hue Tieu ohne Brühe **176**
Bo Bun **178**
Bun mit Schweinefleisch und Zitronengras **182**
Bun mit Huhn und Zitronengras **183**
Bun mit Fisch, Kurkuma und Dill **184**
Mi Quang mit Schweinefleisch und Garnelen **186**
Mi Quang mit Huhn **188**
Mi Quang mit Tofu und Gemüse **190**
Bun mit Lachs **192**
Bun mit Tofu und Zitronengras **194**
Bun Cha nach Art von Hanoi **196**
Bun mit Tofu und Garnelenpaste **198**
Banh Hoi mit knusprigem Schweinefleisch **200**
Banh-Hoi-Küchlein **202**
Gedämpfte Mi Fen **204**
Koreanische Fadennudeln mit Kimchi **206**

GEBRATENE NUDELN
Gebratene Mien mit Gemüse **212**
Gebratene Pho mit Rindfleisch **214**
Mi mit Schweinefleisch und Garnelen **216**
Gebratene Mi mit Gemüse und Garnelen **218**
Fen Si mit Möhren **220**
Mian mit Sojasauce **222**
Mian mit Huhn **223**
Mian mit Shiitake-Pilzen **224**
He Fen auf kantonesische Art **226**
Gezupfte Mian nach Art der Uiguren **230**
Geschmorte Mian mit grünen Bohnen **231**
Gewürfelte Mian mit Gemüse **232**

Mi Fen nach Art von Taiwan **234**
Mi Fen nach Art von Singapur **236**
Gebratene Mian nach Art von Shanghai **238**
Fen Tiao mit Schweinefleisch **240**
»Krabbelnde Ameisen« **242**
Udon mit Gemüse **244**
Festtags-Yakisoba **246**
Spaghetti mit Nori und Parmesan **250**
Spaghetti auf japanische Art **251**
Koreanische Glasnudelpfanne **252**
Thai-Nudeln mit Erdnusssauce **254**
Gebratene Thai-Reisnudeln **256**
Umwickelte Garnelen **258**

Asiens Speisekammer **261**
Brühen & Grundrezepte **285**
Rezeptverzeichnis **312**
Vegetarische und glutenfreie Rezepte **314**
Rezepte nach Getreide- und Stärkearten **316**
Dank **318**
Die Autorinnen **318**

Minh-Tâm Tran, Chihiro Masui und Margot Zhang (v. l. n. r)

EINLEITUNG

Es war einmal in Paris, der schönsten Stadt der Welt, als sich eines Abends auf einer Party drei Frauen trafen ... Sie hießen Chihiro, Minh-Târm und Margot.

Die erste kam aus Japan, wo sie als Kind einer Journalistenfamilie geboren wurde. Die zweite kam in Frankreich zur Welt, fühlte sich aber der Kultur ihrer vietnamesischen Eltern und großen Familie aus Gelehrten verbunden. Die dritte schließlich stammte aus Peking, der riesigen geschichts- und kulturträchtigen Stadt, in der ihr schon die Mutter das Kochen beigebracht hatte. Sie alle aßen gern und teilten eine leidenschaftliche Neugier auf alles Essbare.

So begab es sich, dass wir uns trafen und die Geschichte begann.

Anders als im geeinten Europa sind die Nationen Asiens nicht sonderlich gut aufeinander zu sprechen. Doch dem Einzelnen, ganz gleich ob aus China, Vietnam, Japan, Thailand oder Laos, sind diese Gräben völlig gleichgültig, wenn die sprachlichen Barrieren und eine gewisse Befangenheit erst einmal überwunden sind.

Eines Tages sprach eine Freundin das ominöse Wort aus, das in uns rumorte – »Pan-Asien«. Eigentlich kein schönes Wort, es klingt ungelenk und hat einen fast bedrohlichen Beigeschmack jener expansionistischen Diktaturen, unter denen der Kontinent in der Vergangenheit so sehr zu leiden hatte. Doch verkörpert es auch eine Hoffnung – die Hoffnung auf ein geeintes Asien.

Und das pan-asiatische Symbol schlechthin, das Streetfood par excellence, dem man an jeder Straßenecke und auf jedem Herd Asiens begegnet, ist nun mal die Nudel.

Das war das Wundervolle an unserer Begegnung, zu erkennen, wie viel wir doch gemeinsam haben und wie bereichernd das andere sein kann. Der gegenseitige Austausch, das Kennenlernen noch unbekannter Techniken. Was gibt es Schöneres, als die Küche einer anderen Kultur zu entdecken, über ein neuartiges Gericht zu staunen und unsere Messer und Arbeitsbretter, unsere Töpfe und Pfannen zu teilen?

Hier also ein sechshändiges Werk, entstanden aus Freude und Freundschaft, über die Besonderheiten unserer Heimatländer und was sie rund um ein universelles Nahrungsmittel unterscheidet und was sie verbindet – die Nudel.

Es lebe die Nudel!

DIE ASIATISCHE NUDELKÜCHE

Vor langer, langer Zeit befand sich in der Mitte der Welt ein riesiges Land. Man nannte es das Reich der Mitte. Dort lebte an den Ufern eines großen Flusses ein Mann. Unglücklicherweise war er sehr arm und eines Tages stellte er fest, dass er kein einziges Reiskorn mehr besaß, um seine Familie zu ernähren. Lediglich eine Handvoll Hirse war ihm geblieben. So kam er auf die Idee, das Getreide zu zermahlen und mit Wasser zu verrühren. Den Teig zerrupfte er in schmale Bänder und warf sie wie Reis in kochendes Wasser. An jenem Abend schlugen sie sich die Bäuche voll.

So wurde die Nudel geboren ... möglicherweise.

In Wirklichkeit weiß niemand so genau, wer die Nudel erfand und wie sie so viele Formen annehmen konnte. Im Jahr 2005 stieß man am Ufer des Gelben Flusses auf 4000 Jahre alte Nudelreste, was die Legende ihrer Erfindung in China zu erhärten scheint. Die Italiener hingegen beharren darauf, dass ihre Spaghetti den Ursprung aller Nudeln dieser Welt markieren ...

Immerhin sind wir Asiaten uns da einig. Die Nudel, jene lange dünne Teigschnur und Symbol der Langlebigkeit, stammt aus China. Japaner, Vietnamesen, Laoten, Thailänder, Koreaner und natürlich die Chinesen – sie alle sind felsenfest davon überzeugt, dass die Nudel chinesischen, nicht italienischen Ursprungs ist.

Asien ist ein zentralistisch geprägter Kontinent. Alles kommt aus China, die Schrift, das Wort, Porzellan, Stoffe – und die Küche. Sojasauce, Ravioli und Reiskuchen, sie alle stammen aus China. Und das gilt auch für Nudeln. Im Wok pfannengerührt, im Tontopf gegart, frisch im Dämpfkorb serviert, aus Reis-, Weizen- oder Buchweizenmehl, jedes Land mag seine ganz eigenen Nudelsorten und Zubereitungsarten haben, doch die Idee der Nudel als ausgerollte und in lange dünne Schnüre geschnittene Teigware, die geeignet ist, eine Sauce oder Brühe aufzunehmen, dieses Konzept der asiatischen Nudel verdanken wir den Chinesen.

Ist die Vormachtstellung der chinesischen Nudel in Asien auch unstrittig, so hält jede Kultur stolz ihre eigenen Nudeln hoch. Ob aus japanischem Buchweizen oder vietnamesischem Reis, ob eckig, flach oder rund, Nudeln sind nach Reis das zweitwichtigste Grundnahrungsmittel in Asien. Im Norden Chinas, wo die Böden karger und eher für den Weizen- als für den Reisanbau geeignet sind, aber auch auf Asiens Straßen begegnet man Nudeln vermutlich häufiger als Reis.

In Europa ist Suppe vor allem ein nahrhaftes Winteressen, die meist den Charakter eines dicken Eintopfs oder einer gebunden Cremesuppe hat. Diese Form der Suppe ist in Asien unbekannt, Asiens Suppen sind ungebunden und klar. Darum schreien sie geradezu nach einer Einlage aus Nudeln. Denken Sie an die italienische Minestrone mit ihrer Pasta und dem klein geschnittenen Gemüse in einer nahezu klaren Brühe. Oder an Rinderkraftbrühe, die gern mit Eierstich oder anderen Einlagen serviert wird. Es gibt also durchaus das Konzept einer klaren Bouillon mit einer stärkehaltigen Einlage. Den Begriff »Nudelsuppe« kennt man in Asien nicht, man betrachtet sie nicht als »Suppe«, sondern als Nudelgericht und Nudeln harmonieren nun mal besonders gut mit einer Brühe.

Bei »Nudeln« denken Asiaten zuerst an eine große Schale mit einer heißen Flüssigkeit, in der die Nudeln schwimmen. An zweiter Stelle kommen Nudeln aus dem Wok und ihre regionalen Spielarten wie die vietnamesischen Reis-Vermicelli, die man wie Reis zu Fleisch und Gemüse reicht, oder die japanischen Soba, die frisch in eiskalter Brühe genossen werden.

DER STATUS DER NUDELN

In China und Vietnam wird Nudelsuppe meist als eigenständiges Gericht serviert, das man praktisch zu jeder Tageszeit genießt, sei es zum Frühstück, als Imbiss zwischendurch oder als schnelles Abendessen. Dagegen werden im Wok oder in einer Sauce zubereitete Nudeln gewöhnlich als Teil einer umfangreicheren Auswahl von anderen Speisen eingerahmt. Die asiatische Tafel unterscheidet nicht zwischen Vorspeise, Hauptgang und Beilage. Alle Gerichte werden gleichzeitig serviert und gemeinsam geteilt. So können Nudeln den Reis ebenso gut ersetzen wie begleiten.

In Japan haben Nudeln fast immer den Rang einer vollwertigen Mahlzeit, selbst wenn sie weder mit Fleisch noch mit einem Fettanteil aufwarten können. Nudeln in Begleitung einer zweiten stärkehaltigen Zubereitung kommen selten auf den Tisch. Morgens essen die Japaner keine Nudeln, wohl aber als Snack, als Mittagessen oder am Abend. Eine nächtliche Schale Ramen nach später Rückkehr aus einem Club ist ein Klassiker.

In Asien gibt es keine »Sauce« im französischen Sinne. In der französischen Küche wird eine Sauce über eine Speise gegossen, um sie deckend zu überziehen. Sie ist integraler Bestandteil eines Gerichts, während die asiatische Sauce vielmehr als Würzmittel dient, wie Sojasauce, Nuoc-Mam (Fischsauce) oder Austernsauce. Wie Worcestersauce oder Ketchup werden sie direkt zum Abrunden über eine Speise gegeben oder für Marinaden und zum Würzen eingesetzt.

Die Bandbreite reicht von kalter Brühe, die man in Japan im Sommer zu Soba-Nudeln genießt, bis zur »Nem-Sauce«, in Vietnam ein Muss zu den in Salat gewickelten Reis- oder Glasnudeln, die in kleinen Schälchen zum Dippen dazu serviert wird, die ausschließlich diesem Zweck dienen.

Wir haben in diesem Buch die Rezepte kapitelweise so geordnet, dass Nudelgerichte, die mit einer eher sämigen Zubereitung nappiert oder gebunden werden, und solche, die man in eine dünnflüssige »Stippe« taucht und direkt im Mund verschwinden lässt, jeweils zusammenstehen.

SÜSS-SALZIG

In der Würze manifestieren sich die regionalen Unterschiede.

Im Norden regiert die Sojasauce, im Süden die Fischsauce. Ganz allgemein gilt, je weiter man in den Süden gelangt, desto mehr Zucker kommt ins Spiel. Wenn also im Norden Asiens Sojasauce dominiert, die ursprünglich aus China stammt, dank der Marke Kikkoman in ihrer japanischen Variante jedoch weiter verbreitet ist, so wird im Süden Chinas mehr Zucker eingesetzt als im Norden. Und ist man erst mal in Vietnam oder noch weiter südlich, enthalten Nudelgerichte eine stattliche Dosis Zucker und Fischsauce, wie etwa das Pad Thai aus Thailand.

Doch liebt man in Asien ganz allgemein süß-salzige Aromen. In der japanischen Küche wird viel mit indirektem »verstecktem« Zucker gearbeitet, während die Chinesen gern zu Zucker greifen, um Aromen zu glätten und miteinander in Einklang zu bringen.

Die gewichtige Präsenz des Zuckers in der »salzigen« Küche erklärt, warum in Asien ein Essen traditionell nicht mit einem Dessert, sondern mit Früchten beschlossen wird.

MONONATRIUMGLUTAMAT (NATRIUMGLUTAMAT)

Glutamat oder Glutaminsäure ist eine Aminosäure, die in diversen Nahrungsmitteln von Natur aus vorkommt, etwa in Kombu, schwarzen Trüffeln, Parmesan, rohem Schinken und Tomaten.

Mononatriumglutamat, die chemisch hergestellte Variante, wirkt als Geschmacksverstärker. Wie Zucker oder Salz schmeckt es an sich nicht gut, doch in Verbindung mit einer Speise fügt es sogleich eine neue Komponente hinzu und unterstreicht den natürlichen Eigengeschmack der Zutaten. Mithilfe von Glutamat lässt sich eine Brühe mit deutlich geringeren Zutatenmengen zubereiten. Ein einfaches Beispiel: Für eine Schweinebrühe, die ohne Glutamat genauso kräftig sein soll wie mit, benötigt man die zehnfache Menge an Knochen. Selbst dann fällt ihr Geschmack oft noch weniger intensiv aus. Wenn Sie in der Küche auf Glutamat verzichten, werden Sie nie denselben

kräftigen Geschmack erzielen, wie man ihn aus dem Restaurant kennt.

Sogar Restaurants, die auf ihrer Karte stolz den Verzicht auf Glutamat verkünden, verwenden es, da es in zahlreiche Produkte fließt, die niemand selbst herstellen könnte. Wer völlig ohne Glutamat auskommen möchte, müsste sämtliche Saucen und Würzmittel selbst herstellen.

Dennoch haben wir uns in diesem Buch dafür entschieden, auf die zusätzliche Zugabe von Glutamat zu verzichten. Sie können das natürlich anders handhaben. Glutamat findet man in vielen Formen, als weißes Pulver der Marke Ajinomoto oder als »Chicken Powder« (zum Beispiel von Maggi).

VEGETARISCH ODER GLUTENFREI?

Im buddhistisch geprägten Asien hat die vegetarische Küche eine lange Tradition. Doch hat sich auch die chinesische Gepflogenheit, Schweinefleisch und Huhn zu verarbeiten, verbreitet. Und in Japan, wo der Verzehr von Fleisch ein Jahrtausend lang verboten war, ist Fisch allgegenwärtig. Sämtliche Grundbrühen in diesem Buch enthalten Fleisch oder Fisch, bis auf die vegetarische japanische Brühe, die mit Shiitake-Pilzen und Kombu-Algen zubereitet wird. Sie kann jede andere Brühe im Buch ersetzen.

Reisnudeln und Soba-Nudeln, die zu 100 Prozent aus Buchweizen bestehen, sind weizenfrei. Sie bieten sich für die glutenfreie Rezepte an. Bei Tamari handelt es sich um eine japanische Sojasauce, die ausschließlich aus Soja und Salz hergestellt wird. Man findet sie in jedem Bio-Laden und kann sie anstelle von chinesischer oder herkömmlicher japanischer Sojasauce verwenden (eventuell muss man etwas Zucker hinzufügen). Die vietnamesische Nuoc-Mam (Fischsauce) wird auf Sardellenbasis hergestellt und enthält kein Gluten.

Am Ende des Buches finden Sie ein Verzeichnis mit Rezepten, die sich ohne Fleisch, Fisch oder Gluten realisieren lassen.

EIN BUCH ÜBER NUDELN

In diesem Buch stellen wir unsere Nudelgerichte so vor, wie wir sie am liebsten mögen. Mal getreu nach einem traditionellen Rezept zubereitet, mal mit einigen Anpassungen an das hiesige Angebot an Zutaten. Auch eigene Kreationen sind dabei, denen Sie garantiert noch nirgends begegnet sind.

Im ersten Teil des Buches finden Sie Anleitungen, die Schritt für Schritt illustrieren, wie man so manche Nudelsorte selbst herstellen kann. Dabei sollten Sie allerdings wissen, dass die Nudelherstellung ein Handwerk ist, das Übung und Erfahrung erfordert und für den Neuling nicht ganz einfach ist.

Im Anschluss folgen die Rezepte für kleine Schalen, große Schalen, Nudelgerichte mit Sauce, gebratene Nudeln ... Und im letzten Teil stellen wir die Grundzutaten vor, mit denen Sie in Asiens Nudelkosmos aus dem Vollen schöpfen können!

Wir wünschen guten Appetit.

CHINESISCHE NUDELN

In China gibt es unzählige Nudelsorten von jeder Form und Konsistenz, deren Namen je nach Zubereitung, Region und Dialekt zudem noch variieren. Es kann also etwas tückisch sein, sich in dem babylonischen Gewirr der Nudeln und ihrer Verwendung zurechtzufinden.

Zumindest lassen sich zwei Hauptgruppen voneinander unterscheiden: Die auf Weizenmehlbasis hergestellten Mian-Nudeln und die aus anderen Mehlen gefertigten Fen-Nudeln.

Dazu gibt es geografisch bedingte Variationen. Im Norden Chinas werden Nudeln auf andere Weise hergestellt als im Süden, wenngleich heute landesweit das komplette Nudelsortiment zur Verfügung steht. Im Norden sind Weizennudeln traditionell von weißer Farbe, sie bestehen ausschließlich aus Weizenmehl, Salz und Wasser. Je weiter man in den Süden gelangt, desto mehr kommen Pottasche (Kaliumkarbonat) und Eier ins Spiel, die die Nudeln zunehmend gelb färben.

Einige typische Gerichte der chinesischen Küche sind so bekannt, dass über die zu verwendende Nudelsorte kein Zweifel besteht, selbst wenn sie nicht genannt wird. Jeder Chinese weiß, dass es sich bei »Mian des sonnigen Frühlings« um sehr feine weiße Fadennudeln aus Weizenmehl handelt. In einer Suppe mit Wan-Tans sind die Nudeln dünn und gelb, weil dem Teig Enteneier zugesetzt werden.

Es beginnt immer mit der Zubereitung der Garnitur und der Brühe oder Sauce, »Jiaotu« auf Mandarin – »etwas zum begießen«. Anschließend wählt man je nach Appetit oder nach dem, was die Speisekammer so hergibt, die Nudeln aus. So kann man für »Mian mit Tsa Tsai« (siehe Seite 60) mehr oder weniger feine, flache oder runde Nudeln verwenden. Eine ungeschriebene Regel gibt es allerdings: pikante und sämig-dicke Saucen (wie Zhajiang- oder Dalu-Sauce) werden mit mittel- oder großformatigen Nudelsorten kombiniert (Typ Spaghetti oder Fettuccine), während man für eine leichte Brühe, etwa wie bei Mian mit Wan-Tans (siehe Seite 106) eher zu feineren Nudeln greift.

VIETNAMESISCHE NUDELN

In den Essgewohnheiten der Vietnamesen rangieren Nudeln hinter Reis auf Platz zwei. Jede Region oder Stadt hat je nach Jahreszeit und Anlass (Alltags-, Festtags- oder Straßenküche) ihre eigenen Spezialitäten hervorgebracht, bei denen immer auch Nudeln mit von der Partie sind.

Da in Vietnam kein Weizen angebaut wird, dominieren Nudeln auf Reisbasis (in erster Linie Banh Pho und Bun), gelegentlich unter Zusatz eines variablen Anteils an Tapiokastärke. Sie macht die Nudeln elastisch und leicht glasig, ganz so wie sie die Vietnamesen gern mögen. Die Konsistenz der Nudeln ist ein wichtiges Kriterium. So isst man Nudeln in einer Suppe grundsätzlich heiß und ohne viel Federlesens. Nudeln, die als Garnitur oder Beilage dienen, werden nach dem Garen grundsätzlich kalt abgeschreckt, damit sie nicht zu weich werden.

Es gibt auch etliche Sorten an Glasnudeln aus so unterschiedlichen Zutaten wie Yambohnen, Australischem Pfeilwurz oder Mungbohnen (hierzulande oft mit Sojabohnen verwechselt). Letztere sind die einzigen, die auch außerhalb Vietnams zu finden sind. Tauchen gelegentlich auch Weizennudeln auf dem vietnamesischen Esstisch auf, so spiegeln sie meist den Einfluss der chinesischen Küche.

Jede Nudelsorte ist für ein spezifisches Gericht bestimmt und nicht austauschbar. Immerhin kann man die Größe der Sorten variieren, wie etwa bei Pho, einer vietnamesischen Suppe, in der die Nudeln im Norden des Landes größer sind als im Süden.

In Vietnam sind Nudelgerichte in der Regel eigenständige Mahlzeiten (ob leicht oder gehaltvoll), die keine zusätzliche stärkehaltige Komponente auf dem Tisch erfordern. Nudelsuppen werden gern heiß zum Frühstück und Mittag gegessen, immer begleitet von einem Teller frischer aromatischer Kräuter, Limetten und frischen Chilis, von dem sich jeder nach Wunsch bedienen kann. Nudeln mit einer Sauce oder als Beilage werden lauwarm genossen und gemeinschaftlich mit Freunden und Familie geteilt.

JAPANISCHE NUDELN

Mit dem Buddhismus, der Sojasauce und dem Miso gelangten die Nudeln im 17. Jahrhundert aus China nach Japan. Ihre chinesische Herkunft mag erklären, warum japanische Nudeln überwiegend aus Weizenmehl hergestellt werden. Reisnudeln findet man kaum.

Anders als im Rest Asiens sind die Größen und Herstellungsverfahren der japanischen Nudeln meist klar definiert. Im gesamten Archipel gibt es nur wenige Sorten, die tagtäglich konsumiert werden.
- Udon, die ältesten, sind relativ dicke helle Nudeln aus Weizenmehl. Somen, dünne Fadennudeln, sowie die etwas dickeren Hiyamugi und Kishimen sind Varianten von Udon.
- Soba sind Buchweizennudeln, die in veränderlichen Anteilen auch Weizenmehl enthalten können. Ihre Herstellung ist recht schwierig und daher dem kundigen Handwerk vorbehalten. Japanischer Buchweizen unterscheidet sich von seinem europäischen Kollegen, er ist feinkörniger und kräftiger im Aroma.
- Ramen sind die japanische Spielart der chinesischen Lamian. Da sie im Gegensatz zu Udon und Soba als chinesische Nudeln betrachtet werden, sind sie erst im Zuge der wirtschaftlichen Entwicklung und des sich ausbreitenden Fleischkonsums in den 1970er-Jahren populär geworden. Spiegelt sich ihre chinesische Herkunft auch in der Zusammensetzung vieler Gerichte, vor allem in Kombination mit Schweine- oder Hühnerbrühe sowie Bambus und Sesam, so wurden sie doch in einer Weise an die japanischen Zutaten und Essgewohnheiten angepasst, die sie deutlich von ihren chinesischen Vorbildern unterscheidet. Das geht so weit, dass man Ramen im Ausland heute vielfach für »die japanische Nudel« schlechthin hält.

Das Besondere am Genuss traditioneller japanischer Nudeln (also Ramen ausgenommen) ist, dass ihr reiner Eigengeschmack und das sogenannte Nodogoshi, wörtlich, »wie sich die Nudeln anfühlen, wenn sie den Schlund passieren«, im Vordergrund stehen. Darum werden in keinem anderen Land Nudeln so schlicht und schnörkellos serviert wie in Japan, denn am besten lassen sich ihre Qualitäten würdigen, indem man sie kalt mit nichts als einer Brühe zum Benetzen und ohne jegliche Garnitur oder Fettzugabe genießt.

Ebenfalls eine japanische Besonderheit ist, dass manche Nudelgerichte nur zu bestimmten Jahreszeiten gegessen werden – kalte oder sogar geeiste Gerichte im Sommer zur Erfrischung, heiße und wärmende im Winter. So sucht man manches Nudelgericht außerhalb der Saison vergebens, beispielsweise die im Sommer gelegentlich auf Eis servierten Hiyamugi (siehe Seite 144) oder den herzhaften, reich garnierten Udon-Nudel-Topf (siehe Seite 84), den man ausschließlich in der Winterzeit isst. Japanische Nudeln finden Sie im Asia-Handel und in Bioläden.

ASIATISCHE NUDELVIELFALT

1. INANIWA UDON
Typ: getrocknete weiße Nudeln
Form: runder Querschnitt
Land: Japan
Zusammensetzung: Weizenmehl, Salz
Garzeit in kochendem Wasser: 5 Minuten
Eine getrocknete Udon-Variante aus der Region Akita, die mit den Sorten Sanuki und Kishimen zu den »drei großen Udon-Nudeln« Japans zählen. Die recht dünnen Nudeln werden wegen ihrer glatten Beschaffenheit geschätzt.

2. SPAGHETTI
Typ: getrocknete oder frische Nudeln
Form: runder Querschnitt
Land: Italien
Zusammensetzung: Weizenmehl
Garzeit in kochendem Wasser: 8–10 Minuten
Eine in Japan häufig verwendete Nudelsorte, die auf traditionelle wie auf japanische Art zubereitet wird.

3. JIANSHUI MIAN
Typ: getrocknete oder frische Nudeln
Form: runder oder flacher Querschnitt
Land: China
Zusammensetzung: Weizenmehl, Pottasche
Garzeit in kochendem Wasser: 4 Minuten
Diese Nudeln werden häufig im Süden und Südosten Chinas verwendet.

4. UDON (GETROCKNET)
Typ: getrocknete weiße Nudeln
Form: quadratischer Querschnitt
Land: Japan
Zusammensetzung: Weizenmehl, Salz
Garzeit in kochendem Wasser: 13 Minuten
Sie sind dünner als frische Udon-Nudeln.

5. CHA SOBA
Typ: getrocknete Nudeln
Form: quadratischer Querschnitt
Land: Japan
Zusammensetzung: Buchweizenmehl, Weizenmehl, grüner Tee
Garzeit in kochendem Wasser: 6 Minuten
Mit fein pulverisiertem grünem Tee (Matcha) aromatisierte Soba-Nudeln.

6. HIYAMUGI
Typ: weiße Nudeln
Form: runder Querschnitt
Land: Japan
Zusammensetzung: Weizenmehl, Salz
Durchmesser: 1,3–1,7 mm
Garzeit in kochendem Wasser: 4 Minuten
Gewöhnlich kalt im Sommer genossen, daher ihr Name, der so viel wie »kalter Weizen« bedeutet. Von Hand gezogen heißen sie Tenobe-Hiyamugi.

7. SOBA
Typ: dünne graubraune Nudeln
Form: quadratischer Querschnitt
Land: Japan
Zusammensetzung: Buchweizen, Weizenmehl, in veränderlichen Mengenanteilen
Garzeit in kochendem Wasser: 6 Minuten
Soba-Nudeln von besserer Qualität haben einen höheren Buchweizenanteil von 80 bis zu 100 %.

8. SOMEN
Typ: getrocknete Fadennudeln
Form: runder Querschnitt
Land: Japan
Zusammensetzung: Weizenmehl, Salz
Durchmesser: nach japanischem Lebensmittelrecht maximal 1,3 mm im getrockneten Zustand
Garzeit in kochendem Wasser: 1 Minute 30 Sekunden
Handgezogene Somen nennt man Tenobe-Somen, sie dürfen bis zu 1,7 mm im Durchmesser messen.

9. HONGSHU FEN SI
Typ: getrocknete Fadennudeln
Form: runder Querschnitt
Land: China
Zusammensetzung: Süßkartoffelstärke
Einweichen in 95 °C heißem Wasser: 30 Minuten
Garzeit in kochendem Wasser oder in der Pfanne: 1–2 Minuten
Werden im Nordosten Chinas und in der Provinz Sichuan verwendet.

10. JIANGXI MI FEN
Typ: getrocknete Nudeln
Form: runder Querschnitt
Land: China
Zusammensetzung: Reismehl
Durchmesser: 1,3 mm
Garzeit in kochendem Wasser: 8 Minuten
Verwendet man in der Provinz Jiangxi für Reisnudelgerichte, allen voran für Mi Fen aus Guilin.

11. KISHIMEN ODER GUA MIAN
Typ: getrocknete weiße Nudeln
Form: flach und schmal
Land: China, Japan
Zusammensetzung: Weizenmehl, Salz
Durchmesser: nach japanischem Lebensmittelrecht mindestens 4,5 mm breit und maximal 2 mm dick. In China gibt es keine verbindlichen Vorgaben.
Garzeit in kochendem Wasser: 4–5 Minuten
Andere regionale Bezeichnungen: Hiramen, Himokawa, Kuangua Mian

12. BUN BO HUE
Typ: getrocknete Nudeln
Form: runder Querschnitt
Land: Vietnam
Zusammensetzung: Reismehl
Durchmesser: 2 mm
Garzeit in kochendem Wasser: 8 Minuten
Diese Nudeln kommen ausschließlich für die vietnamesische Suppe Bún Bò Huê zum Einsatz.

YUNNAN MI XIAN
Typ: getrocknete Nudeln
Form: runder Querschnitt
Land: China
Zusammensetzung: Reismehl
Durchmesser: 1,4 mm
Garzeit in kochendem Wasser: 8 Minuten
Werden für Reisnudelgerichte der Provinz Yunnan verwendet, vor allem für die berühmten »Über-die-Brücke-Nudeln«. Hierzulande sind sie nicht zu finden und werden durch Bun Bo Hue ersetzt.

13. BANH PHO ODER HE FEN
Typ: frische oder getrocknete Nudeln
Form: flach, bandförmig
Land: Vietnam, China
Zusammensetzung: Reismehl
Durchmesser: 2–15 mm
Einweichen: 30 Minuten
Garzeit in kochendem Wasser: 1–2 Minuten
»Pho« bezeichnet sowohl die Nudel als auch die berühmteste unter den vietnamesischen Suppen.

14. BANH HU TIEU
Typ: getrocknete Bandnudeln
Form: flach, bandförmig
Land: Vietnam
Zusammensetzung: Weizenmehl, Tapiokastärke, in veränderlichen Mengenanteilen
Breite: 1–5 mm
Garzeit in kochendem Wasser: 5–6 Minuten
Hu-Tieu-Nudeln aus der vietnamesischen Stadt My Tho werden für ihre elastische und glasige Beschaffenheit geschätzt, die sie ihrem hohen Anteil an Tapiokastärke verdanken.

15. HU TIEU ODER SHA HE FEN
Typ: frische Bandnudeln
Form: flach, bandförmig
Land: Vietnam, China
Zusammensetzung: Reismehl, Tapiokastärke, in veränderlichen Mengenanteilen
Breite: 15 mm
Garzeit in kochendem Wasser: 30 Sekunden bis 1 Minute

16. HU TIEU ODER SHA HE FEN – BREIT
Typ: frische Bandnudeln
Form: flach, bandförmig
Land: Vietnam, China
Zusammensetzung: Reismehl, Pflanzenöl
Breite: 25 mm
Garzeit in kochendem Wasser: 1 Minute bis 1 Minute 30 Sekunden

17. FEN TIAO
Typ: getrocknete Bandnudeln
Form: flach, bandförmig
Land: China
Zusammensetzung: Süßkartoffelstärke
Einweichen in 95 °C heißem Wasser: 30–40 Minuten
Langsames Garen samt Garnitur: 30–40 Minuten
Werden in der nordöstlichen Küche Chinas viel verwendet.

18. MI FEN
Typ: frische oder getrocknete Fadennudeln
Form: runder Querschnitt
Land: China
Zusammensetzung: Reismehl
Einweichen: 15 Minuten in lauwarmem Wasser
Garzeit in der Pfanne oder in kochendem Wasser: 1–2 Minuten
Diese Fadennudeln werden 2–3 Tage fermentiert, anschließend gegart und dann getrocknet.

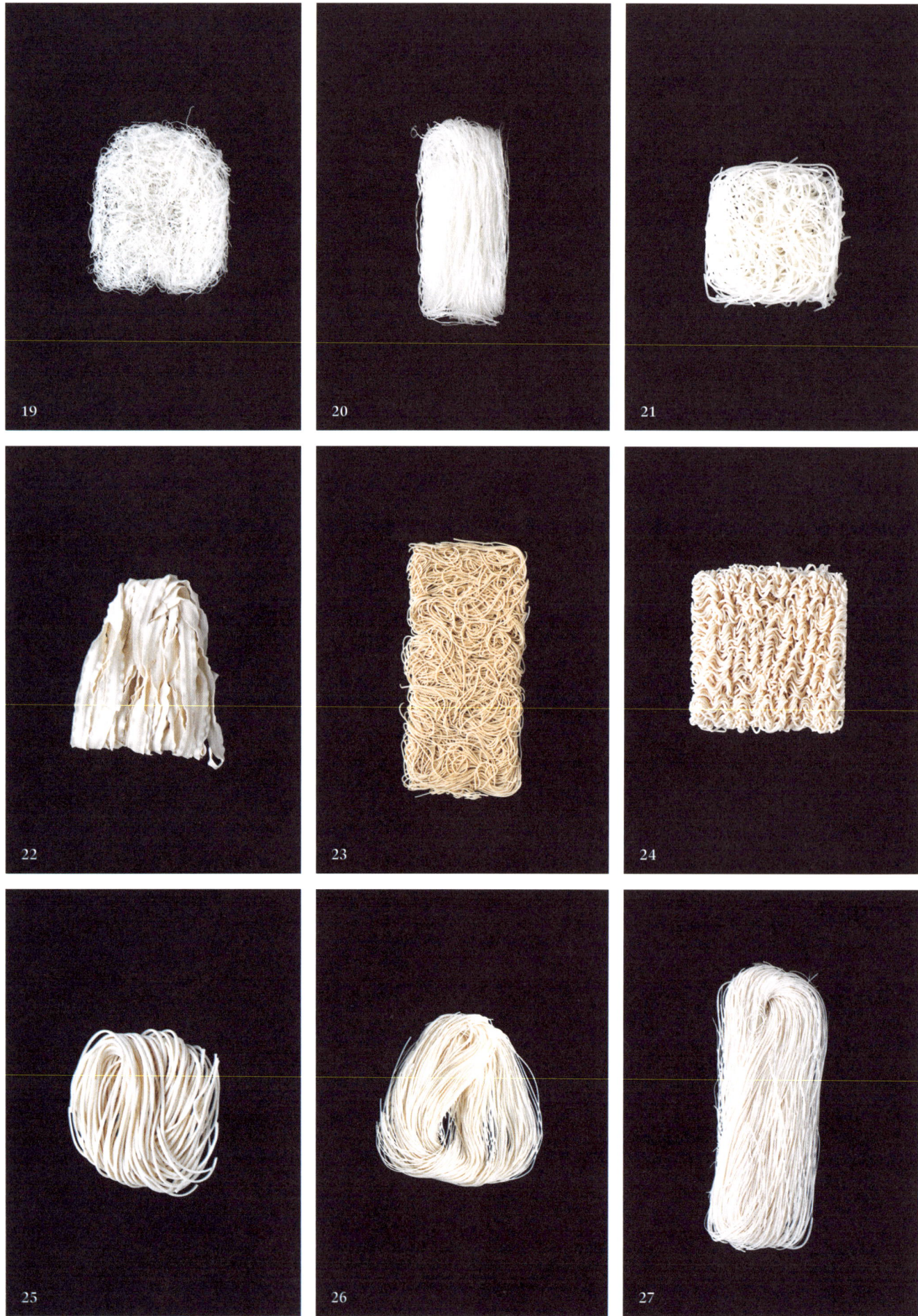

19. BANH HOI
Typ: getrocknete Fadennudeln
Form: runder Querschnitt
Land: Vietnam
Zusammensetzung: Reismehl
Durchmesser: weniger als 0,5 mm
Einweichzeit: 20 Minuten
Garzeit im Dampf: 30 Sekunden bis 1 Minute
Die gegarten Nudeln werden gern in der Pfanne gebraten oder als Beilage zu vietnamesischen Grillgerichten gereicht.

20. FEN SI ODER BUN TAU, MIEN ODER HARUSAME
Typ: getrocknete Fadennudeln
Form: runder Querschnitt
Land: China, Vietnam, Japan
Zusammensetzung: Mungbohnenstärke
Durchmesser: 1 mm
Einweichzeit: 15 Minuten in lauwarmem Wasser
Garzeit in kochendem Wasser: 1–2 Minuten
Für Suppen, Pfannengerichte u. v. m.

21. BUN
Typ: frische oder getrocknete Fadennudeln
Form: runder Querschnitt
Land: Vietnam
Zusammensetzung: Reismehl
Garzeit in kochendem Wasser: 7–8 Minuten
Heiß in Suppe genossen oder lauwarm in Verbindung mit anderen Zubereitungen.

22. GESCHABTE NUDELN (DAO XIAO MIAN)
Typ: getrocknete Nudeln
Form: flach mit gewellten Rändern
Land: China
Zusammensetzung: Weizenmehl
Garzeit in kochendem Wasser: 2–3 Minuten

23. DAN MIAN
Typ: getrocknete Nudeln
Form: runder Querschnitt
Land: China
Zusammensetzung: Weizenmehl, Ei, Salz
Garzeit in kochendem Wasser: 2–3 Minuten
Sehr feine, klebfreie Nudeln für Pfannengerichte.

24. INSTANT-NUDELN
Typ: frittierte getrocknete Nudeln
Form: quadratischer Querschnitt
Land: ganz Asien, ursprünglich aus Japan
Zusammensetzung: Weizenmehl, Öl
Garzeit: 2–3 Minuten
Die klassischen Instant-Nudeln sind gelb, aus Weizen und frittiert, doch findet man heute alle möglichen Varianten: nicht frittiert, weiß in Udon-Machart, als vietnamesische oder thailändische Reisnudeln …

25. GAN QIE MIAN
Typ: getrocknete Nudeln
Form: quadratischer Querschnitt
Land: China
Zusammensetzung: Weizenmehl, Salz
Garzeit in kochendem Wasser: 3–4 Minuten
Die getrocknete Version von Qie Mian, die klassische Allzwecknudel, vor allem im Norden des Landes.

26. LONGXU MIAN
Typ: getrocknete Fadennudeln
Form: runder Querschnitt
Land: China
Zusammensetzung: Weizenmehl, Salz
Garzeit in kochendem Wasser: 1 Minute 30 Sekunden

27. MIAN XIAN
Typ: getrocknete Nudeln
Form: runder Querschnitt
Land: China
Zusammensetzung: Weizenmehl
Durchmesser: 0,5 mm
Garzeit in kochendem Wasser: 30 Sekunden bis 1 Minute

28. XIAN DAN MIAN
Typ: frische dünne Eiernudeln
Form: quadratischer Querschnitt
Land: China (Süden)
Zusammensetzung: Weizenmehl, Ei
Garzeit in kochendem Wasser: 1–2 Minuten
Als Einlage für Suppen verwendete Nudeln, besonders mit Wan-Tans.

29. QIE MIAN
Typ: frische Nudeln
Form: quadratischer Querschnitt
Land: China
Zusammensetzung: Weizenmehl, Salz
Garzeit in kochendem Wasser: 2–3 Minuten
Wörtlich »mit dem Messer geschnittene Nudeln«. Die in China am häufigsten verwendeten frischen Nudeln, besonders im Norden.

30. UDON (FRISCH)
Typ: dicke weiße Nudeln
Form: quadratischer Querschnitt
Land: Japan
Zusammensetzung: Weizenmehl, Salz
Garziehen in kochend heißem Wasser: 3 Minuten
Immer im Vakuumpack zu 120 g angeboten. Man kann sie ohne vorheriges Garen verwenden. Besonders geschätzt werden Sanuki-Udon, die etwas dickeren »besten Udon Japans«.

31. BANH CANH
Typ: frische dicke weiße Nudeln
Form: quadratischer Querschnitt
Land: Vietnam
Zusammensetzung: Reismehl, Tapiokastärke, in veränderlichen Mengenanteilen
Durchmesser: etwa 5 mm
Garzeit in kochendem Wasser: 30 Sekunden bis 1 Minute
Sie ähneln den japanischen Udon-Nudeln, sind jedoch etwas kürzer, und werden ausschließlich für Suppen eingesetzt. Oft sind sie hausgemacht.

32. YOU MIAN ODER MI TUOI
Typ: frische Fadennudeln
Form: quadratischer Querschnitt oder röhrenförmig
Land: China (Süden) und Vietnam
Zusammensetzung: Weizenmehl, Pottasche, Ei
Garzeit in kochendem Wasser: 1 Minute
Für Pfannengerichte und saucenhaltige Zubereitungen.

33. SHIRATAKI ODER ITO KONNYAKU
Typ: in Wasser eingelegte Fadennudeln
Form: runder Querschnitt
Land: Japan
Zusammensetzung: Konjak-Mehl, Kalziumhydroxid
Garzeit: vor der Verwendung in kochendem Wasser blanchieren
Konjak ist die Wurzel der Teufelspflanze, deren unter Einwirkung von Kalziumhydroxid gelierte Stärke in Japan in Form von grauen oder weißen Platten und Nudeln verkauft wird. Wegen seines geringen Brennwertes von fünf bis zehn Kalorien pro hundert Gramm wird es hierzulande auch im Rahmen bestimmter Diätformen in Form von appetithemmenden Kapseln, Kugeln oder Fadennudeln angeboten.
Konjak ist von sehr eigentümlicher elastischer und gallertartiger Textur und von einem ausgeprägt unangenehmen Geruch, der sich aber beim Kochen verflüchtigt. Es ist geschmacksneutral und nimmt Gewürze nur in sehr geringem Maße auf.

NUDELN GAREN

Sämtliche Nudelsorten werden in gleicher Weise gegart.

Getrocknete Reisnudeln müssen grundsätzlich in lauwarmem Wasser eingeweicht werden, getrocknete Nudeln aus Süßkartoffelstärke in heißem Wasser. Die Einweichdauer variiert je nach Sorte. Machen Sie den Fingertest. Wenn die Nudeln weich sind und sich mühelos falten oder wickeln lassen, sind sie einsatzbereit.

Reis-, Weizen- und Buchweizennudeln werden, sofern nicht anders angegeben, direkt, ohne vorheriges Einweichen in kochendem Wasser gegart.

Über die Garzeiten gibt die Anleitung auf der Verpackung Auskunft. Für Nudeln, die in einer Suppe serviert werden, veranschlagt man 30 Sekunden weniger.

1. Eine ausreichend große Menge Wasser zum Kochen bringen, sodass die Nudeln darin frei »schwimmen« können, jedoch nicht Gefahr laufen, überzukochen.

2. Die Nudeln wie sie sind – als Nester oder in Stangen, wie Spaghetti – in das kochende Wasser geben.

3. Falls nötig, die Nudeln durch behutsames Rühren ein wenig entflechten, damit sie nicht aneinanderkleben und gleichmäßig garen.

4. Die Nudeln die auf der Packung angegebene Zeit garen.

 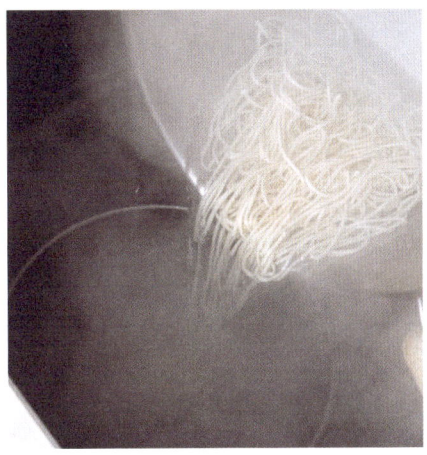 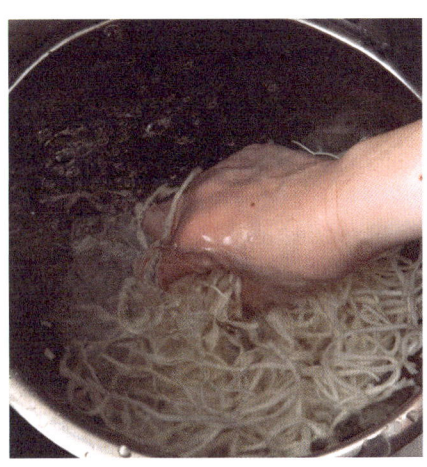

5. Die Nudeln sind gar, sobald sie oberflächlich leicht glasig sind, jedoch nicht kleben. Sie sollten sich mühelos um die Stäbchen wickeln lassen, aber noch ein wenig Spannkraft haben und elastisch sein.

6. Die Nudeln abgießen. Am besten ein feinmaschiges Sieb verwenden, die gelochte Variante hält zu viel Wasser zurück und die Nudeln sollten schnell abtropfen.

7. Die Nudeln unter fließendem Wasser kalt abschrecken. Japanische und vietnamesische Nudeln gibt man nach dem Abgießen sofort in eine Schüssel Eiswasser und rührt sie mit den Händen durch, um den Prozess zu beschleunigen und die anhaftende Stärke abzuwaschen. Anschließend gründlich abtropfen lassen.

Gut zu wissen: In China und Japan gießt man das Kochwasser nach dem Garen häufig nicht weg, sondern stellt es heiß. Im Norden Chinas wird es zum Abschluss des Essens getrunken. In Japan werden die abgeschreckten Nudeln darin wieder erhitzt oder man verdünnt damit die dazu servierte Brühe. Soba, Udon und andere japanische Nudeln werden nicht »geölt«. Wenn sie kleben, spült man sie unter fließendem Wasser ab, bis sie sich voneinander lösen, und taucht sie anschließend in einem Sieb kurz noch einmal in das siedende Wasser, um sie wieder zu erhitzen.
Chinesischen Nudeln darf nach dem Garen und Abtropfen ein wenig Öl zugesetzt werden.

HAUSGEMACHTE SOBANUDELN

1. Beide Mehle in einer sehr großen Schüssel vermengen. Etwas Wasser hinzugeben und alles mit der Hand zu einer krümeligen Mischung vermengen.

2. Nach und nach über etwa 10 Minuten weiteres Wasser zugießen und mit der Hand einarbeiten. In dieser Phase auf keinen Fall versuchen, einen kompakten Teig zu formen.

3. In dieser Weise fortfahren, bis sämtliches Wasser eingearbeitet und eine krümelige Mischung entstanden ist.

4. Die Mischung zu einem kompakten Teigkloß zusammenfassen.

In Japan ist die Herstellung von Soba-Nudeln professionellen Nudelmachern vorbehalten, da sie viel Erfahrung und handwerkliches Können voraussetzt. Für Neulinge ist es extrem schwierig, die dünnen Nudeln so hinzubekommen, dass sie nicht reißen. Außerdem unterscheidet sich der hiesige Buchweizen von seiner japanischen Variante, sein Mehl hat weniger Bindefähigkeit. Hier ist dennoch eine einfache Methode, die man erfolgreich zu Hause anwenden kann. Die Soba-Nudeln werden zwar nicht so fein und lang wie im Restaurant, doch das Buchweizenaroma ist köstlich, wir jedenfalls haben die Nudeln genossen!

ERGIBT 700 G SOBA-NUDELN
400 g Buchweizenmehl, gesiebt
100 g Weizenmehl Type 405, gesiebt
230 ml Wasser

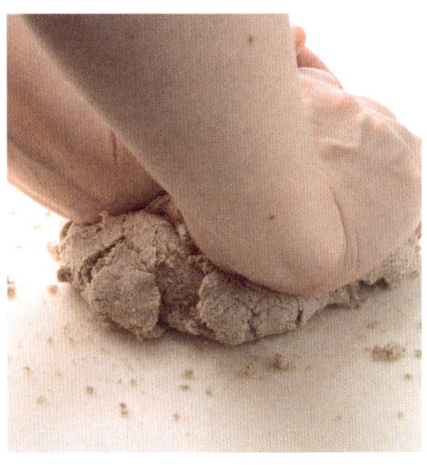  

5. Den Teig 150 Mal kneten …

6. … bis er sich zu einer Kugel geformt hat.

7. Den Teig mit einem Wellholz 1–2 mm dünn zu einem Rechteck ausrollen.

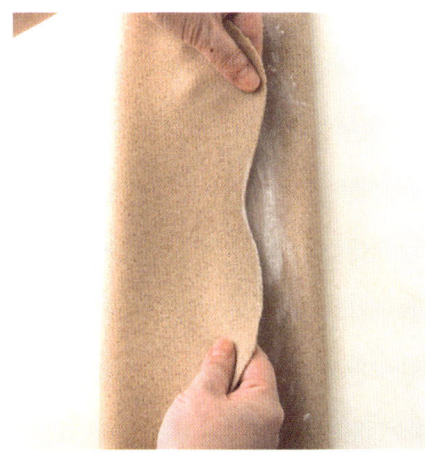  

8. Den Teig leicht mit Mehl bestauben und dann dreifach zusammenfalten.

9. Den gefalteten Teig quer auf die Arbeitsfläche legen.

10. Mit einem Messer in dünne Nudeln schneiden. Die Soba können jetzt gegart werden.

BANH CANH

Stellen Sie die fertigen Nudeln bis zu ihrer Verwendung kalt. Vor dem Erhitzen spült man sie unter kaltem Wasser ab, damit sie sich voneinander lösen, anschließend taucht man sie kurz in kochend heißes Wasser.

ERGIBT 400 G BANH-CANH-NUDELN

300 g Reismehl
100 g plus 1 EL Tapiokastärke
1 TL Salz
1 EL neutrales Speiseöl
500 ml kochendes Wasser

1. Das Reismehl in einer Schüssel mit 100 g Tapiokastärke, dem Salz und dem Öl vermengen.

2. Das kochende Wasser in die Mehlmischung gießen.

3. Den Teig kneten, bis er geschmeidig ist.

4. Den Teig zu einem Kloß formen.

5. Die Arbeitsfläche mit 1 EL Tapiokastärke bestauben und den Teig darauf mit einem Wellholz ausrollen.

6. Den Teig zu einem 4 mm dicken Rechteck auswellen.

7. Den ausgerollten Teig mit ein wenig Tapiokastärke bestauben.

8. Den Teig umdrehen und von der anderen Seiten ebenfalls bestauben.

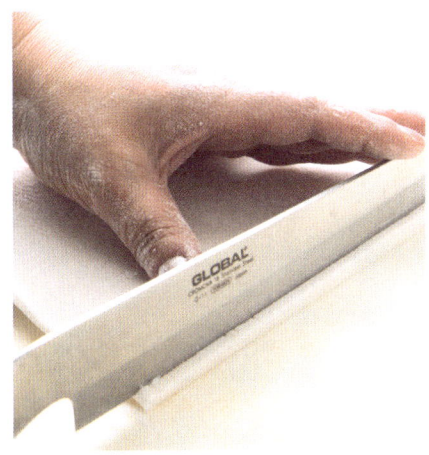

9. Mit einem großen Küchenmesser am Rand der Teigplatte einen 4 mm breiten Streifen abschneiden, …

10. … von der Arbeitsfläche lösen und zur Seite legen.

11. In dieser Weise den gesamten Teig in Streifen schneiden.

12. Die Banh-Canh-Nudeln können jetzt gegart werden.

MIAN BIANG BIANG

Dies ist eine Spezialität aus der chinesischen Provinz Shaanxi in der Mitte der Volksrepublik mit der Hauptstadt Xi'an. Ihr Name »Biang Biang« spielt lautmalerisch auf das Geräusch an, das der Teig macht, wenn man ihn auf die Arbeitsfläche knallt. Man nennt sie auch »Gürtelnudeln«, weil sie lang und breit wie ein Gürtel sind.

ERGIBT 320 G BIAN-BIANG-NUDELN
200 g Weizenmehl Type 405
½ TL Salz (2 g)
120 ml lauwarmes Wasser (40 °C)

1. Mehl und Salz in einer Schüssel vermengen und anschließend in 6–7 Portionen das lauwarme Wasser zugießen.

2. Vor jeder weiteren Zugabe das Wasser mit zwei Stäbchen oder einer Gabel sorgfältig unterrühren.

3. Es soll kein homogener Teig, sondern eher eine krümelige Masse entstehen.

4. Die Teigkrümel mit den Händen zusammenfassen.

5. Der Teig ist relativ feucht.

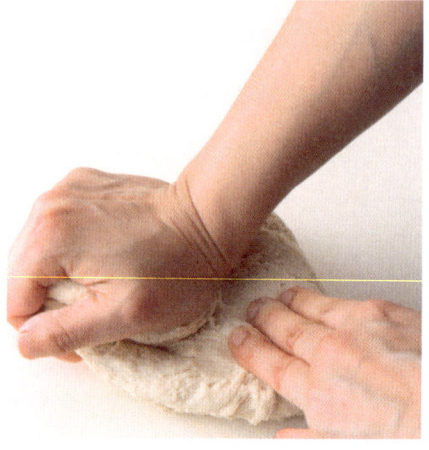

6. Sobald sich der Teig zu einem Kloß verbindet, diesen auf der nicht bemehlten Arbeitsfläche durchkneten.

7. Den Teig, wenn er glatt und homogen ist, zu einer Kugel formen.

8. In eine Schüssel legen, mit einem feuchten Tuch zudecken und 30 Minuten bis 1 Stunde ruhen lassen.

9. Den Teig mit einem Wellholz zu einem 3 mm dünnen runden Fladen ausrollen.

 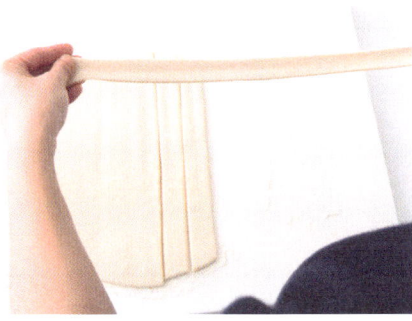 

10. In 4 cm breite Streifen schneiden, mit Frischhaltefolie bedecken und abermals 30 Minuten bis 1 Stunde ruhen lassen.

11. Die Nudelbänder einzeln an beiden Seiten sanft ein wenig in die Länge ziehen.

12. Die Bänder sollten anschließend mindestens doppelt so lang wie zuvor sein.

13. So sollten sie anschließend aussehen.

14. In einem Topf ungesalzenes Wasser zum Kochen bringen und die Nudeln darin sofort abkochen, damit sie nicht kleben.

15. Nach 3 Minuten Garzeit die Nudeln abgießen. Sie sind jetzt glatt und geschmeidig und von zartem Biss.

LAMIAN

ERGIBT 320 G LAMIAN-NUDELN
175 g Weizenmehl Type 405
25 g Weizenmehl Type 550
½ TL Salz (2 g)
115 ml lauwarmes Wasser (40 °C)
1 ½ TL Öl (6 g)
3 EL Öl für das Blech

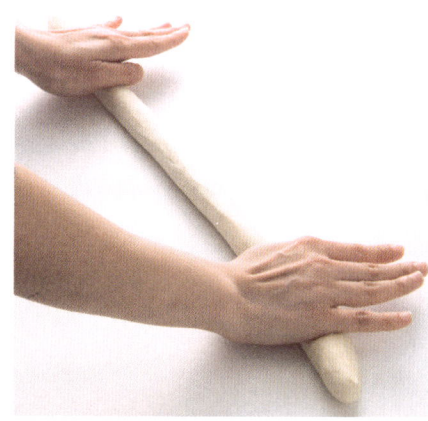

1. Wie für Mian Biang Biang (siehe Seite 32) aus sämtlichen Zutaten einen Teig bereiten.

2. Den Teig auf der Arbeitsfläche mithilfe der Hände zu einer langen Wurst von etwa 3 cm Durchmesser rollen.

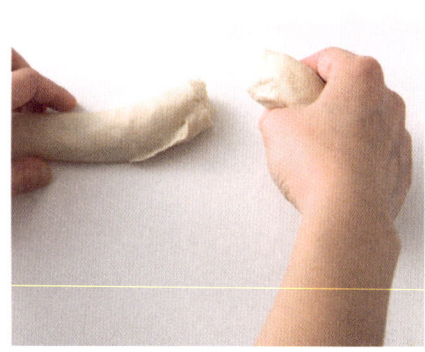

3. Die Teigwurst in 8 cm lange Stücke zerteilen.

4. Ein Blech einölen und die Teigstücke darauflegen. Mit einem feuchten Tuch zudecken und 20–30 Minuten ruhen lassen.

5. Die Teigstücke einzeln zu langen Strängen rollen, bis sie etwa bleistiftdünn sind.

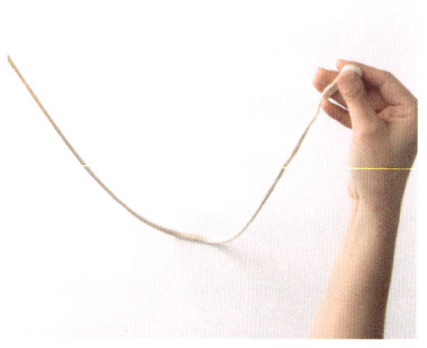
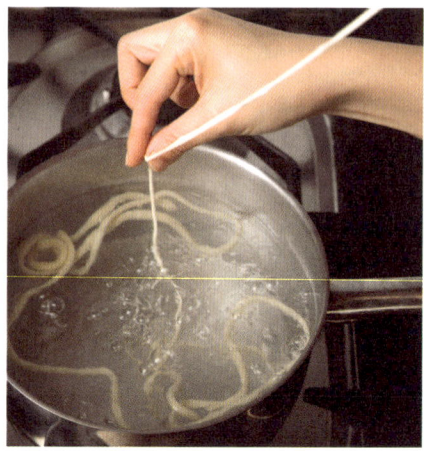

6. Die Teigschnüre auf dem eingeölten Blech mit einem feuchten Tuch bedeckt 30 Minuten ruhen lassen.

7. Wasser zum Kochen bringen. Die Teigschnüre einzeln an den Enden aufnehmen und in die Länge ziehen.

8. Das Ganze muss rasch geschehen, sonst reißt der Teig. Die Nudeln nach und nach in das kochende Wasser tauchen und 2–3 Minuten garen.

GESCHABTE MIAN-NUDELN

Geschabte oder geschnittene Mian-Nudeln, »Dao Xiao Mian« auf Mandarin, sind eine Spezialität aus der Provinz Shaanxi, die in China als das Nudelparadies schlechthin gilt. Der speziell für diesen Zweck konzipierte Nudelschaber ist bei uns nicht ganz einfach zu finden, darum zeigen wir Ihnen hier auch eine Methode mit einem klassischen Küchenmesser.

ERGIBT 300 G GESCHABTE MIAN-NUDELN
200 g Weizenmehl Type 405
½ TL Salz (2 g)
100 ml lauwarmes Wasser (40 °C)

Nach derselben Methode wie für Mian Biang Biang (siehe Seite 32) einen Teig bereiten.

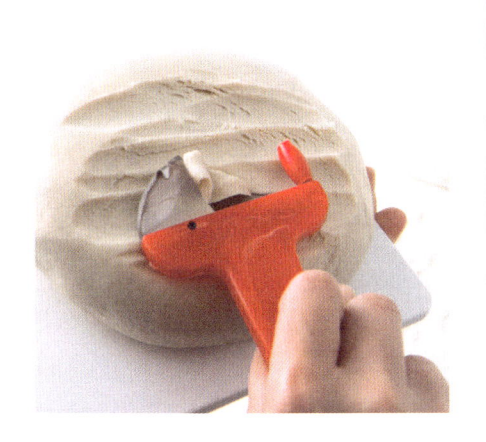

MIT EINEM MIAN-SCHABER
1. Den Schaber leicht geneigt auf dem Teig ansetzen und »Späne« von 6–7 cm Länge abhobeln.

2. Die Nudeln leicht mit Mehl bestauben.

3. Die Mian in kochendem Wasser 1–2 Minuten garen.

MIT EINEM MESSER
1. Den Teig auf ein Brett platzieren. Das Brett in die eine Hand nehmen, das Messer in die andere.

2. Mit schnellen rhythmischen Bewegungen dünne Teigstückchen abschneiden, etwas beherzt, damit sie möglichst gleichmäßig ausfallen.

3. Die Nudeln 1–2 Minuten in kochendem Wasser garen. Werden sie nicht gleich gegessen, kalt abschrecken und mit etwas Öl benetzen.

GESCHNIPPELTE MIAN-NUDELN

ERGIBT 320 G GESCHNIPPELTE MIAN-NUDELN
200 g Weizenmehl Type 405
½ TL Salz (2 g)
120 ml lauwarmes Wasser (40 °C)

1. Den Teig wie für Mian Biang Biang zubereiten (siehe Seite 32).

2. Den Teig zu einer Kugel formen und die Basis durch etwas Druck auf die Arbeitsfläche abflachen, sodass eine Art Kuppel entsteht.

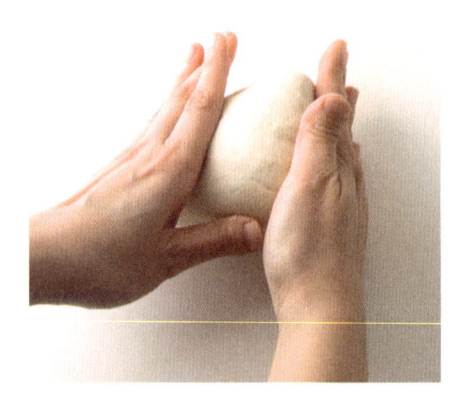

3. Die Teigkuppel auf der Arbeitsfläche hin und her rollen, bis sie eine konische Form angenommen hat.

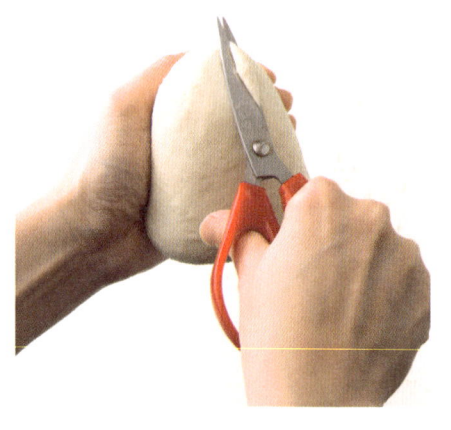

4. Den Teig fest in die eine Hand nehmen, die Schere in die andere ...

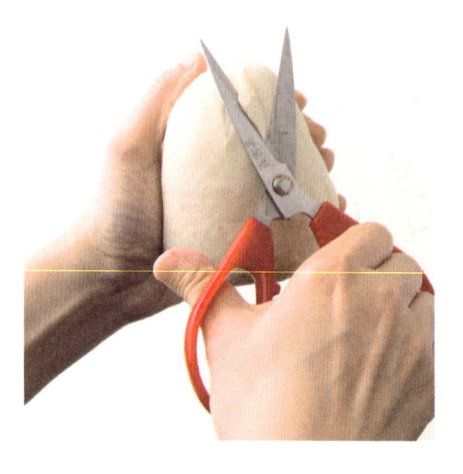

5. ... und kleine Teigstückchen abschneiden. Die Mian sofort 3–4 Minuten in kochendem Wasser garen.

6. Werden sie nicht gleich gegessen, die Nudeln unter fließendem Wasser kalt abschrecken und 1 EL Öl untermischen.

GEZUPFTE MIAN-NUDELN

ERGIBT 320 G GEZUPFTE MIAN-NUDELN
200 g Weizenmehl Type 405
½ TL Salz (2 g)
120 ml lauwarmes Wasser (40 °C)

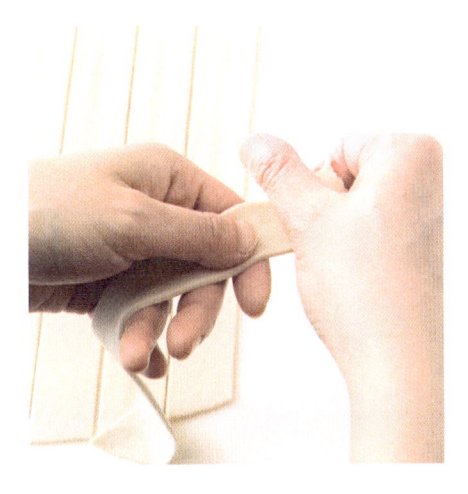

1. Wie für Mian Biang Biang (siehe Seite 32) einen Teig bereiten und bis zu Schritt 12 der Anleitung folgen.

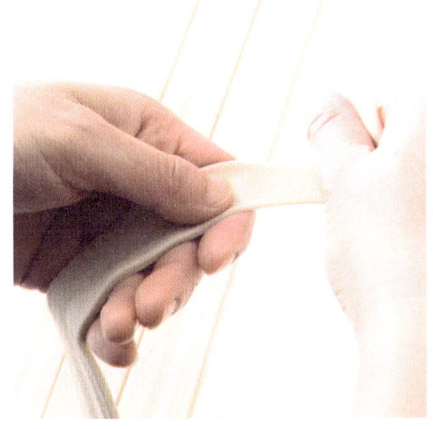

2. Ein Teigband zwischen Daumen und Zeigefinger halten und mithilfe des Daumens mit einem kurzen kräftigen Ruck …

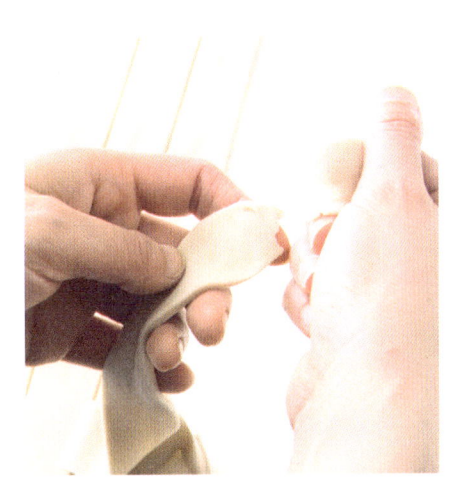

3. … ein kleines quadratisches Stück abreißen. In dieser Weise den gesamten Teig in Stücke zupfen.

4. Die gezupften Mian-Nudeln 3 Minuten in kochendem Wasser garen, unter fließendem Wasser kalt abschrecken und abtropfen lassen. Anschließend sofort unter die gewählte Brühe oder Garnitur mengen.

SCHALEN
KLEINE

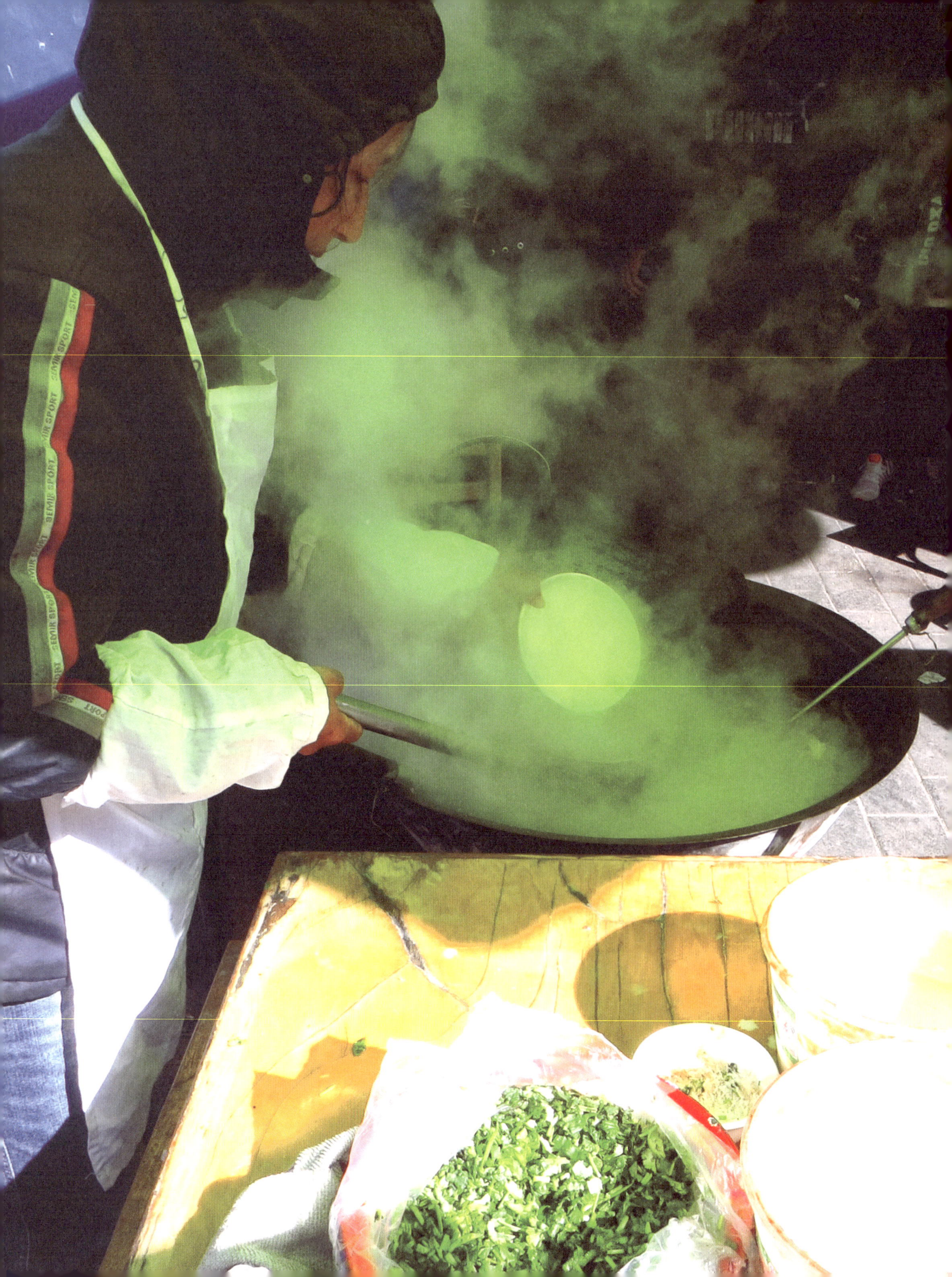
SEMIR SPORT

Zu unseren »Kleinen Schalen« zählen heiße Nudelsuppen, die von der Menge, ihrer Substanz und den Zutaten eher ein leichtes Essen abgeben, ideal als Frühstück, schnelles Mittagessen oder Imbiss. In Asien bekommt man sie sogar spät nachts an Straßenständen.

Für Asiaten ist es völlig normal, geräuschvoll zu essen. So kann man erleben – und hören! – wie sie laut vernehmlich und genussvoll ihre Nudeln schlürfen, vor allem in Kombination mit einer Suppe. Das ist absolut gang und gäbe, schmeckt sogar besser, wie man sagt.

SOMEN-SUPPE

JAPON · JAPAN · 日本

そうめん（月見そうめん）

FÜR 4 PERSONEN
Vorbereitung: 5 Minuten
Garzeit: 2 Minuten

400 g Somen-Nudeln
800 ml heiße Tsuyu-Brühe
(siehe Seite 289)
4 Wachteleier (nach Belieben)

Die Nudeln nach der Anleitung auf Seite 26 garen.

Die Brühe etwas erhitzen, jedoch nicht zum Kochen bringen. Die Nudeln in einem Sieb 2 Sekunden in die Brühe tauchen, um sie ebenfalls zu erhitzen. Auf die Schalen verteilen und die Brühe hineinschöpfen. Je 1 Wachtelei in die Brühe schlagen, falls verwendet, und sofort servieren.

Gut zu wissen: In der japanischen Alltagsküche, die traditionell arm an tierischem Eiweiß und Fett ist, schlägt man gern ein rohes Ei in die Suppe oder den Reis, wo es in der Resthitze gart. Man kann es stattdessen auch in heißer Brühe pochieren.

SOBA-SUPPE

そば

FÜR 4 PERSONEN
Vorbereitung: 5 Minuten
Garzeit: 6 Minuten

400 g Soba-Nudeln
800 ml heiße Tsuyu-Brühe
(siehe Seite 289)

Die Nudeln nach der Anleitung auf Seite 26 garen. Beiseitestellen.
Das Kochwasser weiter leicht sieden lassen.

Die Brühe etwas erhitzen, jedoch nicht zum Kochen bringen. Die Nudeln, wenn sie kleben, kurz unter fließendem Wasser abspülen, um sie voneinander zu lösen. In einem Sieb 2 Sekunden in ihr Kochwasser tauchen, um sie wieder zu erhitzen.

Die Nudeln auf die Schalen verteilen, die Brühe hineinschöpfen und sofort servieren.

Gut zu wissen: Das mit Nährstoffen angereicherte Kochwasser wird zum Verdünnen der Brühe verwendet, die man als Abschluss eines Essens als klare Suppe trinkt.

SOBA MIT PILZEN

茸そば

FÜR 4 PERSONEN
Vorbereitung: 5 Minuten
Garzeit: 6 Minuten

200 g Shimeji-Pilze
1 Frühlingszwiebel
400 g Soba-Nudeln
800 ml heiße Tsuyu-Brühe
(siehe Seite 289)
Koriandergrün
(nach Belieben)

Die Shimeji-Pilze 3 Minuten in kochendem Wasser blanchieren, bis sie etwas weicher geworden sind. Abtropfen lassen und beiseitestellen. Die Frühlingszwiebel in kurze Stücke schneiden.

Die Nudeln nach der Anleitung auf Seite 26 garen. Das Kochwasser weiter leicht sieden lassen.

Die Brühe etwas erhitzen, jedoch nicht zum Kochen bringen. Die Pilze hineingeben, damit sie durchziehen und das Aroma annehmen.

Die Nudeln, wenn sie kleben, unter fließendem Wasser voneinander lösen. Anschließend in einem Sieb ganz kurz (2 Sekunden) in das heiße Kochwasser tauchen, um sie wieder zu erhitzen.

Die Nudeln auf die Schalen verteilen. Die Brühe mit den Pilzen darüber verteilen, mit den Frühlingszwiebeln garnieren und sofort servieren.

Gut zu wissen: Sie können die Shimeji durch frische Shiitake-Pilze, Champignons, in Scheiben geschnittene Kräuter-Seitlinge oder durch einen Mix verschiedener Sorten ersetzen.

ほんの少し蕎麦汁をつけ、お召し上がりください。
甘味のある蕎麦の味が口の中に広がります。

十割蕎麦

　「きちんと蕎麦の味がする乾麺を作る」と心に決めてから2年、研究熱心な長野県の製麺業者さんにご苦心いただき、ようやく出来上がった十割蕎麦(そば粉100％で作った乾麺)です。

　残念ながら「きちんと」、この副詞に相応しいほどに鮮烈な蕎麦の味ではなく、「そこそこ蕎麦の味がする乾麺」ですが、乾麺○○○○○○○○○○たての蕎麦のように強烈な風味はありませんが、並の乾麺、いや、並の蕎麦屋さ○○○○○○○○○○○○○○○○○○○○います。

　乾燥させる過程で、どうしても○○○○○○○○○○○○○○○○○○原料と製麺技術にあります。

　蕎麦の中でも風味が高○○○○○○○○○○○○○○○○○○○○○○○原料の秘密と教えていただいたのですが、製麺技○○○○○○○○○○○○○○○○○○○○○○○○○○○

　蕎麦粉100％で作○○○○○○○○○○○○○○○○○○○○○○○○○○○

賞味期間(開封前)：○○○○○○

品番：47112
540円(200g)

「蕎麦の○○○○○○○○○○○○○○○○○○○○○○○○○○はありません
とお考○○○○○○○○○○○○○○○○○○○○○○○○呼べない」

　この○○○○○○○○○○○○○○○○○○○○○○○○感と喉
正直な○○○○○○○○○○○○○○○○○○○○○○○○で、蕎
食感と○○○○○○○○○○○○○○○○○○○○○○○○と経験
承知し○○○○○○○○○○○○○○○○○○○○○○○○からっ
えてい○○○○○○○○○○○○○○○○○○○○○○○○乾麺
せん。○○○○○○○○○○○○○○○○○○○○○○○○マイ
「蕎○○○○○○○○○○○○○○○○○○○○○○○○です。
思うに○○○○○○○○○○○○○○○○○○○○○○○○い麺
ジェク○○○○○○○○○○○○○○○○○○○○○○○○十割蕎
「きち○○○○○○○○○○○○○○○○○○○○○○○○
が、乾麺○○○○○○○○○○○○○○○○○○○○○○○
仕上っ○○○○○○○○○○○○○○○○○○○○○○ba5.html

本当の手作○○○

淡路素麺

　厳寒期の淡路島で昔な○○○○○○○○○○○○○○○○
中に職人により丁寧に手延べ○○○○○○○○○○○○
約半日間の乾燥後、19cmに切り揃○○○○○○○○○
蔵に1年間以上囲い、じっくりと熟成させた個○○○○○○○

写真は極細

淡路素麺 極細

　普通の素麺は400本程度の麺を一束50gにまとめてあるのですが、この淡路素麺極細の一束には750本もの麺が入っています。つまり、普通の素麺の半分程度の細さしかありません。職人が麺と対話しながら、手作業で、丁寧に無理なく延ばすので、ここまで極細でもコシが強く、茹でた後も延びにくい素麺に仕上がるのです。均一な極細麺ならではの喉ごしと、手延べならではのコシを兼ね備えた素麺ですから、夏バテで食欲のない時でも、知らず知らずのうちにツルッと喉を通り抜けてしまいます。

品番：47012

淡路素麺 中細

　淡路素麺 中細の一束には500本もの麺が入っていますので、中細といっても普通の素麺に比べ2割程度は細く仕上がっています。極細では細すぎて物足りないと感じられる方には、この中細をおすすめします。

品番：47032

SOBA MIT NORI

海苔そば

FÜR 4 PERSONEN
Vorbereitung: 1 Minute
Garzeit: 5 Minuten

400 g Soba-Nudeln
800 ml heiße Tsuyu-Brühe
(siehe Seite 289)
1 Nori-Blatt (21 x 19 cm)

Die Nudeln nach der Anleitung auf Seite 26 garen. Beiseitestellen.

Die Brühe etwas erhitzen, jedoch nicht zum Kochen bringen. Das Nori-Blatt in vier Stücke schneiden.

Die Nudeln auf Schalen verteilen und die Brühe darüberschöpfen. Je ein viertel Nori-Blatt hineinlegen und sofort servieren.

SOBA MIT ZITRUSFRÜCHTEN

柑橘そば

FÜR 4 PERSONEN
Vorbereitung: 5 Minuten
Garzeit: 6 Minuten

400 g Soba-Nudeln
800 ml heiße Tsuyu-Brühe
(siehe Seite 289)
1 Bio-Zitrone oder -Limette

Die Nudeln nach der Anleitung auf Seite 26 garen. Beiseitestellen.

Die Brühe etwas erhitzen, jedoch nicht zum Kochen bringen. Die Zitrone oder Limette in 2 mm dünne runde Scheiben schneiden.

Die Nudeln auf Schalen verteilen und mit den Zitronen- oder Limettenscheiben garnieren. Die heiße Brühe einfüllen und sofort servieren.

»AUSGEFUCHSTE« SOBA

きつねそば

FÜR 4 PERSONEN
Vorbereitung: 5 Minuten
Garzeit: 15 Minuten

4 Stücke Aburaage (frittierter Tofu)
400 g Soba-Nudeln
800 ml heiße Tsuyu-Brühe
(siehe Seite 289)
Koriandergrün zum Garnieren

FÜR DIE BASISWÜRZE
400 ml Dashi (siehe Seite 286)
3 EL Sake
3 EL dunkle japanische Sojasauce
2 EL Zucker
2 EL Mirin

Sämtliche Zutaten für die Basiswürze in einem Topf kurz aufkochen und vom Herd nehmen.

Den Aburaage zum Entfetten in einem Topf kurz in kochendes Wasser tauchen (2 Sekunden). Anschließend auf Küchenpapier abtropfen lassen, in Hälften oder Viertel schneiden und in der Basiswürze bei mittlerer Hitze unbedeckt garen, bis die Flüssigkeit fast vollständig verkocht ist.

Die Nudeln nach der Anleitung auf Seite 26 garen.

Die Brühe etwas erhitzen, jedoch nicht zum Kochen bringen. Die Nudeln in Schalen anrichten und den Aburaage darauf verteilen. Die heiße Brühe hineinschöpfen und sofort servieren.

Gut zu wissen: Der Legende nach liebt der hinterlistige Fuchs, der den Menschen gern mal einen Streich spielt, frittierten Tofu über alles. Daher der Name dieses großen Klassikers aus der japanischen Nudelküche.

»DACHS«-SOBA

たぬきそば

FÜR 4 PERSONEN

Vorbereitung: 5 Minuten
Garzeit: 6 Minuten

400 g Soba-Nudeln
800 ml heiße Tsuyu-Brühe
(siehe Seite 289)
4 EL Tenkasu
(frittierte Tempura-Flocken)
Gehackte Frühlingszwiebeln
zum Garnieren

Die Nudeln nach der Anleitung auf Seite 26 garen.

Die Brühe etwas erhitzen, jedoch nicht zum Kochen bringen. Die Nudeln auf Schalen verteilen und die heiße Brühe hineinschöpfen. Mit dem Tenkasu bestreuen und sofort servieren.

Gut zu wissen: Der Dachs ist das andere hinterlistige Tier aus der japanischen Mythologie. Zwar ist er wohl nicht besonders versessen auf frittierte Tempura-Brösel, doch gibt er dem Gericht seinen Namen.

SOBA MIT NATTO

納豆そば

FÜR 4 PERSONEN
Vorbereitung: 5 Minuten
Garzeit: 6 Minuten

400 g Soba-Nudeln
800 ml heiße Tsuyu-Brühe (siehe Seite 289)
100–120 g Natto (fermentierte Sojabohnen)
Frühlingszwiebelringe zum Garnieren

Die Nudeln nach der Anleitung auf Seite 26 garen.

Die Brühe etwas erhitzen, jedoch nicht zum Kochen bringen. Die Nudeln auf Schalen verteilen und je 1 großzügigen Löffel Natto dazugeben. Die heiße Brühe hineinschöpfen, mit Frühlingszwiebeln garnieren und sofort servieren.

SOBA MIT MOCHI

力そば

FÜR 4 PERSONEN
Vorbereitung: 5 Minuten
Garzeit: 10 Minuten

400 g Soba-Nudeln
800 ml heiße Tsuyu-Brühe
(siehe Seite 289)
4 Stücke Mochi (Reisküchlein)
½ Bund Frühlingszwiebeln,
in Ringe geschnitten
4 Scheibchen Narutomaki
(nach Belieben)

Die Nudeln nach der Anleitung auf Seite 26 garen.

Die Brühe etwas erhitzen, jedoch nicht zum Kochen bringen. Die Mochi-Stücke im vorgeheizten Backofen unter den Heizstäben rösten, bis sie kräftig aufgebläht sind.

Die Nudeln auf die Schalen verteilen. Je 1 Mochi-Reisküchlein hineingeben und die Brühe zugießen. Mit Frühlingszwiebeln bestreuen, nach Belieben mit einem Scheibchen Narutomaki garnieren und sofort servieren.

Gut zu wissen: Für dieses Gericht werden die Mochi-Küchlein gern gegrillt, weil sie dabei ein angenehmes Röstaroma entwickeln.

SUITON NACH ART MEINER MUTTER

JAPON · JAPON · 日本

母のすいとん

FÜR 4 PERSONEN
Vorbereitung: 5 Minuten
Garzeit: 6 Minuten

150 g Weizenmehl
800 ml Tsuyu-Brühe
(siehe Seite 289)
Frühlingszwiebelringe zum
Garnieren

Das Mehl mit 30 ml Wasser verrühren. Die Brühe zum Kochen bringen.

Mit einem Löffel aus dem Mehlteig kleine Klöße abstechen und in die siedende Brühe gleiten lassen, bis sämtlicher Teig verbraucht ist. Sobald die Suiton an die Oberfläche steigen, sind sie gar. Mit Frühlingszwiebeln garnieren und sofort servieren.

Chihiro: Diese Suppe mit Mehlklößen aß man in Notzeiten, wenn es keinen Reis mehr gab, darum ist sie so schlicht. Es sind zwar keine Nudeln, doch meine Mutter machte diese Klöße immer, wenn etwas Brühe oder Miso-Suppe übrig war. Die Suiton werden weicher, wenn man den Teig jeweils zur Hälfte aus Mehl und Kartoffelstärke bereitet. Wer den Klößchen mehr Würze einhauchen möchte, ersetzt die Hälfte des Wassers durch Dashi.

リコノグラフィオ
（序に代へて）

二八そばうどん、御膳手打蕎麦と記した行燈（あんどん）

盛り蕎麦用の蒸籠

江戸の街の名物・夜鷹蕎麦。風鈴をつるして売り歩いたので、風鈴蕎麦と呼ばれた

SOBA MIT SÜSSKARTOFFEL

さつま芋そば

FÜR 4 PERSONEN
Vorbereitung: 5 Minuten
Garzeit: 15 Minuten

400 g Soba-Nudeln
1 weißfleischige Süßkartoffel
Öl zum Frittieren
800 ml heiße Tsuyu-Brühe
(siehe Seite 289)
Frühlingszwiebelringe zum
Garnieren
geriebener Daikon zum
Garnieren (nach Belieben)

Die Nudeln nach der Anleitung auf Seite 26 garen.

Die Süßkartoffel waschen und ungeschält in etwa 4 mm dünne Scheiben schneiden. Die Scheiben sorgfältig mit Küchenpapier abtupfen.

Ein Frittierbad vorbereiten und das Öl auf 170 °C erhitzen. Die Süßkartoffelscheiben hineingeben und goldbraun frittieren.

Die Brühe etwas erhitzen, jedoch nicht aufkochen. Die Nudeln darin in einem Sieb kurz wieder heiß werden lassen und auf Schalen verteilen. Einige Süßkartoffelscheibchen hineinlegen und die heiße Brühe einfüllen. Mit Frühlingszwiebeln und geriebenem Daikon, wer mag, garnieren und sofort servieren.

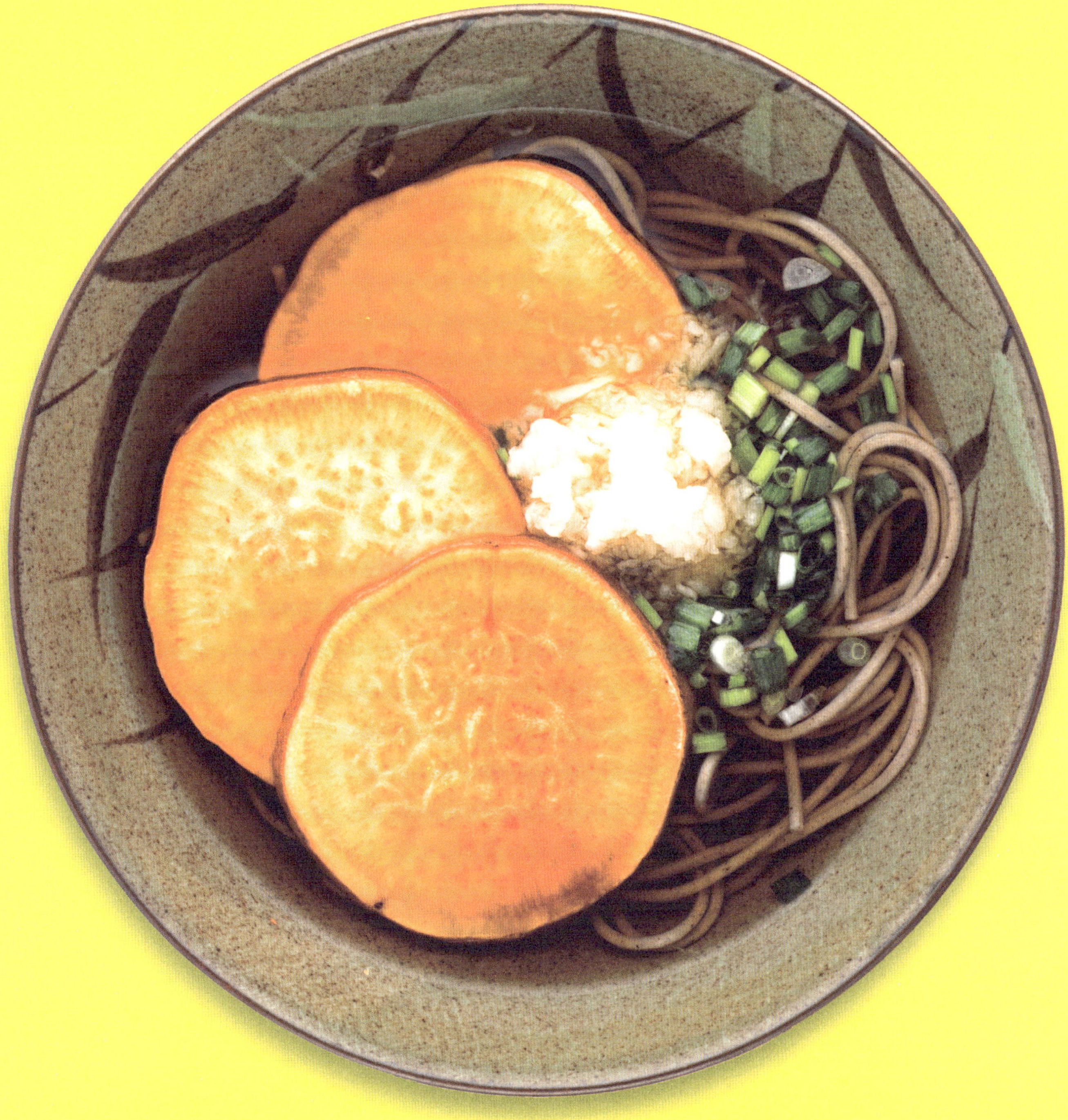

KALTE SOMEN AUF CHINESISCHE ART

冷やし中華そうめん

FÜR 4 PERSONEN
Vorbereitung: 15 Minuten
Garzeit: 3 Minuten

600 ml kalte Tsuyu-Brühe
(siehe Seite 289)
400 g Somen-Nudeln
½ Salatgurke
4 grüne Shiso-Blätter
4 Scheiben Kochschinken
1 EL rosa Ingwer

Die kalte Brühe mit etwas Wasser verdünnen (50–100 ml).

Die Nudeln nach der Anleitung auf Seite 26 garen.

Die Gurke waschen und nur streifenweise schälen. Die Shiso-Blätter abbrausen und mit Küchenpapier abtrocknen. Den Schinken, die Gurke und die Shiso-Blätter in dünne Streifen schneiden.

Die Nudeln auf Schalen verteilen und ansprechend mit Schinken, Gurke und Shiso garnieren. Die Brühe hineinschöpfen und sofort servieren.

Varianten: Ersetzten Sie die Tsuyu-Brühe durch 150 ml Sesam-Vinaigrette (siehe Seite 308) oder durch 2 EL dunkle japanische Sojasauce, 4 EL japanischen Reisessig, 2 EL Zucker und 1 EL Sesamsamen.

ベスト オブ 蕎麦 目次

開戸拓四百年奉祝
麺'SCLUB編 （学会改め）

全百五十点賞味・全店取材
丸山ゝ

ブックデザイン　柴永事務所
柴永文夫・島崎哲雄・川畑博哉
前田眞吉・岡崎さゆり・仲林優

東京・浅草「尾張屋」ざるそば（上）、衣の焦げが東京流だ（27P参照）。下は新潟県小千谷市「角屋」へぎそば（46P参照）

ソコノグラフィオ（序に代えて）……2

もり・せいろの特徴はしなめらか汁濃いめ

- 神田まつや　神田須田町……
- 鞍馬　西荻南……
- まつや　神田須田町……
- 生粉打ち亭　西荻南……
- ほしの　東池袋……
- 田無　白金台……
- 利庵　盛……
- 春月　小川町……
- 鶴見　登茂吉……
- 平井　無類庵増……
- 雷門　巴町砂場……
- やぶそば　上荻……
- 並木藪蔵　浅草……
- 福生　上水庵……
- もり　国分寺……
- せいろ　ふる里……
- せいろ　甲州屋　浅草……
- せいろ　手打ちそば上杉　大松屋……
- もりうどん　古式蕎麦　銀座……
- もりそば　湯島……
- せいろ　武蔵野……
- 節句そば　本陣房……
- 胡麻切り　西新橋……
- 天ざる　日本橋室町……
- せいろ　上荻……
- 本むら庵……

そば生誕二百年 そばは種物の王者である

- 天ぷらそば（上）　金城庵本館　神田須田町……24
- 天ぷらそば　西荻南　一乃屋　国分寺……25
- 江戸そば　西新宿　渡邊……26
- 伊勢海老の天ぷらそば　生粉打ち亭　築地……26
- 天ぷらそば（並）　さらしな乃里　浅草……27
- 天ぷらそば　尾張屋　日本橋浜町……27
- 天ぷらそば　藪そば……28
- 天ぷらそば　栄橋……28
- 天ぷらそば　西新橋　甲子……29
- 天ぷらそば　千利庵　千住……29
- 天ぷら保天そば　更科甚吾郎……30
- かき揚そば　あさだ　巴町砂場……30
- 冷しやま保天そば　虎ノ門　国立……31
- かき揚　八丁堀……31
- 天ぷらそば　虎ノ門　吾妻橋……
- かき揚げ天ぷらそば　西荻南　つる家……

（熊本篇　福岡篇　福岡篇　徳島篇　萩原　松江篇　出石篇　福井篇　島田篇　名古屋篇　木曽篇）
74 73 72 71 70 69 68 67 66 65

- 手折粉　割子そば
- せいろそば（三段）
- 生そば（二梳）
- 丸天そば
- ごぼう天そば
- 丸天そば
- えび天そば
- 丸天そば
- おろしそば

（紺屋町　店屋町　天神　天神　東新橋　池田　南船場　平野町　美々家　美々卯本店　松葉家　つるや　美々卯　葛亭）
81 80 80 79 78 77 77 76 76 75 75 74
62 61 60
英ちゃんうどん　英吉　古式生そばひさや　肥後熊家大石本店　おろしそば

大阪篇

110 109 108 107
筒そば　鯛そば　ホルモンそば　夕霧そば
茶がゆそば　中華そば……
松葉家　美美須東　平野町　恵美須町　生玉寺町　道頓堀

"いい蕎麦"求めて幾千里

（飯に代えて）
"上野藪そば"が教える東京流汁の作り方
"美々卯"が教える大阪流汁の作り方
蕎麦粉学入門
"あるでもないとうでもない"蕎麦のウンチク傑作選
ベスト オブ 蕎麦 掲載店地図

千変万化！東京の種物大

- 小柱あられそば　銀座　柳かけ　千両
- 白魚そば　神田淡路町　鯛のせ　柳かけ
- 若竹そば　浅草　馬肉のせ　出雲そば
- かつおそば　奥沢　イクラ　十和田
- 古典　かきあげ　上野　揚げもちそば　町田
- 古典　牡蠣のせ　巴町砂場　聖天そば　神田保町
- 古典　かき南ばん　京美家　田無　美寿津
- 古典　穴子そば　東京新橋　平井　中野
- 古典　穴子南ばん　新橋　無釈庵増　古式そば
- 古典　あなご天そば　竜泉　吉野そば　角萬
- 千両　穴子のせ　銀座　奴そば　よし田
- 柳かけ　コロッケそば　銀座　権現そば　浅草
- 肉そば　月見そば　京橋　冷しかつそば　京橋
- 肉南ばん　玉子そば　湯島　熱とろ（山かけ）　湯島
- 肉南ばん　あんかけそば　池の端庵　納豆そば　神楽坂
- 肉五目（上）　カレーそば　泰明庵　山芋そば　神楽坂
- 肉そば　いそべそば　砂場総本　おろしそば　神田
- 揚げもちそば　聖天そば　銀座　そば雲水　浅草
- 田無　平井　南千住　錦そば　一番町
- 揚天そば　かつぶそば　上荻　けんちんそば　岩本町
- 穴子のせ　あんかつそば　銀座　わさびそば　神楽坂
- 穴子南ばん　冷しかつそば　湯島　梅としそば　新橋
- 古式そば　熱かつそば　泰明庵　椎茸入りそば　太子堂
- 東京新橋　トンカツそば　蓮玉庵　山葵入り　安曇野
- 京美美寿津　豚肉のせ　福生　梅干し　立川
- 中野　馬肉のせ　弥生　海苔入り　西日暮里
- 美寿津　鯛のせ　夢境庵　菜色々　川むら
- 出雲そば　鶴かけ　利久庵　牛肉使用　日本橋室町
- 神田保町　千両　　鶏肉使用　野菜入り　恵比寿西
- 浅草柿島屋　牛肉使用　鶏肉使用　野菜色々　東池袋
- 角萬

150 149 148 147 146 145 144 143 142 141 140 139 138 137 136 135 134 133 132 131 130 129 128 127 126 125 124 123 122 121 120 119 118 117 116 115 114 113 112 111

MIAN DES SONNIGEN FRÜHLINGS

阳春面

FÜR 4 PERSONEN
Vorbereitung: 5 Minuten
Garzeit: 10 Minuten

4 TL Schweineschmalz
(nach Belieben)
4 EL helle chinesische Sojasauce
1 TL Salz
1 TL frisch gemahlener weißer Pfeffer
2 Frühlingszwiebeln
1,2 l Hühner- oder Schweinebrühe
(siehe Seite 294 bzw. 297)
400 g Longxu-Mian-Nudeln

In jede Schale 1 TL Schmalz, wer mag, sowie 1 EL Sojasauce und etwas Salz und Pfeffer geben.

Die Frühlingszwiebeln in dünne Ringe schneiden. Die Brühe erhitzen.

Die Nudeln nach der Anleitung auf Seite 26 garen und auf die vorbereiteten Schalen verteilen.

Die sehr heiße Brühe in die Schalen schöpfen, mit den Frühlingszwiebeln bestreuen und sofort genießen.

Gut zu wissen: Dieses Gericht, auch »nackte Nudeln« genannt, stammt ursprünglich aus der Region Jiangsu und aus Shanghai. Es ist wirklich kinderleicht in der Zubereitung und wohltuend. Die traditionelle Verwendung von Schweineschmalz ist eine Besonderheit dieser Region, wer keines zur Hand hat, kann es durch Sesamöl ersetzen.

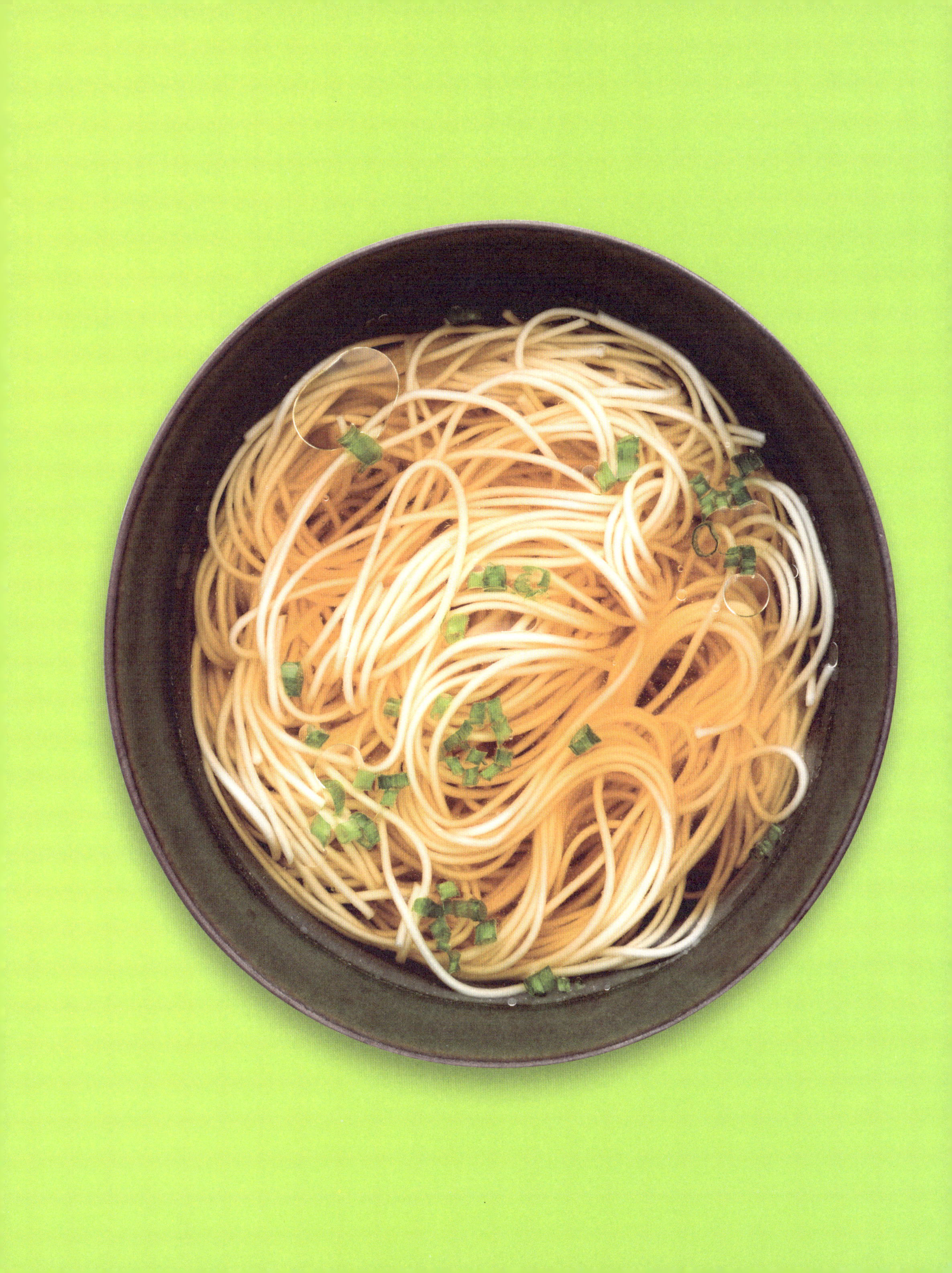

MIAN MIT TSA TSAI

榨菜肉丝面

FÜR 4 PERSONEN
Vorbereitung: 10 Minuten
Marinieren: 15 Minuten
Garzeit: 20 Minuten

200 g Schweinefilet
2 EL helle chinesische Sojasauce
2 Frühlingszwiebeln
2 Knoblauchzehen, geschält
5 g Ingwer
200 g Tsa Tsai (eingelegter Senf)
2 EL neutrales Speiseöl
1 TL Doubanjiang (grobe Würzpaste)
1 TL Zucker
400 g Gan-Qie-Mian-Nudeln
1,2 l Chinesische Hühnerbrühe
(siehe Seite 294) oder Wasser
1 TL Salz

Das Schweinefilet in 3 mm breite Streifen schneiden, in die Sojasauce einlegen und 15 Minuten marinieren.
Die Frühlingszwiebeln, den Knoblauch und den ungeschälten Ingwer fein hacken, etwas Grün der Frühlingszwiebeln für die Garnitur zurücklegen. Das Tsa Tsai in feine Streifen schneiden.

Das Öl in einer Pfanne kräftig erhitzen und das Fleisch darin 1–2 Minuten braun anbraten.
Frühlingszwiebeln, Knoblauch und Ingwer dazugeben und 1 weitere Minute garen. Die Doubanjiang-Paste unterrühren, nach 1 weiteren Minute das Tsa Tsai hinzufügen und mit dem Zucker bestreuen.

Die Nudeln nach der Anleitung auf Seite 26 garen.

Die Hühnerbrühe oder Wasser leicht zum Sieden bringen und salzen.

Die Nudeln auf Schalen verteilen und die heiße Brühe hineinschöpfen. Schweinefleisch und Tsa Tsai dazugeben und mit den verbliebenen Frühlingszwiebeln garnieren.

十七岁老画翁

承海派艺术传统，为活云做点工作，是我的份内铨如是说。担任上海书分院院长5年来，尽管分代编制的工作人员，上级一分钱的资金，徐立铨硬乏的人脉和坚强的毅力，界的支持，每年都要组型书画展。

浦东出生的徐立铨，14岁上著名画家王个簃的高引领入门。他知道，艺术没有止境的，唯有突破前走自己的路，才能画出此，他师法自然，跋涉千捉美的瞬间，在新疆吐察过美玉葡萄；在内蒙古，他惊喜地观察到多头向日葵；在西双版纳，他记录着奇花异草；上海植物园更是他经常写生收集素材的地方。他不满足自己的画"形似"，追求"超以像外"；体现立意高，墨彩足，气势足，富有境界时代感。徐立铨经常画牡丹、紫藤、莲荷、秋菊、石榴、向日葵、三角梅、木棉花……那都是喜气洋洋、欣欣向荣的美好景象。难能可贵的是，经过长期的探索，他掌握了用墨用色用水的诀窍，运笔随机中，画面呈现出墨色淋漓、灵动多姿的感觉，酣畅中透出清韵的风姿和飒爽之气。

近40年的学习、摸索和实践徐立铨深得吴派精髓。尤其意花卉，在笔墨的挥洒迈之气和磅礴之势韵。吴昌硕的有大成就格、拥有白石

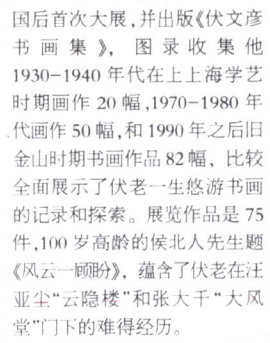

国后首次大展，并出版《伏文彦书画集》，图录收集他1930-1940年代在上上海学艺时期画作20幅，1970-1980年代画作50幅，和1990年之后旧金山时期书画作品82幅，比较全面展示了伏老一生悠游书画的记录和探索。展览作品是75件，100岁高龄的侯北人先生题《风云一顾盼》，蕴含了伏老在汪亚尘"云隐楼"和张大千"大风堂"门下的难得经历。

伏文彦，字子美，1920年生于上海，原籍河北任丘。父亲是海军军官，家境优裕，1938年入华艺术专科学校攻读中得到校长汪亚尘器放弃西画，

照片，一张是黑白的，1946年大千居士布袍长髯，目如点漆，精光四射，照片边上是大千先生的手书"文彦贤弟存念"。另一张是大千居士和夫人徐雯波在台湾摩耶精舍赏梅的合影，边上也是大千先生的亲笔题跋。

伏先生语气细缓，唯独在提到大千先生的时候，每次都变得激动，在大千先生前面一定要加"我的老师"，不会有任何省略。在大风堂弟子中，他是最受大千先生器重的，可以在老师的内室细细观赏大千先生得的重宝《韩熙载夜宴图》。"那天群客散毕，我的老师大千先生单独留我下来，带我去里边的小书房，展开《韩熙载夜宴图》让我们细看，并特别点醒我，'你看画里过内室的锦被是凌乱的，说明主人的放佚不羁'"。1949年初，大千居士离开上海时，特意把伏文彦和陈从来，郑重地把"大风堂同门会"、"大风堂同门录"交给他们们革"中，伏文彦被成"反""，藏品被劫掠，那为及"同门录"，为了防止毁掉了。每每想到己。伏文彦说："生和张先生的人名'风云楼'，是风云人物，我是从汪老师为'大风堂'思念。"

建华

▶ 伏文彦《山水》

"天下第一社"之称的西清末创社以来，荣辱沉食。尤其在经历了"文沉寂后，于1979年12杭州隆重召开了建社七士大会，成为新时期下正常活动的标志。之后的社在广大新老社员的共从复苏迅速走向繁荣兴键的领军人物，就是备沙祭酒沙孟海。

（1900—1992），名文沙邨，别署兰沙馆，若江鄞县人。自幼即嗜刻书篆法。及长曾应邻村有工具书可参考的情况书写了一千余字的《李无一舛讹，令人惊叹。

年，意气风发的张美翙与冯师的推荐谒赵叔孺、吴昌硕，并列其虚心向名宿章太炎、马一浮、钱张原炜等请教。因学问渊博，善于辞章翰墨，沙孟海曾先后担任南京中央大学与国民政府教育部、交通部、浙江省政府等机构秘书。建国后在浙江省博物馆、浙江美术学院等从事文博考古研究和书学教育工作。至1979年，寿登大耋的沙孟海实至名归，被公推为西泠印社社长，并在1981年中国书法家协会第一次全国代表大会上出任副主席，走向了其艺术事业的顶峰。

沙孟海治学严谨，早年即以创作、学术双栖的形象跻身于印坛。《印学史》一书，全面系统地论述了我国印章发展史，包括历代印章制度与著名篆刻流派、名家等，集其气之先，在浙江篆刻专业硕士研究生，构建起当代高等院校书法篆刻艺术尖端人才教育的机制，为现代浙江乃至全国书坛，造就、输送了一支骨干队伍。

沙孟海作为一代学术泰斗的胆识与睿智。

沙孟海不仅淹博精鉴，著述宏富，道德文章，为人师表，还擅长四体书。晚年尤以行草书和气势如虹的擘窠榜书称雄书坛。篆刻创作不囿于赵、吴二师，上溯金文、古玺，博涉两汉官私印与封泥，间师皖派与赵之谦，取法多样，卓尔不群。赵、吴二师对其早年印作赞赏有加，缶翁题诗称其："浙人不学赵揭

岁后治印较罕，又自谦为"才短手蒙，所就殆无全称。七十以后病翳不任琢画，秀而不实，每愧虚名。其印名不免为书掩盖，但沙孟生前曾提出要将西泠印社建设成"国际印学研究中心"的宏伟目标已成为当今印社同人为之奋斗的动力。

韩天衡 张炜羽

FEN MIT ESSIG UND CHILIÖL

酸辣粉

FÜR 4 PERSONEN
Einweichen: 30 Minuten
Garzeit: 10 Minuten

200 g Hongshu Fen Si (getrocknete Fadennudeln aus Süßkartoffelstärke)
1 EL neutrales Speiseöl
100 g rohe Erdnusskerne
8 Stängel Koriandergrün
2 Frühlingszwiebeln
3 Knoblauchzehen, geschält
10 g Ingwer
4 TL Chiliöl (siehe Seite 307)
4 EL schwarzer chinesischer Reisessig
4 EL helle chinesische Sojasauce
1 TL Salz
2 TL frisch gemahlener weißer Pfeffer
1,2 l Chinesische Hühnerbrühe (siehe Seite 294)
100 g geröstete Sojakerne

Die Nudeln 30 Minuten in 90 °C heißem Wasser einweichen.

Das Öl in einer Pfanne bei geringer Temperatur erhitzen und die Erdnüsse darin 10 Minuten rösten. Das Koriandergrün grob klein schneiden. Die Frühlingszwiebeln, den Knoblauch und den ungeschälten Ingwer hacken.

Die Nudeln nach der Anleitung auf Seite 26 garen, unter kaltem Wasser abschrecken und abtropfen lassen.

Chiliöl, Reisessig und Sojasauce mit dem Ingwer und Knoblauch verrühren und mit dem Salz und Pfeffer würzen. Die Sauce gleichmäßig auf Schalen verteilen.

Die Brühe erhitzen, jeweils 300 ml in die Schalen schöpfen und die abgetropften Nudeln hineingeben. Mit den Erdnüssen, den gerösteten Sojakernen, den Frühlingszwiebeln und dem Koriandergrün garnieren und servieren.

Gut zu wissen: Dies ist eine duftig-pikante und leicht säuerliche Spezialität aus der Küche Sichuans (im Südwesten Chinas). Man genießt sie in kleinen Mengen als Snack. Ein Beispiel für das in China sehr verbreitete Streetfood.

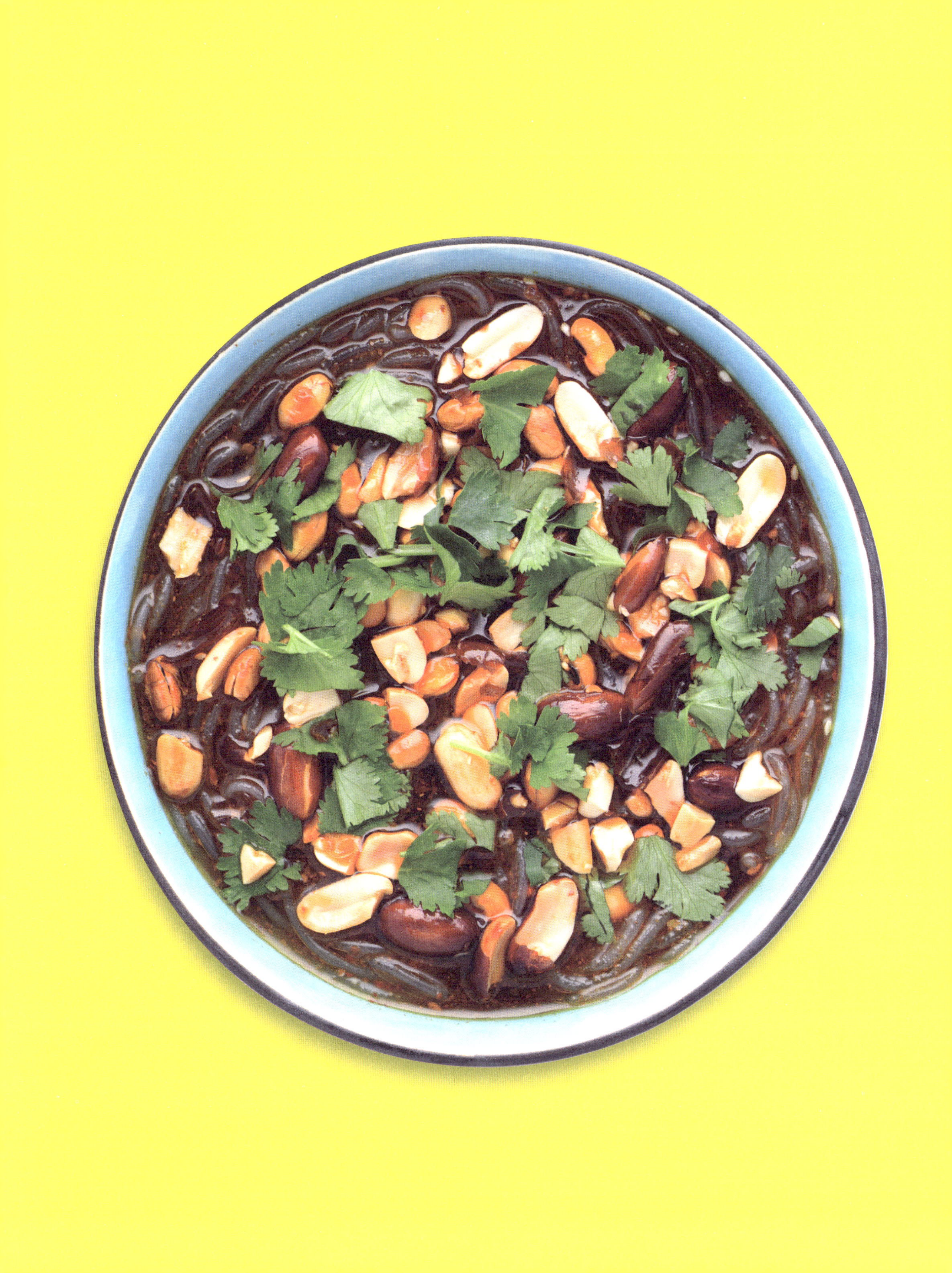

HU TIEU
MIT FISCH

HỦ TIẾU CÁ

BUN MIT MEERBARBE

BÚN CÁ

HU TIEU MIT FISCH

HỦ TIẾU CÁ

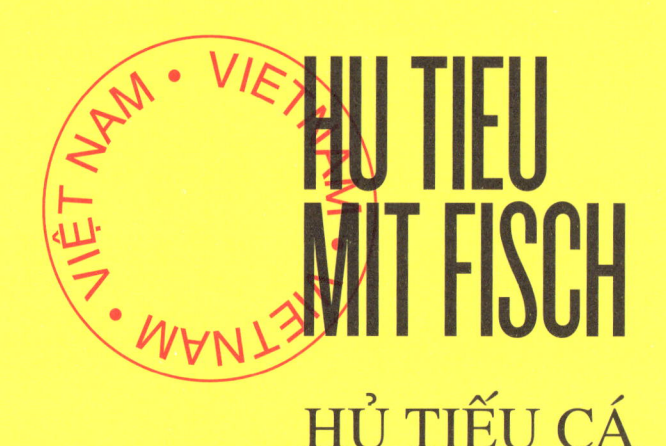

FÜR 4 PERSONEN
Vorbereitung: 1 Stunde
Garzeit: 30 Minuten

1 Dorade oder Wolfsbarsch à 600 g
1 Knoblauchzehe, geschält
2 l Vietnamesische Schweinebrühe (siehe Seite 298)
2–3 EL Nuoc-Mam
1 EL neutrales Speiseöl
200 g Schweinehack (Nacken oder Schulter)
1 TL Zucker
400 g Banh-Hu-Tieu-Nudeln
8 Frühlingszwiebeln
4 Salatblätter
4 Stängel Koriandergrün
1 frische Chilischote
200 g Mungbohnensprossen
2 EL Röstzwiebeln
1 Limette, geviertelt, zum Servieren

Den Fisch filetieren, die Filets in mundgerechte Stücke schneiden. Den Knoblauch in Scheibchen schneiden.

Die Brühe erhitzen, ohne sie zum Kochen zu bringen, und die Fischabschnitte (Kopf und Gräten) darin 30 Minuten ziehen lassen, nach 10 Minuten die Filets dazugeben. Die Brühe mit 1–2 EL Nuoc-Mam abschmecken.

Das Öl in einer Pfanne kräftig erhitzen. Das Hackfleisch und den Knoblauch darin unter Rühren von allen Seiten 2 Minuten anbraten, dabei das Fleisch sorgfältig zerdrücken und zerkleinern. Das restliche Nuoc-Mam und den Zucker unterrühren und alles weitere 5 Minuten bräunen.

Die Nudeln nach der Anleitung auf Seite 26 garen.

Den grünen Teil der Frühlingszwiebeln in Ringe schneiden, den hellen Teil ganz lassen. Die Salatblätter in Streifen schneiden, das Koriandergrün abzupfen, die Chilischote in Ringe schneiden.

Jeweils etwas Salat und einige Mungbohnensprossen in die Schalen geben. Nudeln, Hackfleisch, Fisch und je 2 Frühlingszwiebeln hinzufügen und die sehr heiße Brühe einfüllen. Mit dem Koriandergrün, den Röstzwiebeln und den Chiliringen garnieren und servieren.

Gut zu wissen: Runden Sie die Suppe vor dem Genuss mit etwas Limettensaft ab und würzen Sie eventuell noch mal mit ein paar Tropfen Nuoc-Mam nach, falls nötig.

BUN MIT MEERBARBE

BÚN CÁ

FÜR 4 PERSONEN
Vorbereitung: 1 Stunde
Garzeit: 1 Stunde 30 Minuten

8 ganze Meerbarben
2 l Vietnamesische Schweinebrühe (siehe Seite 298)
100 g Weizenmehl
1 TL Knoblauchpulver
1 TL Salz
½ TL frisch gemahlener weißer Pfeffer
500 ml Öl zum Frittieren
300 g Chinesischer Stangensellerie
einige Stängel Dill
4 Frühlingszwiebeln
4 Tomaten
1 Schalotte, geschält
2 EL neutrales Speiseöl
400 g Bun-Nudeln
Nuoc-Mam zum Abschmecken

Die Meerbarben filetieren, die Filets mit Küchenpapier sorgfältig trocken tupfen und in je drei Stücke schneiden.

Die Brühe erhitzen und die Fischabschnitte (Köpfe und Gräten) darin 1 Stunde leise ziehen lassen. Anschließend durch ein Sieb passieren, 500 ml kochendes Wasser zugießen und weitere 30 Minuten bei geringer Hitze köcheln lassen. Das Mehl mit dem Knoblauchpulver sowie Salz und Pfeffer vermengen und die Fischstücke rundherum in der Mischung wenden.

Das Frittieröl in einer geräumigen Pfanne kräftig erhitzen und die Fischstücke darin 4–5 Minuten frittieren, bis sie rundherum leicht gebräunt sind.

Den Sellerie kurz abbrausen, die Stangen in 4 cm lange Stücke, die Blätter grob klein schneiden. Den Dill abzupfen, die Frühlingszwiebeln in Ringe schneiden.

Die Tomaten in Spalten, die Schalotte in Streifen schneiden. In einer Pfanne das Öl erhitzen und darin zuerst die Schalotte, dann die Tomaten 5 Minuten anschwitzen. Zusammen mit den Selleriestücken in die Brühe geben und 5 Minuten garen.

Die Bun-Nudeln nach der Anleitung auf Seite 26 garen.

Die Nudeln auf Schalen verteilen. Jeweils fünf oder sechs Stückchen Fisch sowie den Sellerie und einige Tomatenspalten dazugeben und mit der heißen Brühe auffüllen. Mit den Frühlingszwiebeln, den Sellerieblättern und dem Dill garnieren und bei Bedarf mit etwas Nuoc-Mam abrunden.

MIEN MIT HUHN

MIẾN GÀ

FÜR 4 PERSONEN
Vorbereitung: 30 Minuten
Einweichen: 1 Stunde
Garzeit: 2 Stunden 30 Minuten

1,2 l Vietnamesische Hühnerbrühe (siehe Seite 301)
400 g Mien (Glasnudeln aus Mungbohnenstärke)
½ TL Salz
1 EL Nuoc-Mam
8 Stängel Rau Ram
8 Stängel Koriandergrün
8 Frühlingszwiebeln
frisch gemahlener Pfeffer
Limettenviertel zum Servieren
1 frische Chilischote, in Ringe geschnitten, zum Servieren

Die Hühnerbrühe zubereiten (siehe Seite 301), das ausgelöste Hühnerfleisch kalt stellen.

Die Nudeln mindestens 1 Stunde in Wasser einweichen.

Das Hühnerfleisch zerpflücken und mit dem Salz und dem Nuoc-Mam würzen. Das Rau Ram und das Koriandergrün abzupfen, den grünen Teil der Frühlingszwiebeln in Ringe schneiden.

Die Brühe zum Kochen bringen und den verbliebenen hellen Teil der Frühlingszwiebeln 30 Sekunden blanchieren. Die Nudeln in einem feinen Sieb 1 Minute in der Brühe erhitzen und in Schalen anrichten.

Das Hühnerfleisch, die Kräuter und je 2 Frühlingszwiebeln darauf verteilen, die heiße Brühe hineinschöpfen und mit frisch gemahlenem Pfeffer abrunden.

Dazu Limettenviertel zum Auspressen, die Frühlingszwiebelringe und eine in Ringe geschnittene frische Chilischote servieren.

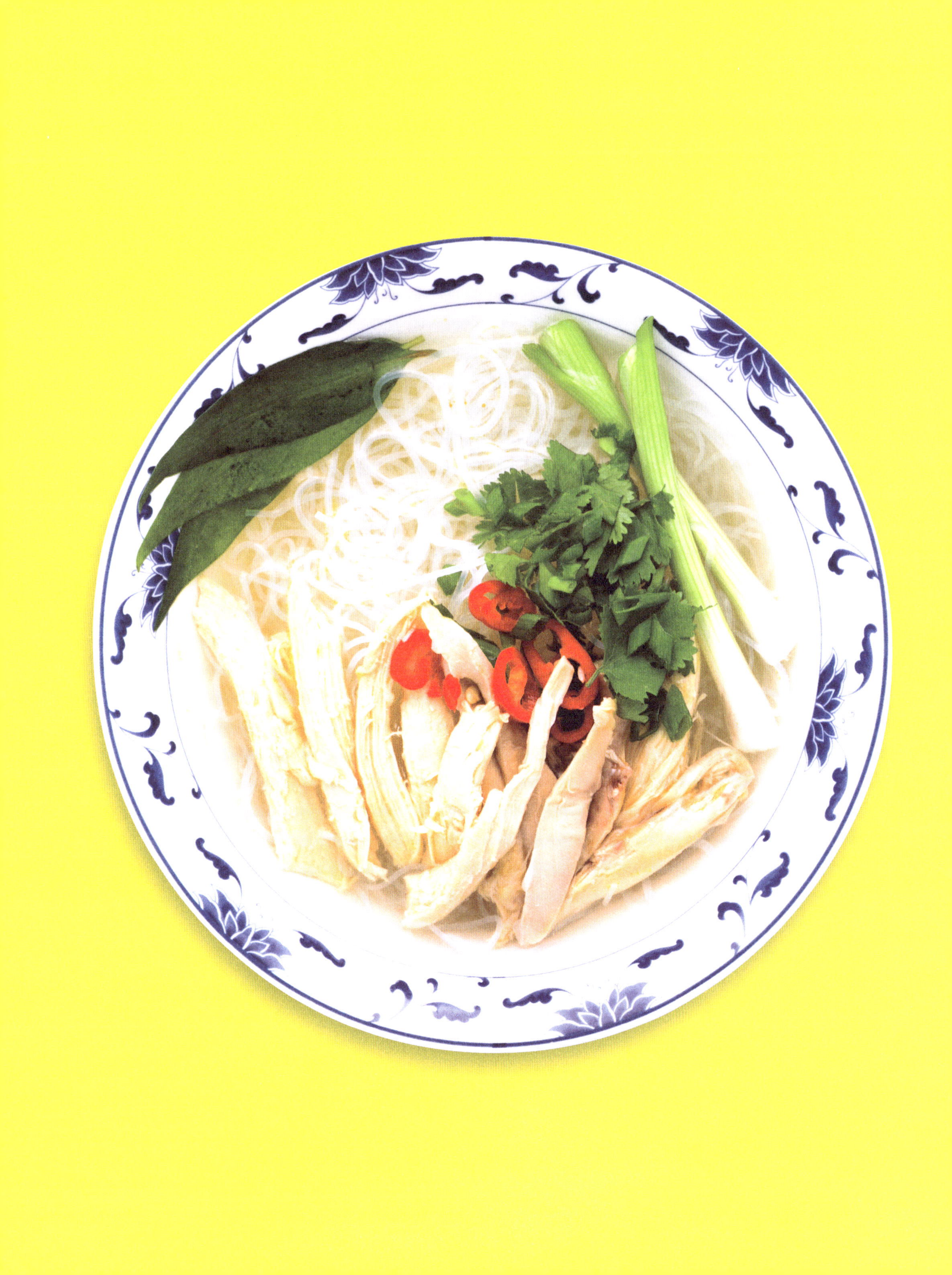

KALTE KOREANISCHE NUDELSUPPE

MUL NAENGMYEON

FÜR 4 PERSONEN
Vorbereitung: 15 Minuten
Garzeit: 15 Minuten

2 Eier
2 Nashi-Birnen
2 EL japanischer Reisessig
½ TL Salz
2 Minigurken
400 g Soba-Nudeln
1,2 l Chinesische Rinderbrühe
(siehe Seite 296), gut gekühlt
8 EL weißer oder roter Kimchi-Saft
4 EL Zucker
2 TL Chiliflocken

Die Eier in kochendem Wasser 8 Minuten garen und anschließend in kaltes Wasser legen.

Die Nashi-Birnen schälen, in lange dünne Streifen schneiden und in kaltes Wasser vermischt mit 1 EL Essig und 1 TL Salz legen. Mit den Gurken ebenso verfahren, jedoch nicht schälen.

Die Nudeln nach der Anleitung auf Seite 26 garen, zuvor aber nicht einweichen. Unter kaltem Wasser abschrecken und abtropfen lassen.

Die Eier schälen und der Länge nach halbieren.

Jeweils 300 ml gut gekühlte Brühe in die Schalen schöpfen, 2 EL Kimchi-Saft und 1 EL Zucker dazugeben. Gut umrühren, die Nudeln sowie die Birnen- und Gurkenstreifen darauf verteilen und je ein halbes Ei hineinsetzen. Mit Chiliflocken abrunden und servieren.

Margot: Dies ist eines meiner Lieblingsgerichte aus der Kindheit, das chinesische Handwerker koreanischer Abstammung in Peking gern aßen. Sie verwendeten dafür chinesische Rinderbrühe und koreanische Nudeln aus Weizen-, Buchweizen- und Süßkartoffelmehl. Ich habe das Gericht auf ihre Weise umgesetzt, allerdings mit Soba-Nudeln.

Wer keinen Kimchi-Saft hat, kann ihn durch koreanischen oder japanischen Reisessig ersetzen.

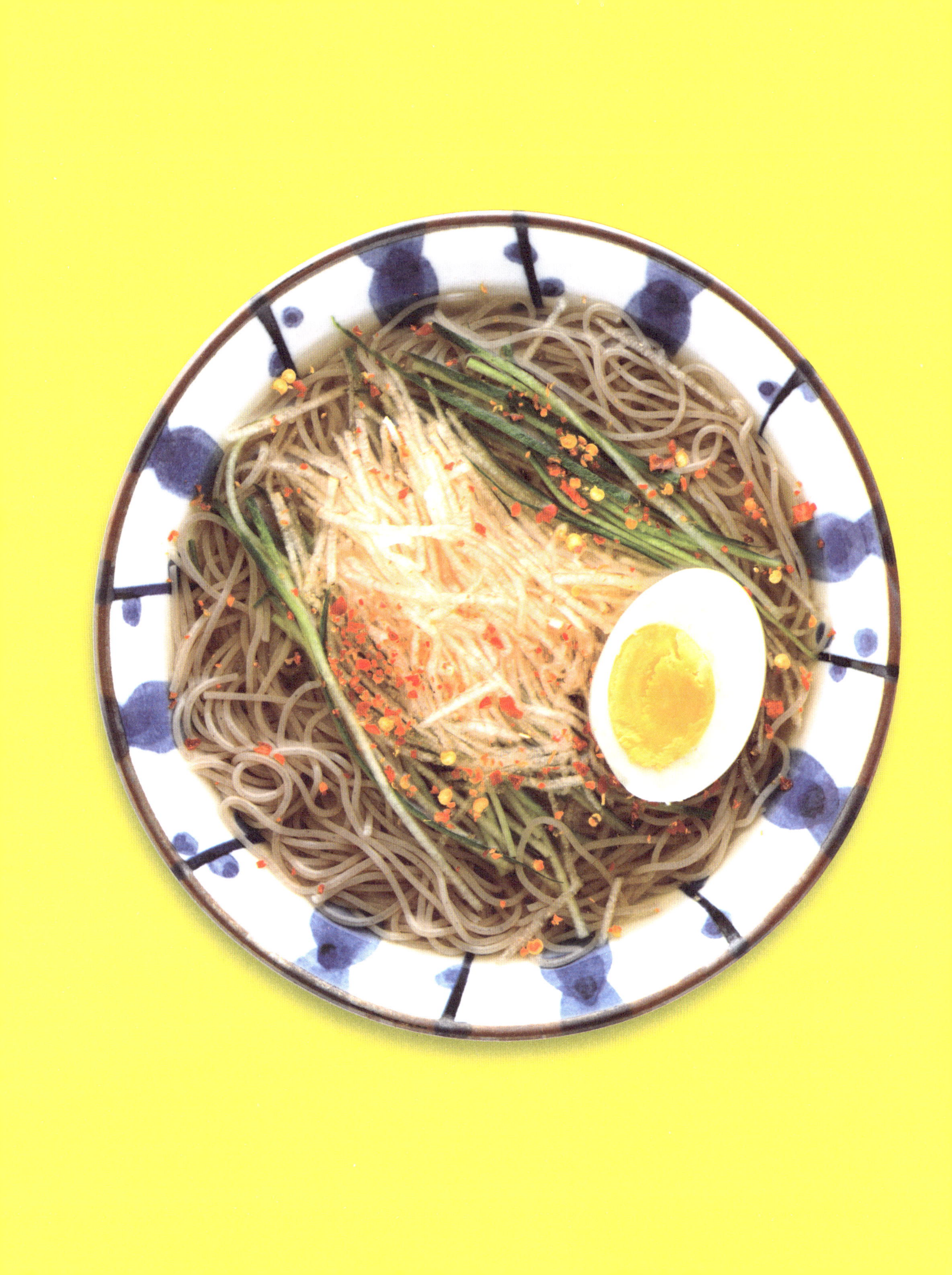

SCHALEN

GROSSE

田舎そばは、残雪のそばより麦
コシがあり風味も良くおい
しいそばです。

田舎そば 1150円
田舎天ざる 1450円
田舎天せいろ 1450円
田舎鴨せいろ 1450円

カツ丼セット 1150円

天ざる 1100円

冷し五目そば

冷しねぎ梅うどん

エビフライ定食 1200円

Unsere reichhaltigen Nudelsuppen sind »Große Schalen« und gehen auch als sättigende Mahlzeit durch. Stellen Sie sich vor, eine Vorspeise und ein Hauptgericht vereint in einer einzigen großen Schale! Im Westen sind Suppen eher ein Winteressen, in Asien hingegen ist heiße Suppe eine schweißtreibende Sache, die den Körper kühlt. Versuchen Sie es, Sie werden staunen – es funktioniert! Man isst alles gleichzeitig, Nudeln, Garnitur und die Suppe selbst, und zwar schnell, bevor die Nudeln in der Resthitze zu weich werden.

Im Leben einer Nudel geht es um Sekundenbruchteile, darum verlieren die Asiaten angesichts einer dampfenden Schale Nudeln kein weiteres Wort. Nicht dass wir ungern schwatzen würden, nur lässt uns die Nudel einfach keine Zeit dazu.

SOBA NACH ART DER BARBAREN IM SÜDEN

鴨南蛮そば

FÜR 4 PERSONEN
Vorbereitung: 10 Minuten
Garzeit: 15 Minuten

400 g Soba-Nudeln
1 Frühlingszwiebel (nach Belieben)
1 Stange Lauch
1 Entenbrustfilet
800 ml heiße Tsuyu-Brühe
(siehe Seite 289)
Shichimi Togarashi zum Servieren
(nach Belieben)

Die Nudeln nach der Anleitung auf Seite 26 garen. Das Kochwasser weiter leicht sieden lassen.

Die Frühlingszwiebel, falls verwendet, in Ringe schneiden. Den Lauch von der äußeren Blattschicht befreien und in 3 cm lange Stücke schneiden. Die Entenbrust in 5 mm dicke Scheiben schneiden. Eine Pfanne kräftig erhitzen und die Entenbrustscheiben darin fettlos bräunen. Auf Küchenpapier abtropfen lassen. Anschließend in dem ausgelassenen Entenfett den Lauch goldbraun braten.

Die Brühe etwas erhitzen, jedoch nicht zum Kochen bringen. Die Entenbrustscheiben und den Lauch hineingeben.

Die Nudeln in einem Sieb einige Sekunden in ihrem Kochwasser wieder erhitzen; anschließend auf Schalen verteilen.

Die heiße Brühe mit dem Entenfleisch und dem Lauch in die Schalen schöpfen, mit Frühlingszwiebeln und Shichimi Togarashi, falls verwendet, bestreuen und sofort servieren.

Gut zu wissen: Auf Japanisch heißt dieses Gericht »Kamo-Nan-ban-Soba«. Vor langer Zeit galt jeder, der aus dem Süden kam (China, Vietnam usw.) als »Barbar«. So wurde Nanban, was so viel bedeutet wie »Barbar aus dem Süden«, zur Bezeichnung für alle Speisen, die »exotische« Zutaten wie Chilis oder Ente enthielten und süß-salzig abgeschmeckt waren.

海苔を養殖網ごと「酸性の液」に浸し、再び海に戻す方法。農業で言えば、農薬にあたります。昭和60年代に、海苔の病気の予防法として導入され現在ではほとんどの養殖現場で行われています。

酸処理を導入すると…
・干出をする必要がないので、潮の干満の差が少ない地域でも養殖が可能になった。
・現在では、養殖網が常に海中または海上に位置していて、干出が行われない産地もある。
・干出を行っている地域でも、かつてほど、きっちり干出をする必要がなくなったので、網の高さを調整する手間がかからず生産性が上がった。
・病気の心配がないから、一枚の養殖網に付ける海苔の量が増えた(タネの密度が高け…すい)。

結果として、海苔養殖…量が増えました。

しかしながら…
例によって、新し…す。たとえば…大…だけ。醤油は「…

海苔ってオ…いてみたら「…した。なぜ…苔に届かな…

今でも、…とやはり、…(かんしゅ…なくなって…黒く仕上が…ビニのおに…

なお、現…採用してい…効用(太陽と…初摘みの海苔…

のタネをつけます。タネ付けが終わった養殖網を海に入れ、本格的に海苔の育成を行います。(養殖網の一部は冷凍され、年明けに海に入れます)

2〜3週間後、海苔が20cm程度に成長した段階で、海苔を摘み取ります。すべてを刈り取るのではなく、成長した部分だけを摘みますので、海苔は再び成長を始めます。

この第1回目に摘んだ海苔は、「初摘み」あるいは「一番摘み」と呼ばれ、以降、2〜3週間後に「二番摘み」、そして、そのまた2〜3週間後に「三番摘み」が刈り取られます。

「初摘み海苔」は文字通り、一番最初に育つ海苔ですか…ですから、初摘みの海苔は、2番摘み、3番…

…になる。
…が高級品」と…い。

…リン(赤色)、…香が含まれ…になって…ン(青)…は緑と…

おいしい歳時記

レシピ紹介／料理家・吉田涉子先生
干出だけで育てた初摘み海苔を使ったレシピ

レタスと海苔のサラダ

まぐろ節 ……………………………… 5g
海苔 ………………………………… 1/2枚

[醤油ドレッシング]
醤油 ………………………………… 大さじ2/3
酢 …………………………………… 大さじ2/3
味醂 ………………………………… 大さじ1/3
サラダ油 …………………………… 大さじ2

作り方
①レタスは洗ってよく水けをきり、一口大にちぎる。
②まぐろ節は電子レンジで20秒加熱しパリッとさせる。
③ボウルに醤油・酢・味醂・サラダ油を加えて混ぜ合わせておく。
④サラダボウルに野菜を盛り、醤油ドレッシングをかけ、まぐろ節、ちぎった海苔を

UDON MIT GARNELEN-TEMPURA

天ぷらうどん

FÜR 4 PERSONEN
Vorbereitung: 20 Minuten
Garzeit: 5 Minuten

8 Garnelen in Tempura-Teig (siehe Seite 80)
800 g frische Udon-Nudeln oder 400 g getrocknete Nudeln
800 ml heiße Tsuyu-Brühe (siehe Seite 289)
12 Scheiben Kamaboko (nach Belieben)
4 Frühlingszwiebeln, in Ringe geschnitten

Die Garnelen in Tempura-Teig nach der Anleitung auf Seite 80 zubereiten.

Die Nudeln nach der Anleitung auf Seite 26 garen.

Die Brühe erhitzen, jedoch nicht zum Kochen bringen. Die Nudeln in einem Sieb nur kurz (2 Sekunden) hineintauchen, um sie wieder zu erhitzen. Anschließend auf die Schalen verteilen und je 2 Garnelen und 3 Scheiben Kamaboko, falls verwendet, dazugeben. Die Brühe hineinschöpfen, mit den Frühlingszwiebeln garnieren und sofort servieren.

Gut zu wissen: Für eine vegetarische Version kann man die Garnelen durch in Tempura frittierte Shiso- oder Nori-Blätter ersetzen (siehe Seite 81).

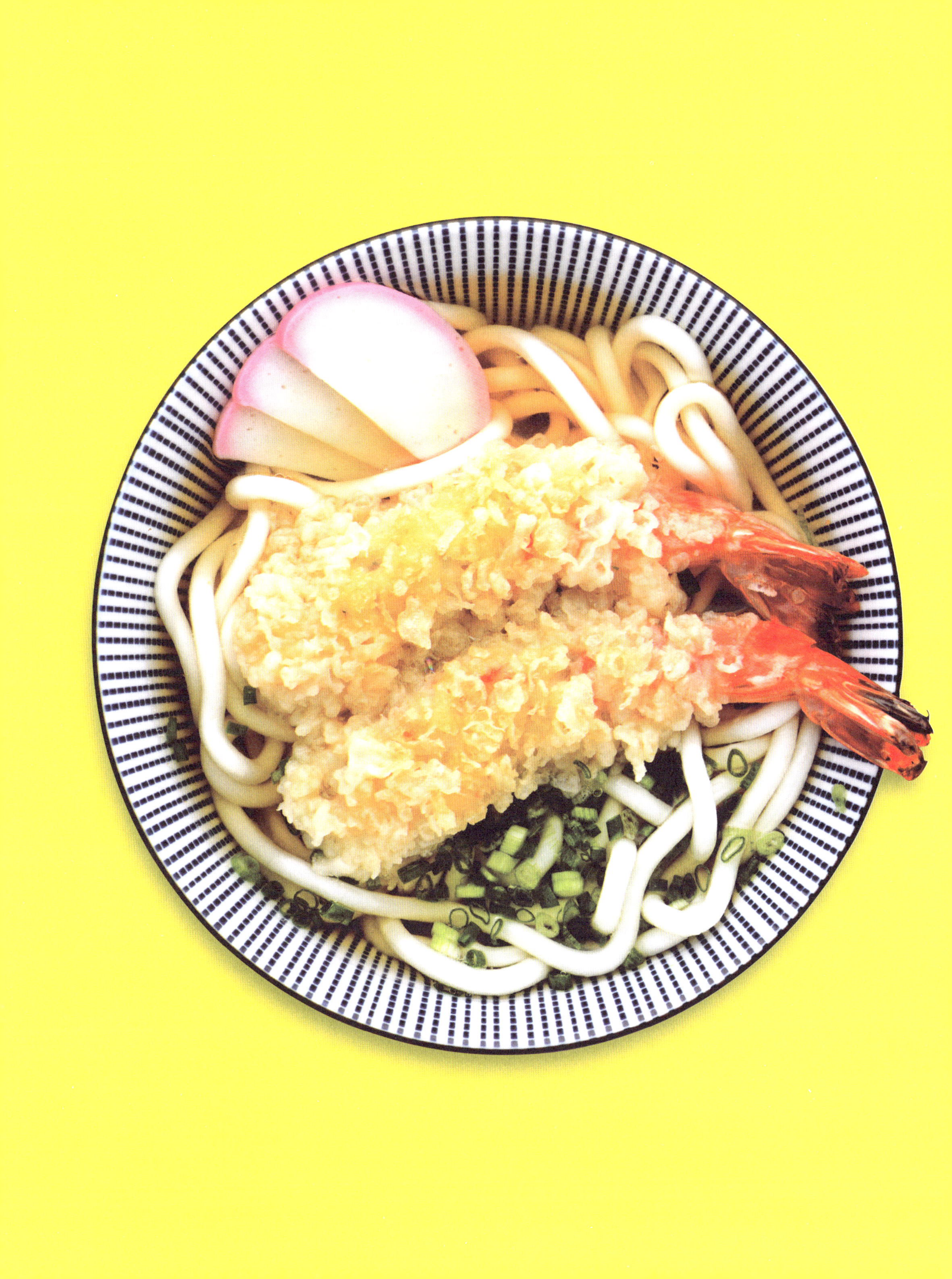

TEMPURA

FÜR DEN TEMPURA-TEIG
1 Eigelb
200 ml eiskaltes Wasser
100 g Mehl
Öl zum Frittieren

Nur wenige Male mit den Stäbchen umrühren genügt! Man darf den Teig auf keinen Fall zu intensiv bearbeiten, sonst wird Ihr Tempura pappig. Es macht nichts, wenn einige Klümpchen im Teig verbleiben.

Um zu testen, ob das Öl heiß genug ist, gibt man ein paar Teigtröpfchen hinein. Wenn sie sich sofort aufblähen und an die Oberfläche steigen, hat das Öl die erforderliche Temperatur erreicht.

Den Rest Tempura-Teig – ein wenig bleibt immer übrig – können Sie zu Kakiage verarbeiten (siehe Seite 302).

1. Die Zutaten für den Tempura-Teig bereitstellen. Sie sollten möglichst kalt verarbeitet werden.

2. Die Garnelen schälen und an der Unterseite fünfmal quer einschneiden, damit sie sich beim Frittieren nicht krümmen.

3. Mit Essstäbchen oder einer Gabel das Eigelb mit dem kalten Wasser verschlagen.

4. Das Mehl hineinsieben.

5. Alle Zutaten möglichst rasch verrühren, den Teig nicht zu intensiv bearbeiten.

6. Das Öl auf 170 °C erhitzen. Die Temperatur mit ein paar Teigtropfen testen (siehe Einleitung).

7. Eine Garnele am Schwanz greifen, in den Teig tauchen ...

8. ... und sofort in das heiße Öl gleiten lassen. Achtgeben, dass sie nicht hineinfällt – Spritz- und Verbrennungsgefahr!

9. Sobald die Garnele an die Oberfläche steigt und sich große Bläschen zeigen, ist sie so weit.

10. Die Garnele aus dem Öl herausfischen und auf einem Gitter oder einem mit Küchenpapier ausgelegten Teller abtropfen lassen.

11. Nach derselben Methode kann man auch Shiso-Blätter in Tempura-Teig frittieren ...

12. ... oder Nori. Der Frittiervorgang dauert nur einige Sekunden.

13. Wichtig ist, die Zutaten einzeln nacheinander auszubacken, damit die Temperatur des Öls möglichst konstant bleibt, ...

14. ... denn erst der Temperaturschock zwischen den kalten Zutaten und dem heißen Öl sorgt für eine lockere, knusprige Kruste.

SOBA MIT KAKIAGE

かき揚げそば

FÜR 4 PERSONEN
Vorbereitung: 15 Minuten
Garzeit: 15 Minuten

400 g Soba-Nudeln
8–12 Kakiage-Nester
(siehe Seite 302)
800 ml heiße Tsuyu-Brühe
(siehe Seite 289)
Frühlingszwiebelringe zum Garnieren

Die Nudeln nach der Anleitung auf Seite 26 garen.

Die Kakiage-Nester nach der Anleitung auf Seite 302 zubereiten.

Die Brühe erhitzen, jedoch nicht zum Kochen bringen. Die Soba-Nudeln darin kurz wieder heiß werden lassen.

Die Nudeln auf Schalen verteilen und jeweils zwei oder drei Kakiage-Nester einlegen. Mit heißer Brühe auffüllen, mit Frühlingszwiebeln garnieren und sofort servieren.

Chihiro: Um restlichen Tempura-Teig zu verarbeiten, mache ich immer Kakiage. Ist der Teig zu flüssig, rühren Sie einfach ein bisschen Mehl unter. Nun eine Möhre, grüne Bohnen, Lauch oder auch grünen Spargel in dünne Streifen schneiden, zu kleinen Bündeln zusammenfassen und vollständig mit Teig überziehen. Er dient als »Klebstoff«, der die Gemüsestreifen wie ein Nest zusammenhält. Dann werden sie in Öl frittiert und heiß genossen.

ベスト オブ 蕎麦 目次

開戸拓四百年奉祝
麺'S CLUB編 会改め
ソバキエタロヲ
丸山洋平
全百五十点賞味・全点撮影

ブックデザイン
柴永事務所
柴永文夫・島崎哲雄・川畑博哉
前田眞吉・岡崎さゆり・仲林優

東京・浅草「尾張そば（上）」、衣の焦流だ（27P参照）。下：新潟県小千谷市「角屋」ちそば。（46P参照）

コノグラフィオ（序に代へて） ……2

もり・せいろの特徴はしなめらか汁濃いめ

もり	神田須田町	神田まつや
せいろ	西荻南	鞍馬
せいろ	東池袋	生粉打ち亭
もり	田無	ほしの
せいろ	白金台	利庵
せいろ	小川町	春月
もり	鶴見	登茂吉
せいろ	虎ノ門	無弓庵増音
せいろ	平井	巴町砂場
せいろ	雷門	並木藪蕎麦
せいろ	上荻	やぶそば荻窪店
せいろ	福生	古式蕎麦
国分寺	浅草	甲州屋
ふる里	銀座	大松屋
せいろ	湯島	
せいろ	大井	武蔵野
ざる	西新橋	胡麻切り
手打ちそば上杉	日本橋室町	節句そば
天ざる	本陣房	三色そば
せいろ	上荻	本むら庵
古式もりそば		

……21 22 23

そば生誕二百年 そばは種物の王者である

天ぷらそば	神田須田町	金城庵本館
天ぷらそば(上)	国分寺	一乃屋
天ぷらそば	西新宿	渡邊
伊勢海老の天ぷらそば	築地	さらしな乃り
天ぷらそば(並)	浅草	尾張屋
天ぷらそば	日本橋浜町	藪そば
天ぷらそば	西麻布	甲子
天ぷらそば	西麻布	栄利
天ぷらそば	国産	更科布
千利天ぷらそば	冷しやぶ保天そば	千利庵
かき揚そば	巴町砂場	あさだ
天ぷら	八丁堀	虎ノ門
吾妻揚やぶそば	天ぷらそば	西荻南
上天ぷらそば	吾妻	つる家

……24 25 26 27 28 29 30 31

花巻・おかめが代表種物そばの原点である

花	木曽福島町	北西篇
天せいろ	塩尻篇	熊本篇
おろしそば	出石篇	松江篇
割子そば	福井篇	徳島篇
手打皿そば	名古屋・戸篇	福岡篇
生そば	大阪篇	福岡篇
生そば(二椀)	大阪篇	福岡篇
せいろそば(五段)	大阪篇	熊谷篇
丸そば	東新町	英ちゃんうどん
ごぼう天そば	天神	英ちゃんうどん
丸天そば	店屋町	古式生そばひさや
えび天そば	店屋町	肥後麺処大石本店
かき揚そば	紺屋町	
おろしそば		

……62 63 64 65 66 67 68 69 70 71 72 73 74

"いい蕎麦"求めて幾千里（跋に代へて）

"上野藪そばが教える東京流汁の作り方"
"美々卯が教える大阪流汁の作り方"
蕎麦粉学入門
「あぁもないこうでもない蕎麦のウンチク傑作選」
7, 11, 25,

野菜そば	栗入り	京橋	藪伊豆総本店
海草入り	湯島	いそやま
梅干し	池の端	豚肉のせ
しいたけそば	蓮玉庵	鶏肉使用
わさびそば	浅草	かめ
けんちんもと	南千住	あんかけ
にしんそば	南千住	カレーそば
錦そば	田無	おかめそば
そば雲水	平井	聖天そば
吉野そば	岩本町	揚げもちそば
奴そば	吉野	玉子そば（山かけ）
権現そば	江戸屋	おろしそば
納豆そば	十六文	冷しかつおそば
熱とろ（山かけ）	夢境庵	かつおそば
山芋そば	利久庵	かつとじ
コロッケそば	あすか	肉五目（上）
肉南ばん	新橋	月見そば
鴨南ばん	太子堂	玉子とじ
かつそば	松島	いそべ巻
カレーそば	池の端	翁庵
おかめそば	翁庵	鶏南そば
あんかけ	浅草	翁庵そば
カレーそば	神楽坂	泰明亭
いそべ巻	神楽坂	やぶそば
玉子とじ	京橋	砂場総本家
月見そば	銀座	翁庵

……111 112 113 114 115 116 117 118 119 120 121 122 123 124 125 126 127 128 129 130 131 141 142 143 144 145 146 147 148 149 150

千変万化！東京の種物大…

小柱あられそば	神田淡路町	新橋
白魚そば	神田淡路町	かんだや
若竹そば	神田淡路町	竜泉
かつおそば	柿島屋	角萬
かき南ばん	巴町砂場	よし田
あなご天そば	上野	奥沢
穴子そば	京橋	十和田
穴子のせ	新橋	上石神井
いくら	新橋	山村
柳かけ	町田	弥生

大阪篇

筍そば	道頓堀	
鯛そば	丸徳	
ホルモンそば	生玉寺町	恵美須東
夕霧そば	菅根崎	松葉家
茶がゆそば	吾妻	つるや
夕霧そば	美々卯本店	
池田	南船場	瓢亭
平野町	夕霧そば	
京菜家		
御屋敷今井		

……107 108 109 110

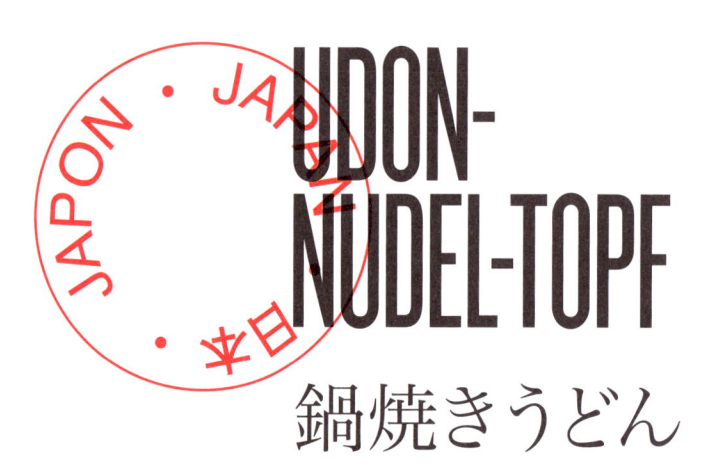

UDON-NUDEL-TOPF

鍋焼きうどん

FÜR 4 PERSONEN
Vorbereitung: 1 Stunde
Einweichen: 20 Minuten
(falls erforderlich)
Garzeit: 5 Minuten

4 große Garnelen
250 g junger Spinat
4 frische oder getrocknete Shiitake (Trockenpilze 20 Minuten in lauwarmem Wasser einweichen)
800 g frische Udon-Nudeln oder 400 g getrocknete Nudeln
4 Mochi (Reisküchlein)
800 ml heiße Tsuyu-Brühe (siehe Seite 289)
8 Scheiben Narutomaki
4 Eier, raumtemperiert
2 Frühlingszwiebeln, in Ringe geschnitten, zum Garnieren

FÜR DEN TEMPURA-TEIG
1 Eigelb
200 ml eiskaltes Wasser
100 g Mehl
Öl zum Frittieren

Das Garnelen-Tempura nach der Anleitung auf Seite 80 zubereiten.

Den Spinat 1 Minute in kochendem Wasser blanchieren, anschließend sofort in kaltem Wasser abschrecken, damit der Garprozess unterbrochen wird und die leuchtende Farbe erhalten bleibt. Abtropfen lassen, die Blätter stapeln und zusammenrollen. Die Spinatrolle mit Küchenpapier sorgfältig abtrocknen und in vier Stücke schneiden.

Die Shiitake von den Stielen befreien und 1 Minute in kochendem Wasser blanchieren (getrocknete Pilze 3 Minuten).

Die Nudeln nach der Anleitung auf Seite 26 garen. Die Mochi-Stücke im gut vorgeheizten Backofen direkt unter den Heizstäben rösten. Sobald sie kräftig aufgebläht sind, sind sie fertig. Eine Portion Nudeln in ein hitzebeständiges Steingutgeschirr (Portionsgröße) füllen und 1 Garnele, 1 Shiitake-Pilz, 1 Stückchen Spinatrolle, 2 Scheiben Narutomaki und 1 Mochi-Küchlein darauf arrangieren. Die drei anderen Portionen in gleicher Weise vorbereiten.

Inzwischen die Brühe wieder erhitzen, jedoch nicht aufkochen. Jeweils etwas Brühe auf die Töpfchen verteilen, vorsichtig 1 Ei hineinschlagen, die Deckel auflegen und 3 Minuten auf kleiner Flamme garen, bis die Brühe leicht siedet.

Mit ein paar Frühlingszwiebeln bestreuen, die Deckel wieder auflegen und sofort servieren.

Gut zu wissen: Dies ist ein herzhaftes und wohltuendes Winteressen, im Sommer sucht man es in Japan vergeblich.

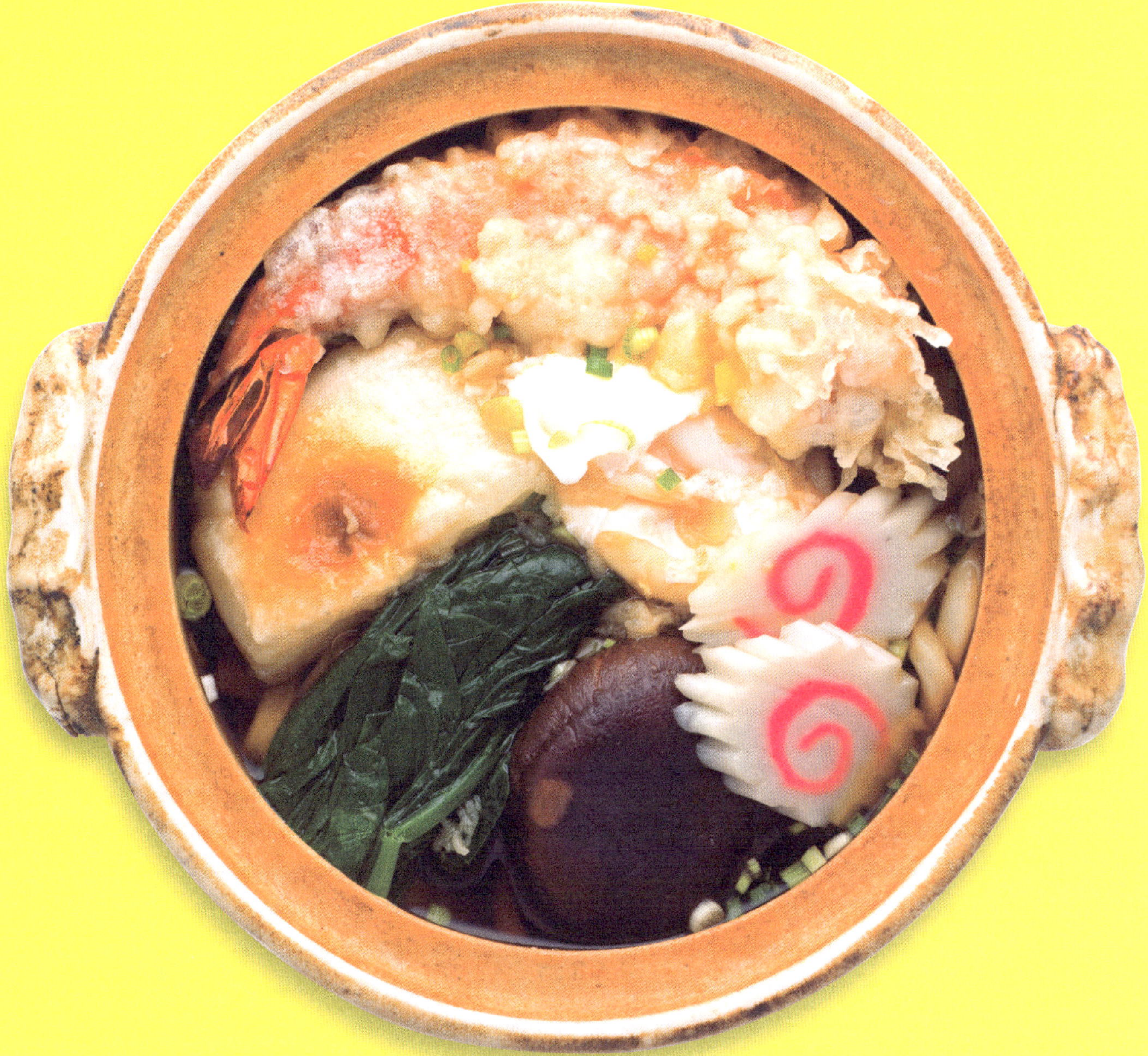

MISO-SUPPE MIT UDON

味噌煮込みうどん

FÜR 4 PERSONEN
Vorbereitung: 20 Minuten
Garzeit: 5 Minuten

1 Möhre
1 Stange Lauch, nur der weiße Teil
1 Hähnchenbrustfilet
800 g frische Udon-Nudeln oder
400 g getrocknete Nudeln
800 ml Dashi (siehe Seite 286)
400 g Miso

Die Möhre und den Lauch 3 Minuten in kochendem Wasser blanchieren und anschließend in kaltem Wasser abschrecken, um den Garprozess zu stoppen. Gut abtropfen lassen und das Gemüse schräg in dicke Scheiben schneiden. Das Hähnchenbrustfilet in Scheibchen oder in mundgerechte Stücke schneiden.

Die Nudeln nach der Anleitung auf Seite 26 garen.

Eine Miso-Suppe zubereiten: Die Dashi erhitzen, jedoch nicht aufkochen. Eine Kelle Brühe in eine Schale schöpfen und darin etwas Miso-Paste auflösen (mit einem Schneebesen behutsam umrühren). Die Mischung zurück in die Brühe gießen. In dieser Weise sämtliches Miso in der Dashi auflösen.

Die Miso-Suppe, die Nudeln, das Gemüse und das Hühnerfleisch auf vier feuerfeste Steinguttöpfe (Portionsgröße) verteilen. Die Deckel auflegen und alles bei geringer Temperatur erhitzen, jedoch nicht aufkochen, bis das Fleisch durchgegart ist. Sehr heiß servieren.

Gut zu wissen: Ergänzend kann man frittierten Tofu, ein Ei (wie bei dem Udon-Nudeltopf auf der vorherigen Seite) oder gegarte Kartoffeln, Kohl und vieles mehr dazugeben.

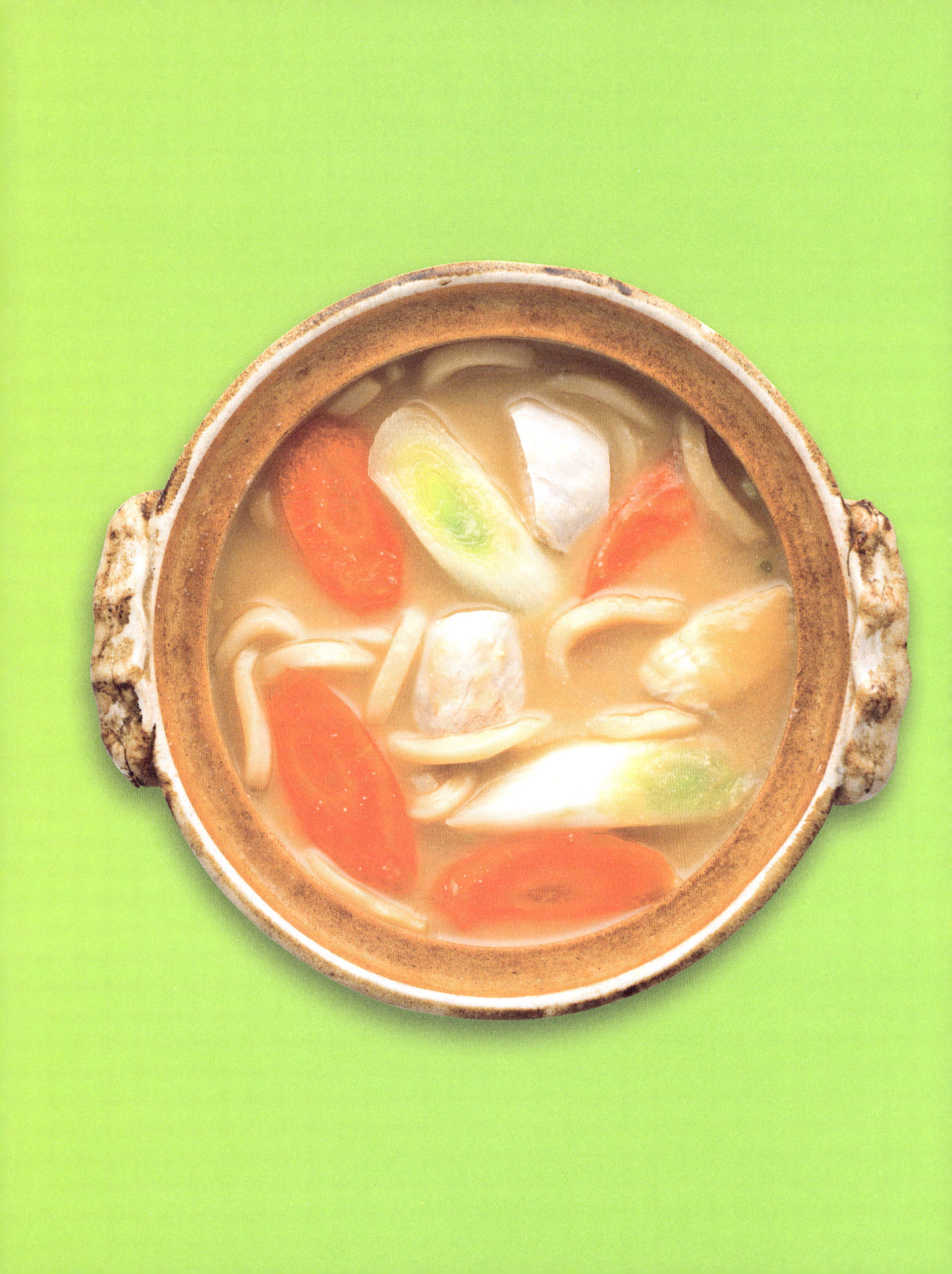

RAMEN NACH ART VON HAKATA

博多ラーメン

FÜR 4 PERSONEN
Vorbereitung: 15 Minuten
Garzeit: 10 Minuten

12 Scheiben Char Siu auf japanische Art (siehe Seite 306)
2 Eingelegte Eier für Ramen (siehe Seite 304)
1 Nori-Blatt
4 Frühlingszwiebeln
400 g dünne Weizennudeln
2 EL Menma (fermentierter Bambus)
2 EL roter Ingwer

FÜR DIE BRÜHE
800 ml Tonkotsu-, Chintan- oder Baitan-Brühe (siehe Seite 290)
4–8 EL Basis für Ramen nach Wahl (siehe Seite 293)
einige Tropfen Sesamöl (nach Belieben)

Die Brühe erhitzen, vom Herd nehmen und die Ramen-Basis unterrühren. Warm stellen, jedoch nicht aufkochen.

Das Char-Siu-Schweinfleisch in 1–3 mm dicke Scheiben schneiden. Die Eier längs halbieren, das Nori-Blatt vierteln, die Frühlingszwiebeln in Ringe schneiden.

Die Nudeln nach der Anleitung auf Seite 26 garen und anschließend kalt abschrecken. Gut abtropfen lassen und sofort auf die Schalen verteilen. Die Garnitur – Nori, Menma, Ingwer und Frühlingszwiebeln – hineingeben und mit der Brühe auffüllen. Nach Belieben mit ein paar Tropfen Sesamöl abrunden und sofort servieren.

Gut zu wissen: Das Nori schmeckt noch besser, wenn man es ganz kurz über der offenen Flamme röstet – zweimal kurz über die Flamme fahren genügt.
Nehmen Sie Fleisch, Eier, Menma und den roten Ingwer rechtzeitig aus dem Kühlschrank, damit die Zutaten nicht zu kalt sind.

Der Ramen aus Hakata – der alte Name von Fukuoka, Hafen- und Hauptstadt der Insel Kyushu – entstand im Krieg, Vorbild waren chinesische Lamian-Nudeln in einer Schweinebrühe oder Schweine- und Hühnerbrühe gemischt. Inzwischen ist er ein klassischer japanischer Ramen, der mit der milchigen Baitan-Brühe (»Baitan« bedeutet »helle Suppe« auf Chinesisch) im Westen die wohl bekannteste Version ist. Dabei begann seine Erfolgsgeschichte erst in den 1980er-Jahren mit dem japanischen Wirtschaftsaufschwung und dem damit einhergehenden reicheren Nahrungsmittelangebot.

Dünne chinesische Weizennudeln, allen voran Youmian, Xian und Mian, ebenso wie alle Instant-Nudeln, sind für jede Art von Ramen geeignet.

ほんの少し蕎麦汁をつけ、お召し上がりください。
甘味のある蕎麦の味が口の中に広がります。

十割蕎麦

「きちんと蕎麦の味がする乾麺を作る」と心に決めてから2年、研究熱心な長野県の製麺業者さんにご苦心いただき、ようやく出来上がった十割蕎麦(そば粉100%で作った乾麺)です。

残念ながら「きちんと」、この副詞に相応しいほどに鮮烈な蕎麦の味ではなく、「そこそこ蕎麦の味がする乾麺」ですが、乾麺で打ちたての蕎麦のように強烈な風味はありませんが、並の乾麺、いや、並の蕎麦屋さんの

乾燥させる過程で、どうしても　　　　　　　　　　　　　　原料と製麺技術にあります。
蕎麦の中でも風味が高い　　　　　　　　　　　　　　が原料の秘密と教えていただいたのですが、製麺技
蕎麦粉100%で作

賞味期間(開封前):常

品番:47112
540円(200g)

「蕎麦の
とお考

本当の手

淡路素麺

厳寒期の淡路島で
中に職人により丁寧に手
約半日間の乾燥後、19cmに切
蔵に1年間以上囲い、じっくりと熟成

写真は極細

淡路素麺 極細

普通の素麺は400本程度の麺を一束50gにまとめてあるのですが、この淡路素麺極細の一束には750本もの麺が入っています。つまり、普通の素麺の半分程度の細さしかありません。職人が麺と対話しながら、手作業で、丁寧に無理なく延ばすので、ここまで極細でもコシが強く、茹でた後も延びにくい素麺に仕上がるのです。均一な極細麺ならではの喉ごしと、手延べならではのコシを兼ね備えた素麺ですから、夏バテで食欲のない時でも、知らず知らずのうちにツルッと喉を通り抜けてしまいます。

淡路素麺 中細

淡路素麺 中細の一束には500本もの麺が入っていますので、中細といっても普通の素麺に比べ2割程度は細く仕上がっています。極細では細すぎて物足りないと感じられる方には、この中細をおすすめします。

品番:47012

品番:47032

RAMEN MIT SOJASAUCE

醤油ラーメン

FÜR 4 PERSONEN
Vorbereitung: 10 Minuten
Garzeit: 30 Minuten

800 ml Dashi für Ramen (siehe Seite 292)
4–8 EL Basis für Ramen mit japanischer Sojasauce (siehe Seite 293)
400 g Weizennudeln

GARNITUR
Schweinefleisch Char Siu auf japanische Art, in Scheiben geschnitten (siehe Seite 306)
Eingelegte Eier für Ramen (siehe Seite 304)
blanchierter Spinat
Narutomaki-Scheiben
Menma (fermentierter Bambus)

Die Brühe erhitzen, vom Herd nehmen und die Basis einrühren. Warm stellen, jedoch nicht zum Kochen bringen.

Die Nudeln nach der Anleitung auf Seite 26 garen und gut abtropfen lassen. Nicht abschrecken und sofort auf die Schalen verteilen.

Die Garniturzutaten hinzufügen, die Brühe in die Schalen schöpfen und sofort servieren.

RAMEN MIT KIMCHI

キムチラーメン

JAPAN · 日本

FÜR 4 PERSONEN

Vorbereitung: 15 Minuten
Garzeit: 10 Minuten

800 ml Dashi für Ramen
(siehe Seite 292)
4–8 EL Basis für Ramen nach Wahl
(siehe Seite 293)
400 g Weizennudeln

GARNITUR
3 Kimchi-Blätter
1 Stange Lauch
1 EL Sesamsamen

Den Kimchi grob hacken, den Lauch in feine lange Streifen schneiden.

Die Brühe und die Nudeln nach der Anleitung auf Seite 90 vorbereiten bzw. garen.

Den Kimchi und den Lauch auf die Schalen verteilen. Die Brühe hineinschöpfen, mit dem Sesam bestreuen und servieren.

Gut zu wissen: Blanchieren Sie Lauch, der sehr faserig und hart ist, 30 Sekunden in kochendem Wasser.

RAMEN MIT SALZ, CHAR SIU UND SPINAT

醤油ラーメン

FÜR 4 PERSONEN
Vorbereitung: 15 Minuten
Garzeit: 10 Minuten

500 g Spinat
½ Stange Lauch
12 Scheiben Schweinefleisch Char Siu auf japanische Art (siehe Seite 306)
400 g Weizennudeln
1 EL Menma (fermentierter Bambus), raumtemperiert
4 Scheiben Narutomaki
Sesamsamen zum Bestreuen (nach Belieben)
einige Tropfen Sesamöl zum Servieren (nach Belieben)

FÜR DIE BRÜHE
800 ml Dashi für Ramen (siehe Seite 292)
4–8 EL Basis für Ramen mit Salz (siehe Seite 293)

Den Spinat 1 Minute in kochendem Wasser blanchieren, anschließend sofort in kaltem Wasser abschrecken. Gut abtropfen lassen und mit Küchenpapier abtrocknen. Den Lauch in lange feine Streifen schneiden und gegebenenfalls blanchieren, falls er sehr hart ist.
Das Char Siu in 1–3 mm dicke Scheiben schneiden.

Die Brühe und die Nudeln nach der Anleitung auf Seite 90 vorbereiten und garen. In Schalen anrichten und mit Menma, Spinat, Lauch, Narutomaki und den Fleischscheiben garnieren. Nach Belieben mit Sesamsamen und Sesamöl abrunden und sofort servieren.

RAMEN MIT GEMÜSE

野菜ラーメン

FÜR 4 PERSONEN

Vorbereitung: 15 Minuten
Garzeit: 10 Minuten

250 g Spinat
50 g Mungbohnensprossen
1 kleine Dose Mais (à 150 g)
400 g Weizennudeln
1 EL Menma (fermentierter Bambus)

FÜR DIE BRÜHE

800 ml Dashi für Ramen (siehe Seite 292)
4–8 EL Basis für Ramen nach Wahl (siehe Seite 293)

Den Spinat 1 Minute in kochendem Wasser blanchieren und sofort in kaltem Wasser abschrecken. Gut abtropfen lassen und grob in Stücke schneiden. In einem Topf Wasser zum Kochen bringen und die Mungbohnensprossen in einem feinmaschigen Sieb 30 Sekunden hineintauchen. Sie sollen nur etwas weicher werden, jedoch noch Biss haben. Den Mais in gleicher Weise kurz erhitzen.

Die Brühe und die Nudeln nach der Anleitung auf Seite 90 vorbereiten und garen. Die Nudeln auf Schalen verteilen und mit dem Gemüse und Menma garnieren. Die Brühe hineinschöpfen und sofort servieren.

INSTANT-RAMEN

JAPON · JAPAN · 日本

インスタントラーメン

FÜR 4 PERSONEN
Vorbereitung: 5 Minuten
Garzeit: 3 Minuten

4 Päckchen Instant-Ramen-Nudelsuppe
Garnitur nach Wahl

Die Nudeln nach der Anleitung auf Seite 26 zubereiten. Die gekörnte Brühe zugeben. Nudeln und Brühe auf die Schalen verteilen, nach Belieben garnieren und sofort servieren.

Gut zu wissen: Ein Turbo-Essen, das nach dem Zweiten Weltkrieg in Japan erfunden wurde. Heute gibt es in ganz Asien zigtausende Marken, Geschmacksrichtungen und Sorten von Instant-Nudelsuppen. Auch die Garnitur ist Geschmackssache, auf dem Bild sind es in Essig eingelegte Lotoswurzel, blanchierter Spinat und Lauch.

RAMEN MIT MISO

味噌ラーメン

FÜR 4 PERSONEN
Vorbereitung: 15 Minuten
Garzeit: 10 Minuten

400 g Weizennudeln
Garnitur nach Wahl

FÜR DIE BRÜHE
800 ml Dashi für Ramen
(siehe Seite 292)
12 EL weißer Miso
1 TL Dajiang (chinesische
Gewürzpaste)
1 EL Knoblauchpaste (aus der Tube)
1 EL Ingwerpaste (aus der Tube)
einige Tropfen Sesamöl

Die Nudeln nach der Anleitung auf Seite 26 garen und sogfältig abtropfen lassen.
Die Dashi-Brühe mit allen anderen Zutaten unter Rühren erhitzen.
Die Nudeln auf Schalen verteilen und wie gewünscht garnieren. Die Brühe hineinschöpfen und sofort servieren.

Gut zu wissen: Hier besteht die Garnitur aus Mungbohnensprossen, die 2 Minuten in kochendem Salzwasser blanchiert wurden, und dünnen Lauchstreifen, die in Sesamöl 3 Minuten in der Pfanne sautiert wurden.

RAMEN NACH ART VON MADAME EBINA

蛯名さんのラーメン

FÜR 4 PERSONEN

Vorbereitung: 50 Minuten
Garzeit: 10 Minuten

20 mittelgroße TK-Garnelen
TK-Muscheln (Kamm- und Miesmuscheln)
250 g Spinat
1 Nori-Blatt
2 Frühlingszwiebeln
400 g Weizennudeln
12 Scheiben Kamaboko
1 kleine Dose Mais
etwa 20 Scheiben Chinesisches Schweinefleisch Char Siu (siehe Seite 305)

FÜR DIE BRÜHE

800 ml Dashi für Ramen (siehe Seite 292)
4–8 EL Basis für Ramen mit Sojasauce, nach Geschmack (siehe Seite 293)

Die Garnelen auftauen, in kochendem Wasser blanchieren und schälen. Die Kammmuscheln und die Miesmuscheln auftauen. Die Miesmuscheln im Dampf garen und auslösen. Den Spinat 1 Minute in kochendem Wasser blanchieren und sofort in kaltem Wasser abschrecken. Gut abtropfen lassen, mit Küchenpapier abtrocknen und grob hacken. Das Nori-Blatt in kleine Quadrate oder Rechtecke schneiden. Die Frühlingszwiebeln in Ringe schneiden.

Die Brühe und die Nudeln nach der Anleitung auf Seite 90 vorbereiten und garen. Die Nudeln auf Schalen verteilen und die Brühe einfüllen.

Die Garnelen, das Kamaboko, den Spinat, den Mais und das Fleisch rundherum am Rand der Schalen arrangieren, die Kamm- und Miesmuscheln in die Mitte geben und mit den Frühlingszwiebeln bestreuen. Zuletzt seitlich die Nori-Blättchen hineinstecken und sofort servieren.

Chihiro: Das Nori wirklich ganz zum Schluss dazugeben, es saugt sich schnell voll und weicht dann auf.

Madame Ebina ist meine japanische Masseurin. Sie stammt aus Aoyama, einer ärmlichen Region im Norden Japans, in der die Winter lang und hart sind. Sie erzählt häufig von ihrer Großmutter, die »sehr alt« sei, aber auf ihrem Acker noch immer Gemüse ernte und im Winter Daikon trockne. Ihre Ramen sind typisch für die Region, rustikal und aus einer einfachen Knochen- oder Hühnerbrühe und Dashi, ganz anders als die reichhaltigen und konzentrierten Ramen, wie sie heute in Mode sind. Ich habe niemals einen Ramen von Madame Ebina gegessen, doch immer davon geträumt. Dieses völlig frei erfundene Rezept ist ihr gewidmet.

キリコノグラフィオ
（序に代へて）

中国雲南省より渡来したとされる蕎麦は、常食した五穀（米・麦・豆・粟・黍ま）以外にあって、団栗並に扱はれてゐた下等な先が足らずで結実するタデ科一年生草本、しかし第四十四代元正天皇は、養老六（七二二）年七月、日照り続きの幾星霜。先行して、詔を発せられた。「天下の国司に諭し、百姓を勧め、晩禾・蕎・大麦・小麦を樹ゑしめ、その収穫を秋冬に勧め置いて儲け積み、以て凶年に備ふべし」（鈴木棠三氏の精査による）。

蕎麦の粉は、粘度甚だしく弱くボソボソとして、無惨に切れて食ひ心地劣悪、モソモソと咽を通り難くあつたらうこと、想像に難くない。この、「下々買喰、えさせよ」（柳亭種彦『還魂紙料』文政九＝一八二六年）の救荒食料が、期の麺は、茹で上げた後に微温湯して、豆腐や重湯をかけ繋ぎ蕎麦粉百、が熱湯をかけ蓋をして蒸す、現代のめに、凌いだ。以来、幾星霜。寛永二十（一六四三）年板行の最古の料理書『料理物語』は記してゐる。（蕎麦切り）が江戸の古文書に登りて慶長十九（一六一四）年、大坂冬

（一五九〇）年八月朔日、豊臣秀吉の命により関となった徳川家康が、江戸へやつて来る。夷大将軍として幕府を天下一の城下町にせひ繁る武蔵野の寒村を、編んだ所以は、偏にここに存する。

平成の御代、蕎麦は今日大繁昌して、弟子入りを望む青年おやじギャルも喜々として暖簾をくぐり音高くもりや口中に収める。全国を行脚して『ベスト オブ 蕎麦』を

盛り蕎麦用の蒸籠

● 麺についての食感、汁の甘辛に関する記述は、あくまでの大小は優劣を示すものでは、決してない。● 値段と量が手頃なみに「めん友」、個性豊かな性店主に「めん姫」、勲章（のようなもの）を記した通り、味の好みや故、あんまり信用しない京の超有名人気大行列店
● 値段、営業時間、地図の所在地等は、現在であり、消費税の記載は割愛したまつたものである。
※値段、営業時間、地図の所在地等は、現在であり、消費税の記載は割愛した

本書観賞上の手引き

掲載した作品には「原寸」の印を捺したが、

● 麺に関して、「?」マークは、麺などに感じる時に生ずる霊的波動が「ホホウ！」とか「ホボウ！」などと感じる時に生ずる霊的波動があ狐狗狸（こっくり）さんよろしく、自動筆記オートライ

京橋埋め立てなどの大開拓に着手する。
ゆかりの三河や駿河などから集められた技術者労働者は当然独り者ばかりであったため編まれたものであり、簡略にほよる。

寿司観察学会、改め麺S CLUB会員のS探偵が単身で選んだ名作奇作怪作百五十品を観賞するための「まづい」だの「うまい」だのいふ主観的曖昧表現を意識的に省からうてうまいものも、乙にとってまづいことがあるが、その輩は本人の美意識『理解下されば幸甚である。つまり本書は食味案内で会学的探求法を、学的心理学的分析、本書は他にならいメ的探求法を、万国共通のンヌーボー同様、ヒトがより真上に力一直に眼を落とす次第である。

Graphie（図像解釈学）が同様、ヒトがより真上にカ万国共通の侦、謹記

江戸の街の名物・夜鷹蕎麦。風鈴をつるして売り歩いたので、風鈴蕎麦と呼ばれた

LAMIAN MIT RINDFLEISCH

兰州拉面

FÜR 4 PERSONEN
Vorbereitung: 15 Minuten
Garzeit: 10 Minuten

8 Stängel Koriandergrün
300 g Rinderhesse (Beinscheibe), in der Brühe gegart (siehe Seite 296)
200 g Daikon
400 g Lamian-Nudeln (siehe Seite 34) oder 320 g Gan Qie Mian
1,2 l Chinesische Rinderbrühe (siehe Seite 296)
½ TL Salz
1 TL Chiliöl (siehe Seite 307)

Das Koriandergrün hacken. Das Rindfleisch in kleine Würfel schneiden. Den Daikon längs vierteln und dann in dünne Scheiben schneiden.

Die Nudeln nach der Anleitung auf Seite 26 garen und abtropfen lassen.

Inzwischen die Rinderbrühe zum Kochen bringen, den Daikon darin 30 Sekunden blanchieren und abtropfen lassen. Die Brühe salzen und sofort vom Herd nehmen.

Jeweils 300 ml Brühe in die Schalen schöpfen. Nudeln, Rindfleisch und Daikon gleichmäßig darauf verteilen, mit etwas Chiliöl abrunden und mit Koriandergrün garnieren.

Margot: Dies ist *das* Nudelgericht mit »handgezogenen« Lamian schlechthin und eine Spezialität der Region Gansu im Nordwesten Chinas. Die Nudeln von Hand herzustellen, erfordert eine Fertigkeit, die man nicht mal eben an einem Tag erlernt. Meine Version für den »Hausgebrauch« finden Sie als Schritt-für-Schritt-Anleitung auf Seite 34. Oder Sie greifen einfach zu weißen Nudeln von Spaghettigröße, wie sie der chinesische Lebensmittelhandel anbietet.

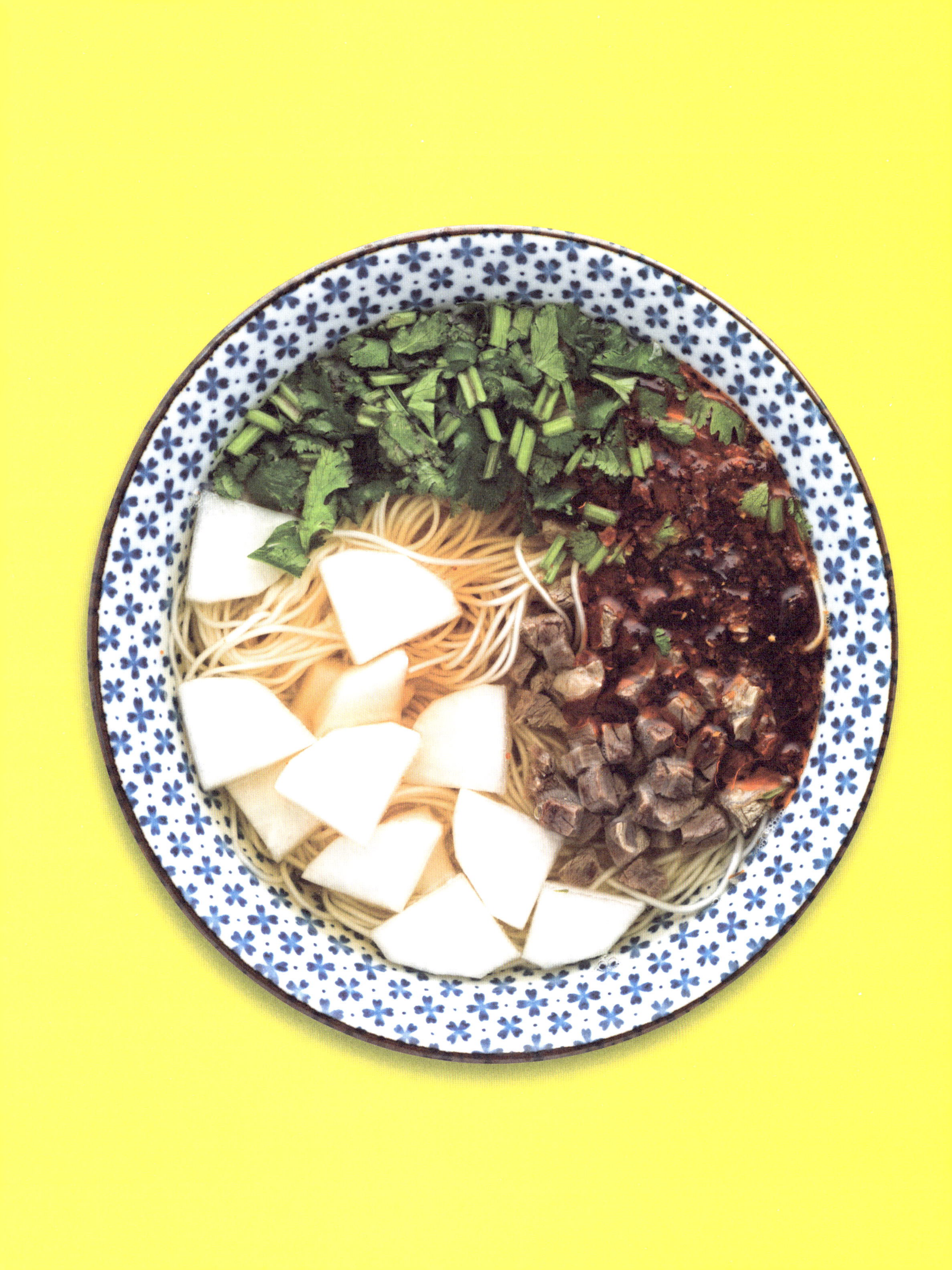

MIAN MIT RINDFLEISCH NACH ART VON TAIWAN
红烧牛肉面

MI FEN NACH ART VON GUILIN

桂林米粉

MIAN MIT RINDFLEISCH NACH ART VON TAIWAN

红烧牛肉面

FÜR 3 PERSONEN
Vorbereitung: 10 Minuten
Garzeit: 1 Stunde 20 Minuten

300 g Rinderhesse (Beinscheibe), in der Brühe gegart (siehe Seite 296)
10 g Ingwer
2 Frühlingszwiebeln
1 EL neutrales Speiseöl
40 g Zucker
3 EL Douchi (fermentierte Sojabohnen)
2 getrocknete rote Chilischoten
240 g Gua-Mian-Nudeln
750 ml Chinesische Rinderbrühe (siehe Seite 296)
1 TL Salz

Das Rindfleisch in 5 mm dicke Scheiben schneiden. Den ungeschälten Ingwer in 3 mm dünne Scheibchen, die Frühlingszwiebeln in Ringe schneiden.

Das Öl in einem Topf mit dem Zucker verrühren und bei mittlerer Temperatur erhitzen, bis sich der Zucker in einen hellbraunen Karamell verwandelt hat. Die Rindfleischscheiben einlegen und beständig in dem Karamell wenden, bis sie rundherum überzogen sind. Das Douchi dazugeben, nach 1 weiteren Minute den Ingwer und die Chilis hinzufügen, alles mit heißem Wasser bedecken und 1 Stunde leise köcheln lassen.

Die Nudeln in kochendem Wasser nach der Anleitung auf Seite 26 garen und anschließend abtropfen lassen.
Die Rinderbrühe salzen, kurz aufkochen und vom Herd nehmen.

Die Nudeln auf Schalen verteilen und je 4–5 Scheiben Fleisch darauflegen. Jeweils 4 EL der Garflüssigkeit dazugeben und mit 250 ml heißer Brühe auffüllen. Mit den Frühlingszwiebeln garnieren und servieren.

MI FEN NACH ART VON GUILIN

桂林米粉

FÜR 4 PERSONEN
Vorbereitung: 15 Minuten
Garzeit: 10 Minuten

1,2 l Chinesische Schweinebrühe (siehe Seite 297)
2 Stückchen fermentierter Tofu (Doufuru)
4 EL helle chinesische Sojasauce
4 EL schwarzer chinesischer Reisessig
4 TL brauner Zucker
1 TL Salz
2 EL neutrales Speiseöl
4 Handvoll Erdnusskerne
2 Frühlingszwiebeln
6–8 kleine Cornichons
100 g Bambussprossen
320 g Jiangxi-Mi-Fen-Nudeln
8 Spinatblätter
400 g Chinesisches Schweinefleisch Char Siu (siehe Seite 305)
4 Handvoll geröstete Sojakerne
4 EL Chiliöl (siehe Seite 307)

Die Brühe erhitzen. Den fermentierten Tofu zerdrücken, mit der Sojasauce, dem Essig, dem Zucker und dem Salz unter die Brühe rühren und 5 Minuten köcheln lassen. Anschließend warm stellen.

In einem Wok 1 EL Öl bei mittlerer Temperatur erhitzen und die Erdnüsse darin 5 Minuten rösten. Herausnehmen und abkühlen lassen.

Die Frühlingszwiebeln und die Cornichons in Scheiben schneiden. Den Bambus in 2 mm dünne Scheiben schneiden. Das restliche Öl in dem Wok kräftig erhitzen, die Hälfte der Frühlingszwiebeln und die Bambussprossen hineingeben und 1 Minute pfannenrühren. Salzen.

Die Nudeln nach der Anleitung auf Seite 26 garen; 1 Minute vor Ende der Garzeit den Spinat dazugeben. Abtropfen lassen und auf die Schalen verteilen. Das Char-Siu-Schweinefleisch in dünne Scheiben schneiden.

Jeweils 300 ml heiße Brühe in die Schalen schöpfen, einige Scheiben Char Siu sowie die Cornichons und die Bambussprossen dazugeben und mit den restlichen Frühlingszwiebeln, den Erdnüssen und den gerösteten Sojakernen abschließen. Mit je 1 EL Chiliöl abrunden und servieren.

Gut zu wissen: Im Originalrezept verwendet man knusprigen Schweinebauch und fermentierte Spargelbohnen, um für die nötige Säure und knackigen Biss zu sorgen. Um die Dinge etwas zu erleichtern, haben wir sie hier durch Char Siu und Cornichons ersetzt.

MIAN DES NUDELTRÄGERS

担仔面

FÜR 2 PERSONEN
Vorbereitung: 5 Minuten
Garzeit: 25 Minuten

¼ Zwiebel
20 g Schnittknoblauch
50 g Schweinefilet
1 EL neutrales Speiseöl
3 TL Asia-Röstzwiebeln
50 g Schweinehack
1 EL helle chinesische Sojasauce
1 EL Shaoxing-Wein
1 TL Sesampaste
1 TL weißer Miso
1 TL frisch gemahlener Pfeffer
1 Prise Zucker
2 rohe ungeschälte Garnelen
40 g Mungbohnensprossen
160 g Jianshui-Mian-Nudeln
1 Eingelegtes Soja-Ei (siehe Seite 304)
600 ml heiße Chinesische Schweinebrühe (siehe Seite 297) + ½ TL Salz

Die Zwiebel hacken. Den Schnittknoblauch in 4 cm lange Stücke schneiden. Das Schweinefilet in 1 mm dünne Scheiben schneiden.

Das Öl in einem Wok kräftig erhitzen. Die Zwiebel und 1 TL der Röstzwiebeln darin 1 Minute anschwitzen. Das Schweinehack zugeben und weitere 2 Minuten pfannenrühren. Sojasauce, Wein, Sesampaste, Miso, Pfeffer und Zucker zugeben, 100 ml heißes Wasser zugießen, umrühren und 10 Minuten köcheln lassen. Die Mischung aus dem Wok nehmen und warm stellen.

Die Schweinefiletscheiben 1 Minute in kochendem Wasser blanchieren. Abtropfen lassen und warm stellen. Anschließend die Garnelen 1 Minute blanchieren, schälen und warm stellen. Zuletzt den Schnittknoblauch und die Mungbohnensprossen 30 Sekunden blanchieren.

Die Nudeln nach der Anleitung auf Seite 26 in kochendem Wasser garen und abtropfen lassen.
Sofort auf Schalen verteilen, jeweils einige Scheiben Filet, 1 Garnele und ½ Soja-Ei dazugeben, 300 ml heiße Brühe und die Hackmischung hinzufügen und mit den restlichen Röstzwiebeln bestreuen.

Gut zu wissen: Dieses Gericht stammt aus dem Süden Taiwans. Es wurde vor mehr als 100 Jahren von einem Fischer erfunden, der in der Taifun-Saison seiner Arbeit nicht nachgehen konnte. Um dennoch seinen Unterhalt zu verdienen, trug er Nudeln zu Markte, um sie dort zu verkaufen.

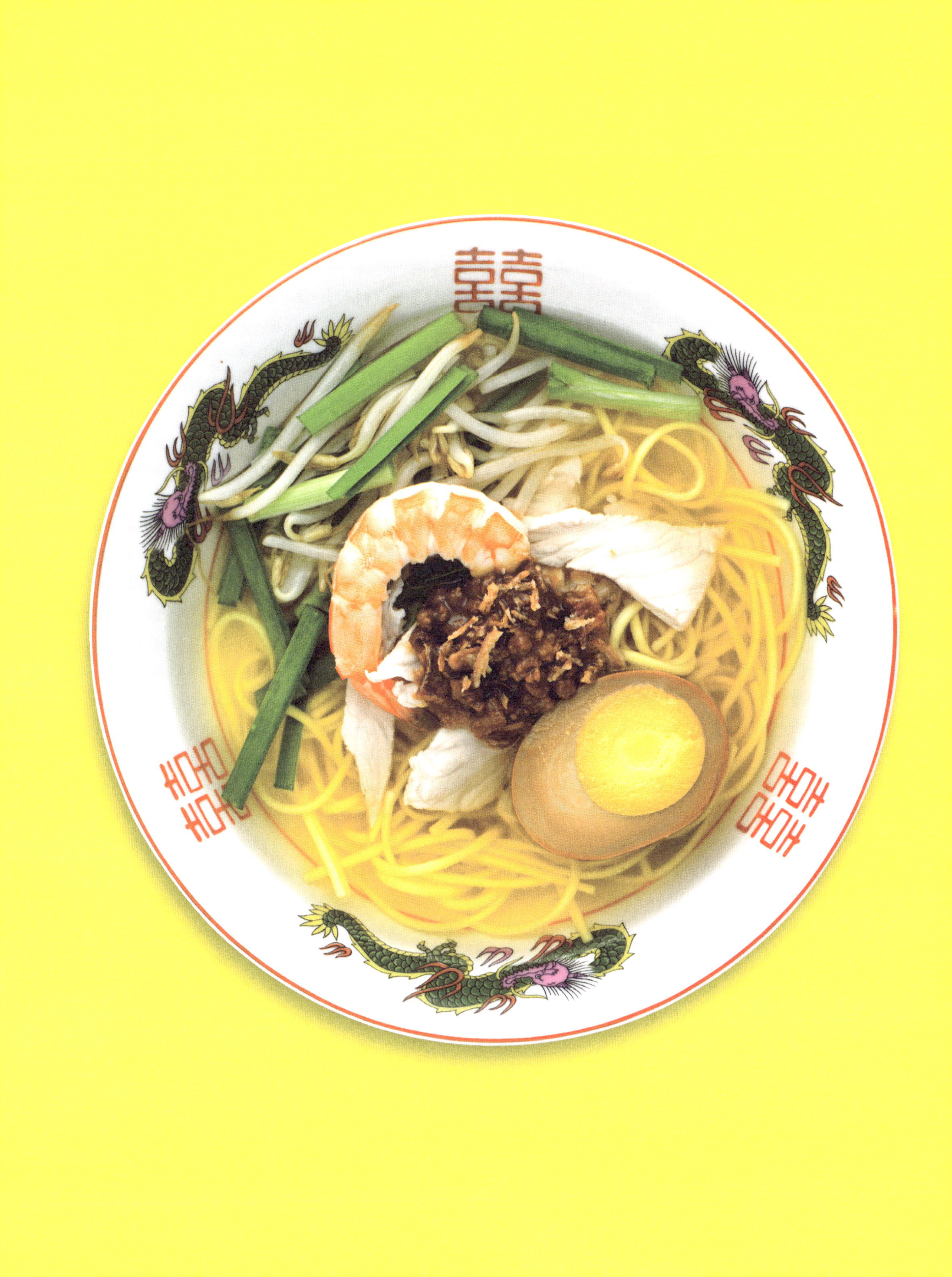

MIAN MIT WAN-TANS

云吞面

FÜR 4 PERSONEN
Vorbereitung: 35 Minuten
Garzeit: 10 Minuten

1,2 l Chinesische Schweinebrühe (siehe Seite 297)
1 TL Salz
300 g Xian-Dan-Mian-Nudeln
2 Frühlingszwiebeln
20 Wan-Tans mit Schweinefleisch- oder Garnelenfüllung (siehe Seite 108)
4 EL helle chinesische Sojasauce
2 EL Sesamöl

Die Schweinebrühe salzen und warm stellen.

In einem weiteren Topf die Nudeln nach der Anleitung auf Seite 26 in kochendem Wasser garen und abtropfen lassen. Die Frühlingszwiebeln in Ringe schneiden.

In jede Schale 1 EL Sojasauce und ½ TL Sesamöl geben, je 5 Wan-Tans und die Nudeln dazugeben und die heiße Brühe hineinschöpfen. Mit den Frühlingszwiebeln bestreuen und servieren.

Margot: Für dieses Gericht wird traditionell eine Brühe aus Schweinefleisch, getrockneten Garnelenköpfen und Trockenfisch (Stockfisch) verwendet. Um die Zubereitung zu erleichtern, hier eine vereinfachte Version mit Schweinebrühe.

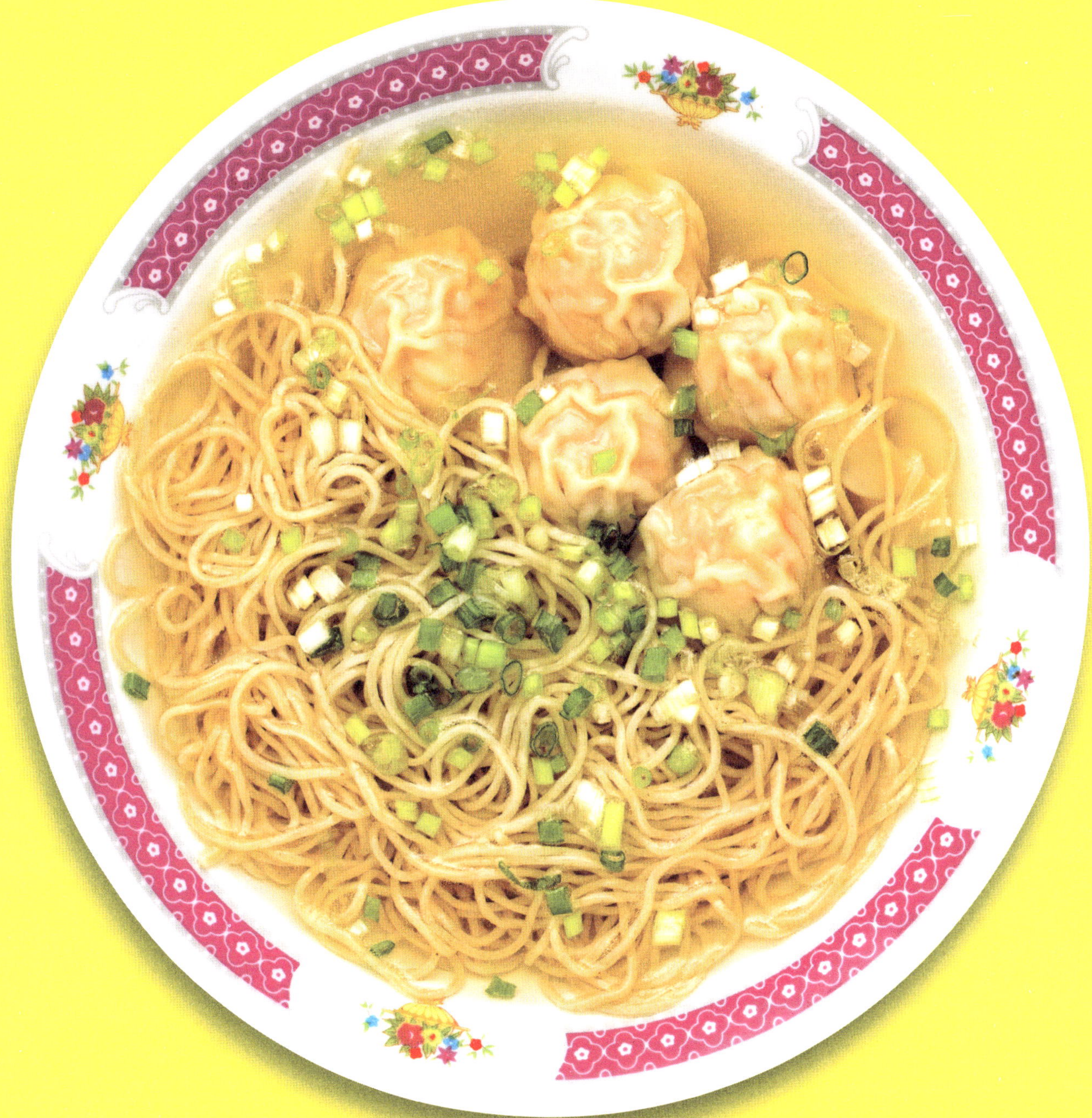

WAN-TANS MIT SCHWEINEFLEISCH-GARNELENFÜLLUNG

FÜR 20 WAN-TANS
5 g Ingwer
1 Frühlingszwiebel
100 g rohe geschälte Garnelen
100 g Schweinehack (Nacken)
1 EL Shaoxing-Wein
1 EL helle chinesische Sojasauce
1 EL neutrales Speiseöl
1 TL Sesamöl
1 TL frisch gemahlener Pfeffer
20 Wan-Tan-Blätter

1. Den Ingwer fein hacken.

2. Die Frühlingszwiebel in feine Ringe schneiden.

3. Die Garnelen in 1 cm dicke Stücke schneiden.

4. Das Schweinehack mit dem Shaoxing-Wein übergießen.

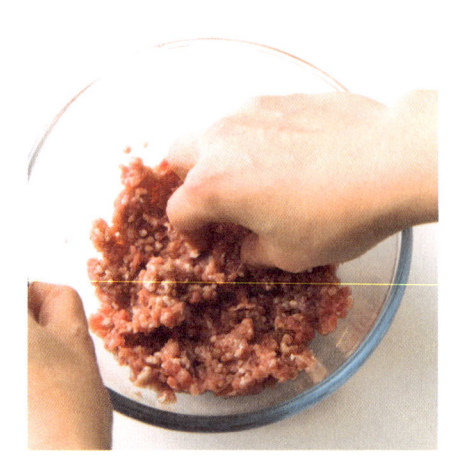

5. Den Wein rasch von Hand einarbeiten, dabei immer in die gleiche Richtung arbeiten.

6. Die Sojasauce zugeben und die Masse 1 weitere Minute kneten, bis sie von leicht klebriger Konsistenz ist.

7. Die Garnelen, beide Öle und den Pfeffer hinzufügen.

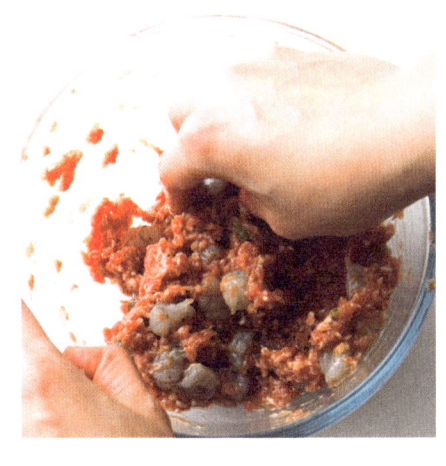

8. Den Ingwer und die Frühlingszwiebel untermischen, dabei nach wie vor in der gleichen Richtung arbeiten.

9. Ein Wan-Tan-Blatt in die Hand nehmen und rundherum am Rand mit etwas Wasser benetzen.

10. Einen Teelöffel der Füllmasse in die Mitte setzen.

11. Die Ränder mit beiden Händen zur Mitte und über die Füllung schlagen …

12. … sodass eine kleine Teigtasche entsteht.

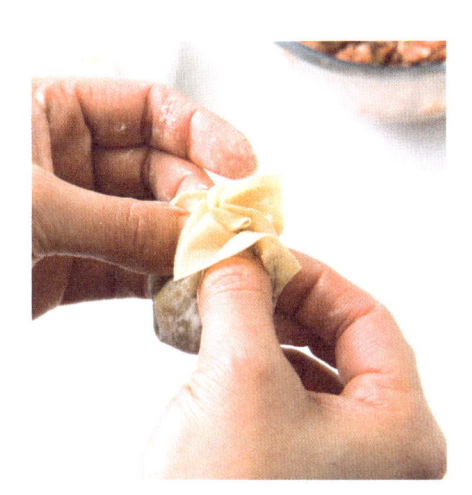

13. Zum Versiegeln den Teig an der Öffnung direkt über der Füllung sanft zusammendrücken.

14. Auch den oberen Teil der Teigtasche zum Versiegeln zusammendrücken.

109

MI XIAN »ÜBERQUEREN DIE BRÜCKE«

过桥米线

FÜR 2 PERSONEN
Vorbereitung: 20 Minuten
Garzeit: 15 Minuten

100 g Hähnchenbrustfilet
50 g Shimeji-Pilze
50 g Schnittknoblauch
4 Blätter Pak-Choi
160 g Yunnan-Mi-Xian-Nudeln
600 ml Chinesische Hühnerbrühe (Seite 294), nicht entfettet
½ TL Salz
2 Wachteleier
50 g roher Schinken
50 g Mungbohnensprossen
½ TL frisch gemahlener weißer Pfeffer

Das Hähnchenfilet in 2 mm dünne Scheiben schneiden. Die Stielenden der Shimeji kürzen und die Pilze voneinander trennen. Den Schnittknoblauch in 5 cm lange Stücke schneiden. Den weißen Teil des Pak-Choi vom grünen Teil trennen, nur die grünen Blätter werden benötigt. Der weiße Teil lässt sich für Mian mit Shiitake verwenden (siehe Seite 224).

Die Nudeln nach der Anleitung auf Seite 26 in kochendem Wasser garen und abtropfen lassen.

Inzwischen die Hühnerbrühe zum Kochen bringen, salzen und das Hähnchenfleisch darin 1 Minute blanchieren. Abtropfen lassen und warm stellen.

Die heiße Brühe in die Schalen schöpfen, sofort die Nudeln dazugeben und 1 Wachtelei hineinschlagen. Mit dem Pak-Choi, den Pilzen, dem Schinken, den Mungbohnensprossen, dem Schnittknoblauch und den Fleischscheiben garnieren und mit frisch gemahlenem weißem Pfeffer abrunden.

Gut zu wissen: Eine Spezialität aus der Region Yunnan. Der Legende nach stammt sie von einer Frau, deren Mann sich auf die Aufnahmeprüfung zum Mandarin (ehemals ein Staatsbeamter) vorbereitete. Um ihm die Suppe ins Büro zu bringen, wo er sich häuslich eingerichtet hatte, musste sie jeden Tag eine Brücke überqueren. Dank reichlich Hähnchenfett kühlte die Brühe auf dem Weg nicht ab, sodass ihr Mann seine Nudeln dennoch heiß genießen konnte.

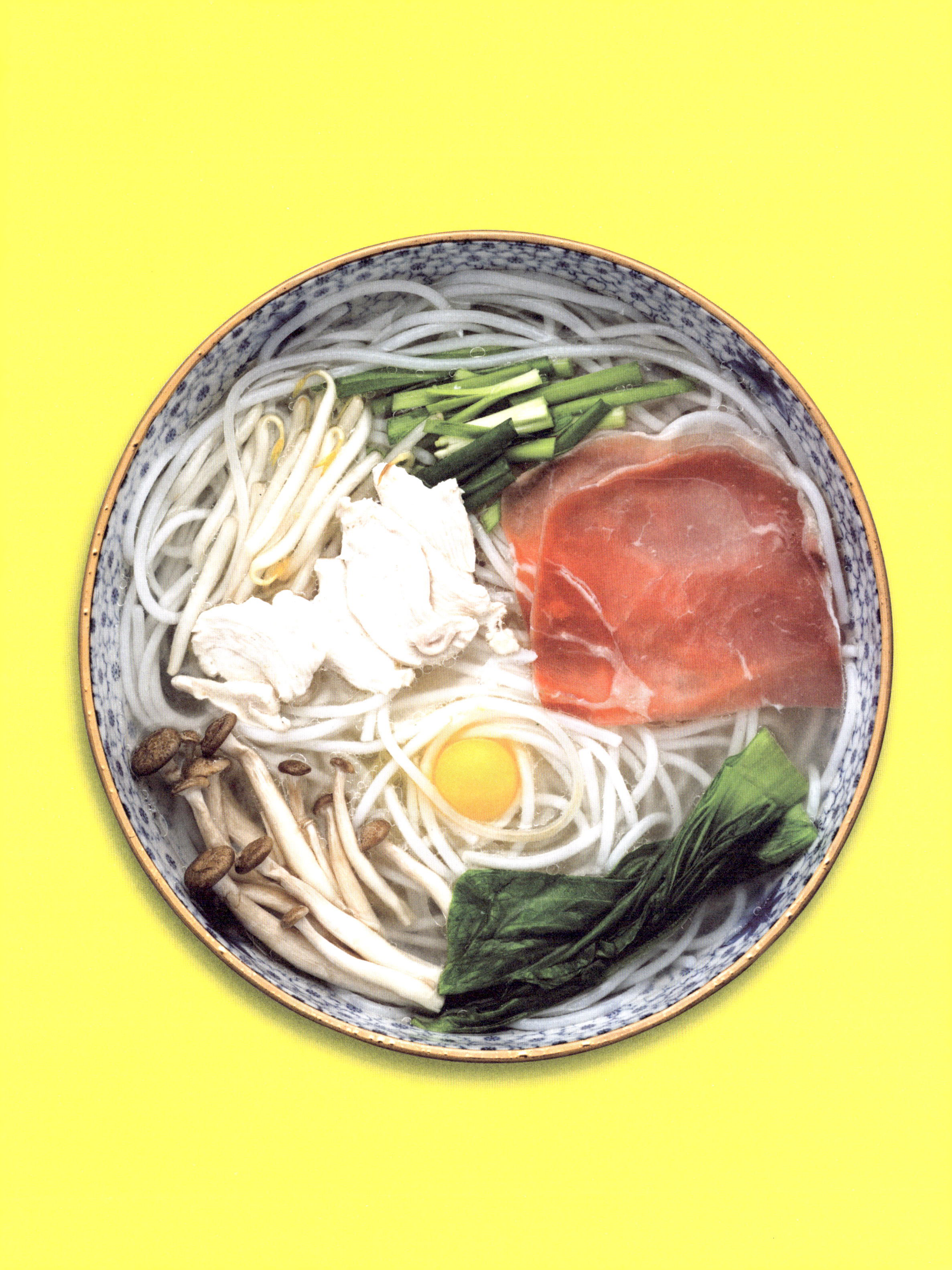

PHO MIT RINDFLEISCH

PHỞ BÒ

FÜR 4 PERSONEN
Vorbereitung: 1 Stunde
Einweichen: 30 Minuten
Garzeit: 6 Stunden

3 l Pho-Brühe samt Fleisch (siehe Seite 116)
400 g Banh-Pho-Nudeln
400 g rohes Rindfleisch (Filet, Rumpsteak)
1 weiße Zwiebel, geschält
8 Frühlingszwiebeln
12 Stängel Koriandergrün
8 Stängel Minze
2 Limetten
1 frische Chilischote (nach Belieben)
Nuoc-Mam zum Servieren

Die Pho-Brühe zubereiten (siehe Seite 116). Das Fleisch mindestens 3 Stunden an einem kühlen Ort abkühlen lassen.
Die Nudeln 30 Minuten in lauwarmem Wasser einweichen und nach der Anleitung auf Seite 26 garen.

Das abgekühlte Fleisch in Scheiben schneiden, das noch rohe Fleisch in feine Scheiben schneiden. Die Zwiebel und den grünen Teil der Frühlingszwiebeln in dünne Ringe schneiden, die Hälfte der Koriander- und der Minzeblätter grob hacken, den Rest beiseitelegen.

Die Limetten vierteln, die Chilischote in dünne Ringe schneiden und beides mit den verbliebenen Koriander- und Minzestängeln auf einem Teller anrichten.

Die Brühe zum Kochen bringen und wie folgt nacheinander die Zutaten hineingeben:
- Die Nudeln in einem Sieb 10 Sekunden.
- Den weißen Teil der Frühlingszwiebeln 30 Sekunden.
- Das gegarte Fleisch 30 Sekunden
- Das rohe Fleisch 2 Sekunden (es soll nur rosa gegart werden).
Die Nudeln und das Fleisch auf Schalen verteilen und die Zwiebelringe dazugeben. Die heiße Brühe einfüllen und mit Koriandergrün, Minze und den Frühlingszwiebeln garnieren.

Die Suppe servieren, den Teller mit den Kräutern, Limettenvierteln und Chiliringen sowie ein Fläschchen Nuoc-Mam zum Nachwürzen dazustellen.

Minh-Tâm: Je nach persönlichem Geschmack kann man die Suppe mit ein paar Tropfen Nuoc-Mam, Kräutern, Limettensaft oder frischen Chiliringen abrunden. Jeder darf nach Lust und Laune würzen! Der aus Nordvietnam stammende Pho wird traditionell zum Frühstück gegessen. Im Süden wird er zusätzlich reich garniert (gegartes und rohes Rindfleisch, Fleischbällchen, Innereien, verschiedene Kräuter, süß-scharfe Saucen).

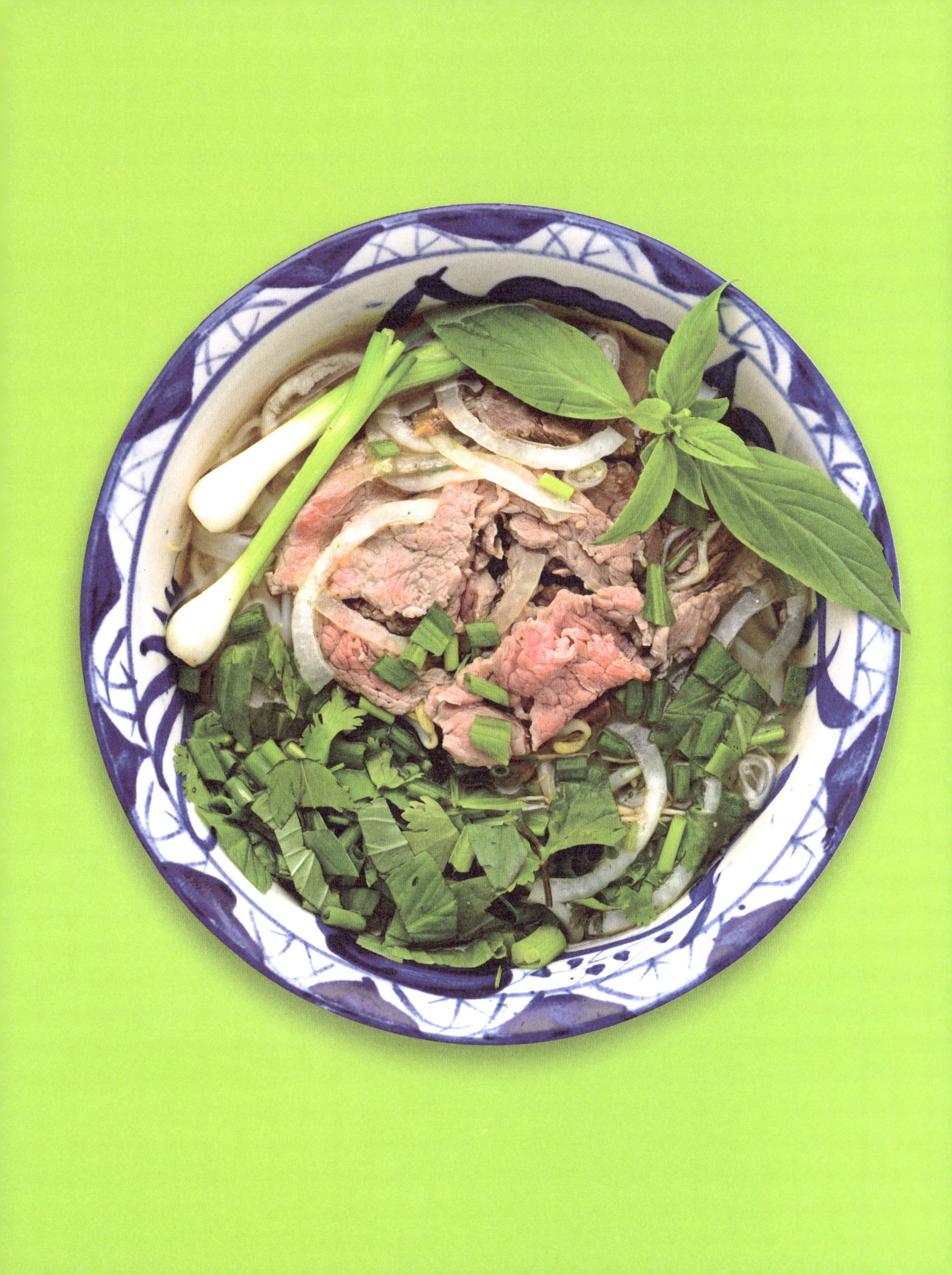

SPEZIAL-PHO NACH ART DES SÜDENS

PHỞ ĐẶC BIỆT

FÜR 4 PERSONEN
Vorbereitung: 1 Stunde
Einweichen: 30 Minuten
Garzeit: 6 Stunden

3 l Pho-Brühe samt Fleisch
(siehe Seite 116)
400 g Rinderhesse oder Rinderbrust
400 g Banh-Pho-Nudeln
20 Rindfleischbällchen
(siehe Seite 305)
100 g vorgegarte Rinderkutteln
(nach Belieben)
200 g rohes Rindfleisch (Filet oder Rumpsteak)
1 weiße Zwiebel
8 Frühlingszwiebeln
12 Stängel Koriandergrün
8 Stängel Culantro (Ngo Gai)
2 Limetten
1 frische Chilischote (nach Belieben)
400 g Mungbohnensprossen
4 Stängel Thai-Basilikum
4 Stängel Minze
Nuoc-Mam, Hoisin-Sauce und Sriracha-Sauce zum Servieren

Die Pho-Brühe zubereiten (siehe Seite 116), darin zusätzlich die Rinderhesse oder -brust garen. Das Fleisch an einem kühlen Ort mindestens 3 Stunden abkühlen lassen. Die Nudeln 30 Minuten in lauwarmem Wasser einweichen und nach der Anleitung auf Seite 26 garen.

Die Rindfleischbällchen halbieren.
Die Kutteln waschen, falls verwendet, und noch einmal 15 Minuten in kochendem Wasser garen. Kalt abbrausen und in feine Streifen schneiden. Die abgekühlte Rinderhesse (oder Brust) in dünne Scheibchen, die Querrippe in Stücke schneiden. Das rohe Rindfleisch in feine Scheiben, die Zwiebel in dünne Ringe schneiden. Den grünen Teil der Frühlingszwiebeln in Ringe schneiden, das Koriandergrün und 4 Stängel Culantro (Ngo Gai) grob hacken. Die restlichen Kräuter beiseitelegen.

Die Limetten vierteln, die Chili, falls verwendet, in dünne Ringe schneiden. Beides mit den Mungbohnensprossen, dem restlichen Culantro sowie dem Thai-Basilikum und der Minze auf einer Platte anrichten.

Die Brühe zum Kochen bringen und nacheinander wie folgt die Zutaten hineingeben:
- Die Nudeln in einem Sieb 10 Sekunden.
- Den weißen Teil der Frühlingszwiebeln 30 Sekunden.
- Das gegarte Fleisch, Fleischbällchen und Kutteln 30 Sekunden.
- Das rohe Rindfleisch 2 Sekunden (es soll nur rosa gegart werden).

Die Suppe samt Einlage in die Schalen schöpfen und die Zwiebelringe dazugeben. Mit Koriandergrün, Culantro und Frühlingszwiebeln bestreuen und servieren.

Minh-Tâm: Dies ist Pho Marke »Spezial«, wie man ihn auch hierzulande kennt. Servieren Sie neben den Limetten, Kräutern und Chiliringen auch die Saucen – Nuoc-Mam, Hoisin und Sriracha – zum Einstippen der Fleischstücke dazu.

Nhớ Giáo sư Trần Văn Khê:
Tinh thần dân tộc chảy trong...

Thiêng liêng hai chữ "nguồn cội"

Vì hoàn cảnh đất nước, Giáo sư Trần Văn Khê phải sống ở nước ngoài đến hơn nửa đời người. Vậy nhưng 57 năm bôn ba ở nơi đất khách, chưa một lúc nào Giáo sư quên mình là một người Việt Nam. Chất giọng của ông vẫn mang những nét đặc trưng Nam bộ, không hề pha tạp. Và ông chỉ dùng tiếng nước ngoài khi nào buộc phải giao tiếp với người nước ngoài. Còn lại, ông luôn say mê, vui vẻ sử dụng tiếng Việt.

Giáo sư Trần Văn Khê luôn ngạc nhiên vì sao lớp trẻ cứ phải dùng tiếng Tây, tiếng Anh trong giao tiếp. Ông không hiểu vì sao các bạn trẻ lại nói "Tôi sắp đi France" thay vì "Tôi sắp đi Pháp", hay nói "Con đến để say hello thầy rồi con đi business vài ngày" thay vì "Con đến để chào thầy rồi con đi công tác vài ngày". Ông viết thư cho con cháu trong gia đình bằng tiếng Việt, ông luôn nghĩ về nguồn cội bằng làm thơ, viết báo bằng tiếng Việt trước sau vẫn chỉ dùng duy nh[ất] tên Trần Văn Khê do cha mẹ [đặt].

Anh Hồ Nhựt Quang, [...] hóa cho biết từ sau khi [...] của Giáo sư, anh đ[ã bỏ] "William" trong tên [...] tên thuần Việt. An[h nói] Giáo sư: "Cha mẹ [...] biết bao nỗi khổ [...] khuya dậy sớm [...] bao nhiêu sự l[...] tập trung hết [...] con. Cái tên [...] mang những [...] quý. Tại sao [...] tên Tây khi [...] vàng và ngu[...]

Những [...] thế tự đi ch[...] khó khăn. V[...] thuyết trình [...] thuật, ông l[...] Ông ngồi ngh[...] lưu với người [...] tràn đầy sinh l[...] còn sống thì ph[...] từng phút giây. C[...] chả cần bệnh tật, c[...] nổi", Giáo sư tâm s[...]

Niềm kiêu hãnh ng[...]

Có một câu chuyện ma[...] hứng đã được Giáo sư kể đi[...] học trò. Câu chuyện ấy cũng [...] lại trong cuốn hồi ký, kể về cuộc [...] bên lề buổi sinh hoạt của Hội Tru[yền bá thơ] Tanka Nhật Bản tại Paris vào năm 19[...] Tham dự hầu hết là người Nhật và Pháp, duy chỉ có Giáo sư là người Việt. Diễn gi[ả] của buổi sinh hoạt ấy là một ông Đề đốc Thủy sư người Pháp. Vị này khởi đầu buổi nói chuyện với sự so sánh: "Thưa quý vị, tôi là Thủy sư Đề đốc, đã sống ở Việt Nam 20 năm mà không thấy một áng văn nào đáng kể. Nhưng khi sang nước Nhật, chỉ trong vòng một, hai năm mà tôi đã thấy cả một rừng văn học. Và trong khu rừng ấy, trong đó Tanka là một đóa hoa tuyệt đẹp. Trong thơ Tanka, chỉ cần nói một ngọn núi, một con sông mà tả được bao nhiêu tình cảm. Chỉ 31 âm tiết mà nói bao nhiêu chuyện sâu sắc, đậm đà. Nói hai điều đó thôi đã thấy các nước khác không dễ có được".

Giáo sư Trần Văn Khê vô cùng bức xúc. Sau khi buổi nói chuyện bước vào phần giao lưu, cử tọa hỏi còn ai đặt câu hỏi n[ữa]

[...] thiên nhất đóa văn
[...] ất điểm tuyết
[...] nhất chi hoa
[...] iên nguyệt
[...] tiêu, hoa tàn, nguyệt

[...] vì xanh
[...] lửa
[...] thượng uyển
[...] nước ao
[...] an, hoa tàn,

[...] ong phải 31
[...] đẹp và cao

[...] ịch và giải
[...] giả vỗ tay
[...] không thêm
[...] ên tôi biết
[...] ộc" để cho
[...] ậu" như thế
[...] t và phải xin
[...] n người Việt
[...] nh. Kết thúc
[...] sư lại đến gặp
[...] ị ông đến nhà
[...] nhiều hơn về văn
[...] ệ nhị từ chối, còn
[...] ao muội đến dùng
[...] Thủy sư Đề đốc nói:
[...] a thứ cho tôi". Giáo sư
[...] ầu mà tôi không thể dùng
[...] ải dùng tiếng Anh. Đó là: I cannot yet forget (Tạm dịch: [...], nhưng tôi chưa thể quên)".

[...] chuyện nhiều cảm hứng ấy sẽ có [...] mạnh an ủi lớn nếu chúng ta đặt cạnh [...] am trạng xấu hổ của không ít người Việt Nam vì trót sinh ra làm người Việt Nam. Chúng ta cần nhiều hơn những người như Giáo sư Trần Văn Khê để có thể "cứu vãn danh dự" cho một quốc gia đang mang quá nhiều mặc cảm.●

"Hồi chừng năm 2004, thầy quyết định bỏ hết để về Việt Nam và nghĩ mình phải làm gì đó trong những ngày còn lại để giúp cho đồng bào. Không có hạnh phúc nào bằng được nói tiếng Việt, giảng dạy cho người Việt Nam. Không có cái ngon nào bằng được ăn món ăn Việt Nam và được nghe âm nhạc Việt Nam trên đất nước Việt Nam". "Không thể lấy bánh mì Pate mà thay cơm Việt Nam,

PHO-BRÜHE

ERGIBT 3 L BRÜHE
3 Zwiebeln
300 g Daikon
500 g Querrippe
1 kg Ochsenschwanz
300 g Markknochen
50 g Ingwer
½ TL schwarze Pfefferkörner
1 Stück Zimtstange (3 cm)
1 Kapsel schwarzer Kardamom
6 Sternanis
10 Gewürznelken
1 EL Koriandersamen
30 g Kandiszucker
1 EL Salz
Nuoc-Mam

1. Die Zutaten bereitstellen. Die Zwiebeln und den Daikon schälen. Den Daikon grob in Stücke schneiden.

2. In einem großen Topf Wasser zum Kochen bringen. Inzwischen das Fleisch und die Knochen waschen.

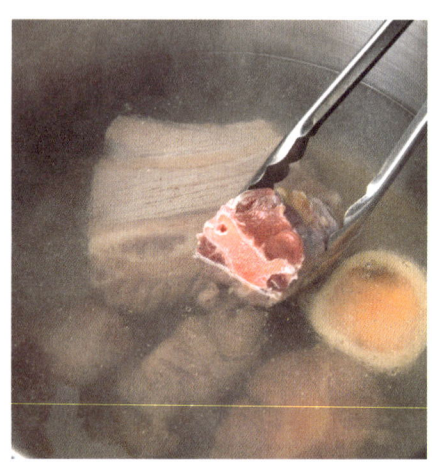

3. Fleisch und Knochen 10 Minuten in dem sprudelnd kochenden Wasser blanchieren.

4. Das Wasser weggießen, Fleisch und Knochen gründlich abbrausen.

5. Den Topf ausspülen, Fleisch und Knochen wieder einlegen.

6. Alles mit kaltem Wasser bedecken (4–5 l), zum Kochen bringen und leise köcheln lassen.

7. Den ungeschälten Ingwer und die Zwiebeln über der offenen Flamme oder unter dem Backofengrill (240 °C) 5 Minuten rösten.

8. Ingwer, Zwiebeln und Daikon in die Brühe geben. Abschäumen.

9. Die Gewürze bei starker Hitze 3 Minuten ohne Fettzugabe rösten. In ein Stück Mull oder einen befüllbaren Teebeutel einschlagen.

10. Das Gewürzsäckchen, den Zucker und das Salz in die Brühe geben und unbedeckt bei geringer Hitze 2 Stunden köcheln lassen. Abschäumen.

11. Ingwer, Daikon, Zwiebeln, Gewürze und die Querrippe herausnehmen.

12. Die eingekoche Brühe mit kochendem Wasser auffüllen, weitere 2–3 Stunden köcheln lassen und 3 EL Nuoc-Mam unterrühren.

13. Die restlichen festen Bestandteile herausnehmen, den Ochsenschwanz kalt stellen. Eventuell mit weiterem Nuoc-Mam abschmecken.

14. Die Brühe durch ein feines Sieb passieren. Sie ist jetzt einsatzbereit.

PHO MIT HUHN

PHỞ GÀ

FÜR 4 PERSONEN

Vorbereitung: 45 Minuten
Einweichen: 30 Minuten
Garzeit: 3 Stunden

4–5 Sternanis
1 EL Koriandersamen
1 Zimtstange
3 l Vietnamesische Hühnerbrühe samt Fleisch (siehe Seite 301)
400 g Banh-Pho-Nudeln
1 weiße Zwiebel
8 Frühlingszwiebeln
8 Stängel Koriandergrün
2 Limetten
1 frische Chilischote
200 g Mungbohnensprossen
8 Stängel Thai-Basilikum
4 Stängel Minze

Den Sternanis, die Koriandersamen und die Zimtstange in einer Pfanne 5 Minuten rösten und anschließend in einen befüllbaren Teebeutel stecken.

Die Hühnerbrühe zubereiten (siehe Seite 301). Nach 1 Stunde das Hühnerfleisch herausnehmen, in Scheiben schneiden und nach dem Abkühlen kalt stellen. Das Gewürzsäckchen und die Hühnerkarkassen in die Brühe geben (zusammen mit Ingwer und Zwiebeln, siehe Seite 301).

Die Nudeln 30 Minuten in lauwarmem Wasser einweichen und nach der Anleitung auf Seite 26 garen.

Die Zwiebel schälen und in dünne Ringe schneiden, den grünen Teil der Frühlingszwiebeln und 4 Korianderstängel hacken. Den Rest beiseitelegen.

Die Limetten vierteln, die Chilischote in dünne Ringe schneiden. Beides mit den Mungbohnensprossen, dem restlichen Koriandergrün, den grünen Frühlingszwiebelringen, dem Thai-Basilikum und der Minze auf einer Platte anrichten.

Die Brühe passieren, wieder zum Kochen bringen und die Zutaten wie folgt darin erhitzen:
- Die Nudeln in einem Sieb 10 Sekunden.
- Das Hähnchenfleisch wenige Sekunden, bis es heiß ist.
- Den weißen Teil der Frühlingszwiebeln 30 Sekunden

Die Nudeln und das Fleisch auf Schalen verteilen, die Zwiebelringe und die weißen Teile der Frühlingszwiebeln dazugeben. Die heiße Brühe hineinschöpfen und mit Koriandergrün bestreuen. Die Platte mit den Kräutern, Limetten und Chiliringen dazu reichen.

Gut zu wissen: Pho Gà, in den 1940er-Jahren in Hanoi populär geworden, wird traditionell zum Frühstück gegessen.

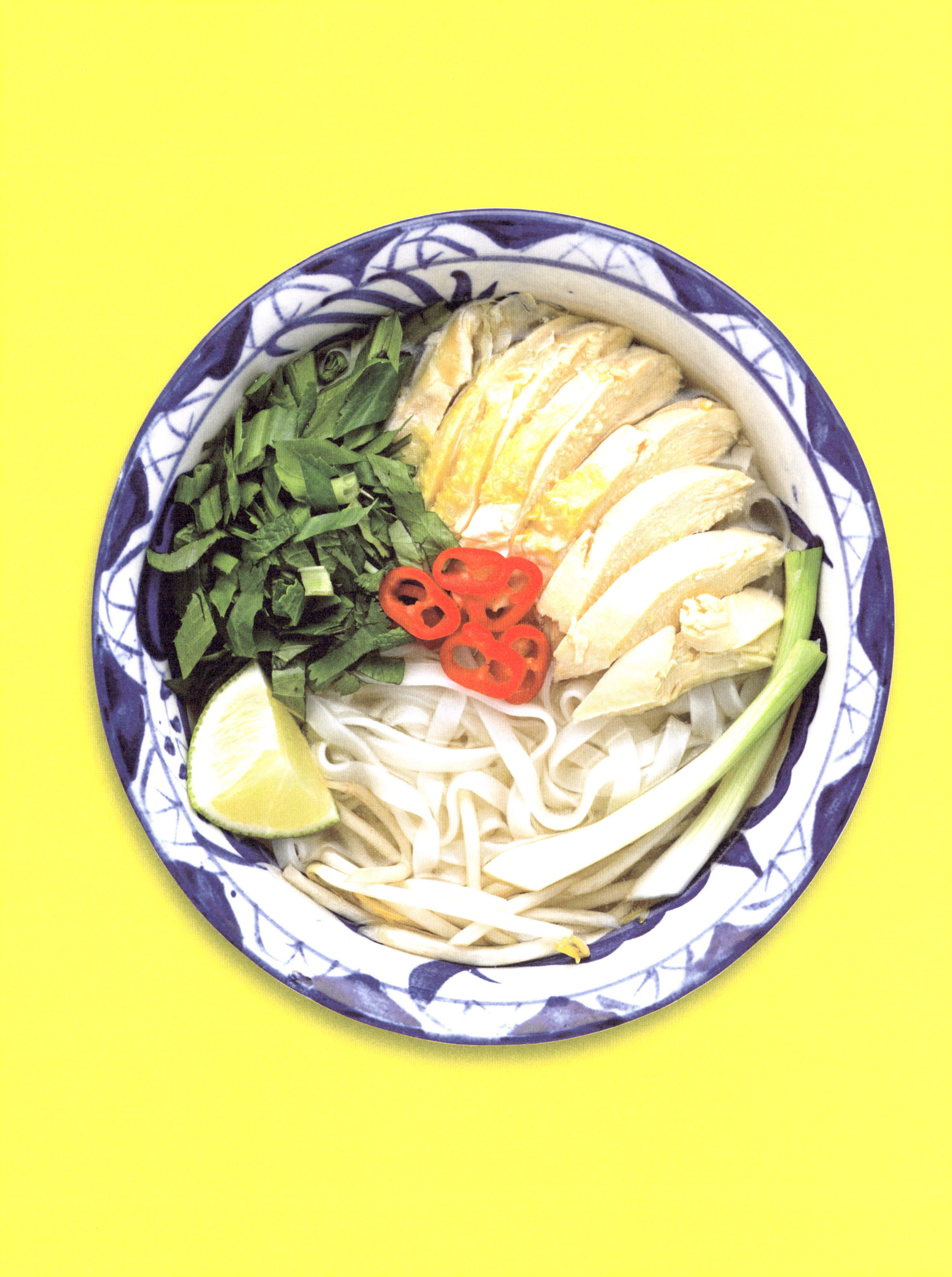

BANH CANH MIT SCHWEINERIPPE

BÁNH CANH SƯỜN HEO

FÜR 4 PERSONEN
Vorbereitung: 30 Minuten
Garzeit: 3 Stunden

3 l Vietnamesische Schweinebrühe (siehe Seite 298)
600 g Schweinerippe
500 g Schweinshachse
5–6 EL Nuoc-Mam
8 Frühlingszwiebeln
8 Stängel Koriandergrün
1 frische Chilischote (oder 4 TL Sambal Oelek)
800 g Banh-Canh-Nudeln (siehe Seite 30)
4 EL Asia-Röstzwiebeln
1 Limette, geviertelt

Die Schweinebrühe zubereiten (siehe Seite 298), die in Stücke geschnittene Rippe und die Hachse darin mitgaren. Das Fleisch nach 1 Stunde herausnehmen und in kaltes Wasser legen.

Die Brühe weitere 1–2 Stunden köcheln lassen, regelmäßig abschäumen und zuletzt mit 1–2 EL Nuoc-Mam abschmecken.

Den grünen Teil der Frühlingszwiebeln in Ringe schneiden, die weißen Stücke beiseitelegen. Die Korianderblätter grob hacken, die Chilischote in Ringe schneiden, die Limette vierteln. Vier Saucenschälchen zum Tunken mit jeweils 1 EL Nuoc-Mam und den Chiliringen vorbereiten.

Die Nudeln nach der Anleitung auf Seite 26 zubereiten.

Die Brühe durch ein Sieb passieren und die Zutaten wie folgt darin erhitzen.
- Die Nudeln in einem Sieb 10 Sekunden.
- Den weißen Teil der Frühlingszwiebeln 30 Sekunden
- Die Hachsenfleisch 1 Minute
- Das Schweinerippenfleisch 1 Minute

Die Nudeln und das Fleisch auf die Schalen verteilen und den weißen Teil der Frühlingszwiebeln dazugeben. Die Brühe einfüllen und mit Koriandergrün, Frühlingszwiebeln und den Röstzwiebeln bestreuen.

Sofort servieren und die Limettenviertel und die Schälchen mit Nuoc-Mam und Chili zum Eintunken des Fleischs dazu reichen.

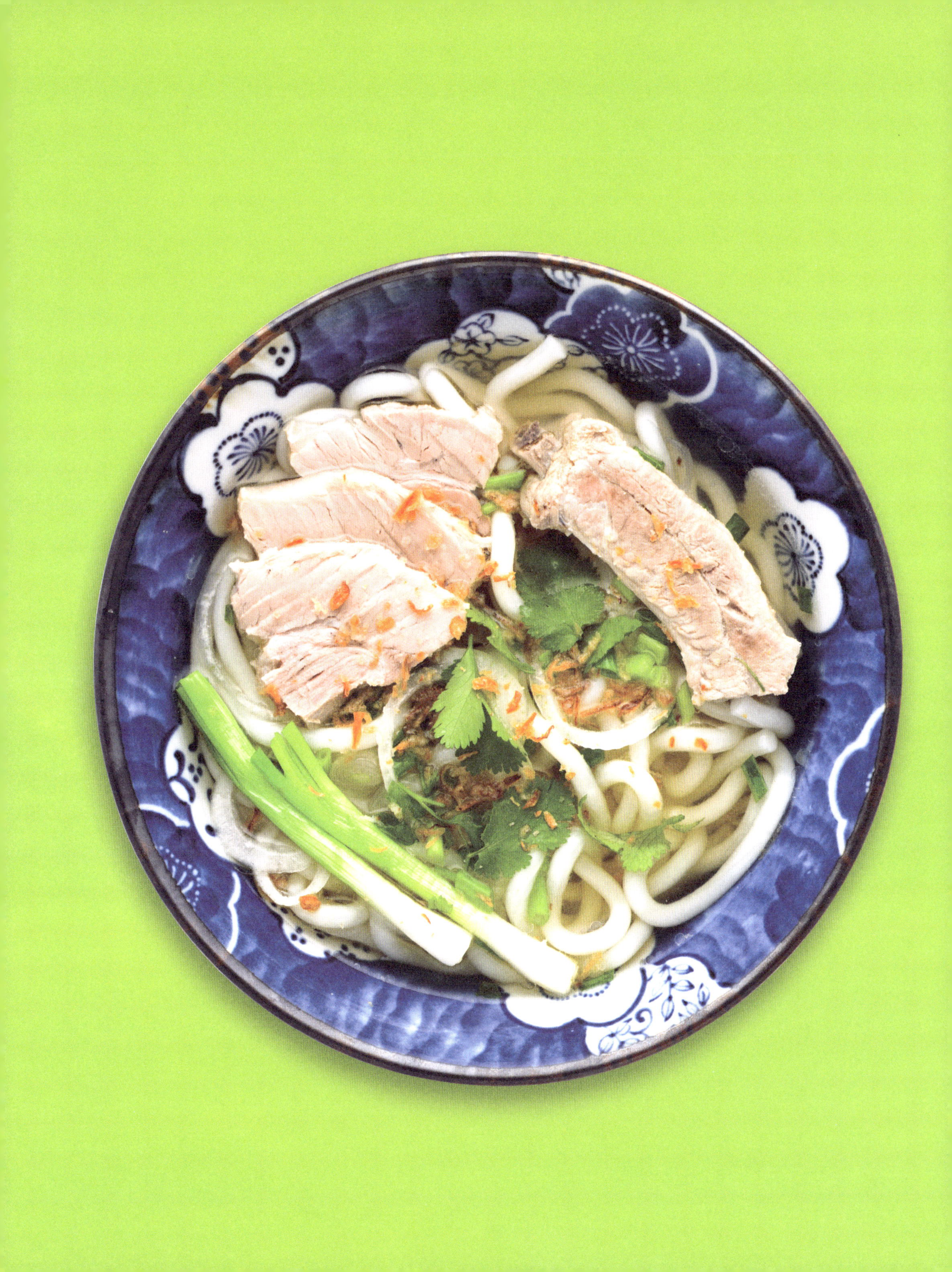

BANH CANH
MIT KREBSFLEISCH
BÁNH CANH CUA

BUN MIT HANOI-BRÜHE

BÚN THANG

BANH CANH MIT KREBSFLEISCH

BÁNH CANH CUA

FÜR 4 PERSONEN

Vorbereitung: 1 Stunde
Kühlen: 30 Minuten
Garzeit: 20 Minuten

Fleisch von 1 gegarten Taschenkrebs, einschließlich der Scheren
3 EL + 1 TL Annatto-Öl (siehe Seite 307)
2 Knoblauchzehen, geschält und fein gehackt
2 EL Nuoc-Mam
200 g rohe Garnelen
1 TL Zucker
8 Frühlingszwiebeln
2 l Vietnamesische Schweinebrühe (siehe Seite 298)
100 g Strohpilze aus der Dose
600 g gegarte Banh-Canh-Nudeln (siehe Seite 30)
2 EL Tapioka-Stärke
4 EL Asia-Röstzwiebeln
½ TL frisch gemahlener Pfeffer
8 Stängel Koriandergrün, gehackt
2 Limetten, geviertelt
1 frische Chilischote, in Ringe geschnitten

Das Krebsfleisch aus dem Panzer auslösen, die Scheren vorsichtig knacken und das Fleisch möglichst am Stück entnehmen. In einer Pfanne 2 EL Annatto-Öl erhitzen, den Knoblauch und das gesamte Krebsfleisch hineingeben und 3 Minuten anschwitzen. Zuletzt mit 1 EL Nuoc-Mam verrühren und beiseitestellen.

Etwa 150 g der rohen Garnelen schälen, vom Darm befreien und im Mixer pürieren. Die Masse mit dem Krebsfleisch (ohne das Scherenfleisch), 1 TL Annatto-Öl, 1 EL Nuoc-Mam und dem Zucker vermengen, 30 Minuten kalt stellen und anschließend zu Klößen formen.

Die restlichen Garnelen 3 Minuten in kochendem Wasser garen, in kaltem Wasser abschrecken und schälen.

Den grünen Teil der Frühlingszwiebeln in Ringe schneiden (den weißen Teil für später beiseitelegen).

Die Brühe zum Kochen bringen. Die Krebsfleischbällchen, die Strohpilze und das Scherenfleisch hineingeben, 1 weiteren EL Annatto-Öl unterrühren und die Bällchen 10 Minuten bei mittlerer Hitze garen. Die Garnelen und die Nudeln hinzufügen. Die Stärke in etwas kaltem Wasser auflösen und unter die Brühe rühren, bis sie gebunden hat.

Nudeln, Scherenfleisch, Krebsbällchen, Garnelen, Pilze, den weißen Teil der Frühlingszwiebeln und die Röstzwiebeln auf die Schalen verteilen und die Brühe darüberschöpfen. Mit etwas Pfeffer, den Frühlingszwiebelringen und dem Koriandergrün bestreuen und servieren. Limettenviertel zum Auspressen und die Chiliringe separat reichen.

BUN MIT HANOI-BRÜHE

BÚN THANG

FÜR 4 PERSONEN

Vorbereitung: 1 Stunde 30 Minuten
Garzeit: 3–4 Stunden

400 g Bun-Fadennudeln
3 l Vietnamesische Hühnerbrühe samt Fleisch (siehe Seite 301)
500 g gesäuberte Schweineknochen
200 g getrockneter weißer Rettich
30 g getrocknete Garnelen
8 getrocknete Shiitake-Pilze
6 kleine getrocknete Kalmare
4 EL Nuoc-Mam
3 Eier
200 g rohe Garnelen
1 EL Annatto-Öl (siehe Seite 307)
3 EL Zucker
2 EL weißer chinesischer Reisessig
200 g Gio Lua (vietnamesische Fleischpastete)
12 Frühlingszwiebeln, nur der weiße Teil
6 Stängel Rau Ram, grob gehackt
Mam Tom (Garnelenpaste) zum Servieren
Zitronenviertel zum Servieren
frische Chilischoten zum Servieren

Die Nudeln nach der Anleitung auf Seite 26 garen. Die Hühnerbrühe zubereiten (siehe Seite 301), dabei die Schweineknochen mit hineingeben. Unbedeckt 1 Stunde köcheln lassen.

Die folgenden getrockneten Zutaten einweichen:
- Den weißen Rettich 30 Minuten in lauwarmem Wasser.
- Die Garnelen in 1 l kaltem Wasser.
- Die Shiitake-Pilze 30 Minuten in kaltem Wasser.

Das Hühnerfleisch aus der Brühe nehmen, unter kaltem Wasser abschrecken und zerpflücken. Die Knochen zurück in die Brühe geben. Die getrockneten Kalmare 5 Minuten unter dem Backofengrill rösten. Anschließend mit den Shiitake und den Garnelen samt Einweichwasser unter die Brühe rühren und unbedeckt weitere 2–3 Stunden garen. Mit dem Nuoc-Mam würzen und warm stellen.

Die Eier verschlagen, salzen und in einer Pfanne wie dünne Crêpes nur von einer Seite garen. Die Eierkuchen stapeln, zusammenrollen und in schmale Streifen schneiden.

Die rohen Garnelen 3 Minuten in kochendem Wasser garen, schälen und im Mörser grob zerstoßen. In einer Pfanne bei mittlerer Hitze rösten, anschließend das Annatto-Öl und 2 EL Zucker unterrühren.

Den eingeweichten Rettich mit kochendem Wasser überbrühen und abkühlen lassen. In den Essig und 1 EL Zucker einlegen und 30 Minuten marinieren. Die Shiitake aus der Brühe fischen und in Scheiben schneiden. Das Gio Lua in Streifen schneiden.

Die Brühe durch ein Sieb passieren und den weißen Teil der Frühlingszwiebeln hineingeben. Nudeln, Hühnerfleisch, Eistreifen, Garnelen, Gio Lua, Rettich, Rau Ram und das Mam Tom auf die Schalen verteilen. Die heiße Brühe zugießen und mit Zitronenvierteln und frischen Chilis servieren.

BUN MIT BAMBUS-SPROSSEN UND ENTE

BÚN MĂNG VỊT

FÜR 4 PERSONEN
Vorbereitung: 50 Minuten
Einweichen: 30 Minuten
Garzeit: 45 Minuten

400 g gegarte Bambussprossen
20 g Ingwer
2 Knoblauchzehen
1 Schalotte
4 kleine Entenkeulen
2 EL Weißwein
½ TL Salz
½ TL frisch gemahlener Pfeffer
2 EL neutrales Speiseöl
1,5 l Vietnamesische Hühnerbrühe (siehe Seite 301)
1 TL Zucker
1 EL Nuoc-Mam
500 g Bun-Fadennudeln
4 Stängel Koriandergrün
4 Stängel Rau Ram
4 Frühlingszwiebeln
1 frische Chilischote
1 Limette
160 ml Nuoc-Mam-Sauce mit Ingwer (siehe Seite 308)

Die Bambussprossen abspülen und 30 Minuten in Wasser einlegen. Anschließend in feine Scheiben schneiden.

Den Ingwer, den Knoblauch und die Schalotte schälen und hacken.

Die Entenkeulen mit dem Weißwein und dem Ingwer einreiben. Mit Salz und Pfeffer würzen, in dem Knoblauch und der Schalotte wenden und 15 Minuten marinieren.

Das Öl in einem großen Topf erhitzen, die Entenstücke einlegen und rundherum bräunen. Die heiße Hühnerbrühe und den Zucker zugeben und zugedeckt 25 Minuten köcheln lassen. Die Bambussprossen hinzufügen, weitere 20 Minuten garen und das Nuoc-Mam unterrühren.

Die Nudeln nach der Anleitung auf Seite 26 garen. Die Kräuter abzupfen, die Frühlingszwiebeln und die Chilischote in Ringe schneiden. Die Limette vierteln.

Die Nudeln und je 1 Entenkeule in den Schalen anrichten und die Bambussprossen darauf arrangieren. Großzügig mit der Brühe auffüllen und mit Rau Ram, Koriandergrün sowie Chiliringen nach Geschmack und den Frühlingszwiebeln garnieren. Die Limettenviertel und ein Schälchen mit Nuoc-Mam-Sauce mit Ingwer zum Eintunken des Fleischs dazureichen.

Gut zu wissen: Dieses Gericht wird eigentlich mit getrockneten Bambussprossen zubereitet, die von intensiverem Aroma sind als Bambus aus dem Vakuumpack. Doch hierzulande findet man sie kaum.

... dân tộc chảy trong...

những kiểm hành lang bệnh như rộng hơn, ông tình người ng đi như lệch hoài như có vẻ sao không kịp h sau này, nhà y thuốc đông y, Căn nhà Khoái vài ba cây số, hàng quán thì vợ Khoái nói, để đào vàng xa có chăm chăm a tù lại cũng vì ăm chăm cho anh phúc cũng t khỏi tay; thất ềm tổ ấm khác, ơ ước mở rộng để nuôi nấng để sau này con vật Khoái như hoài bão trong ra khi người ta uyên án tử hình i tù. Sự hần thù ng xuống trước ầm.

ất muộn cuối ôm nữa là Tết, ộc Huấn giật Buồm. Có một a ra mở chiếc ần Quốc Huấn

phải không ạ? Bồn.

đáp - Anh đi như máy bay kia

ề.

uốc Huấn hỏi: riệu Bồn. ời chờ; lát sau ng lên gác. Bồn?

tôi đấy ạ, anh

ra ôm lấy anh : "Anh ơi anh h của anh đấy, ấy em cứ ngỡ ất không phải

h - "Thì có gì văn và bảo vệ, ới ông lão ăn

và Trần Quốc h vì cái chất ợ người họ. Trần hận vật Khoái, ng muốn nhớ" điểm của câu an và nhà biên uấn còn mang răm tám mươi n có tiền tiêu hà văn và biên ước phim, mà y đã bước ra nghĩ về sự đời, để nhân hơn, hy vọng hơn, đó cũng o đẹp nhất mà c của họ mang

Khê phải sống ở nước ngoài đến hơn nửa đời người. Vậy nhưng 57 năm bôn ba ở nơi đất khách, chưa một lúc nào Giáo sư quên mình là một người Việt Nam. Chất giọng của ông vẫn mang những nét đặc trưng Nam bộ, không hề bị pha tạp. Và ông chỉ dùng tiếng nước ngoài khi nào buộc phải giao tiếp với người nước ngoài. Còn lại, ông luôn say mê, vui vẻ sử dụng tiếng Việt.

Giáo sư Trần Văn Khê luôn ngạc nhiên vì sao lớp trẻ cứ phải dùng tiếng Tây, tiếng Anh trong giao tiếp. Ông không hiểu vì sao các bạn trẻ lại nói "Tôi sắp đi France" thay vì "Tôi sắp đi Pháp", hay nói "Con đến để say hello thầy rồi con đi business vài ngày" thay vì "Con đến để chào th rồi con đi công tác vài ngày". Ông cho con cháu trong gia đ Việt, ông luôn nghĩ về làm thơ, viết báo trước sau vẫn tên Trần V

Anh hoa cố

quan tâm đến sách... thì

? Phải

mile như

"Thanh thiên nhấ Hồng lô nhất điể Thượng uyển nhấ Dao trì nhất phiến Y! Vân tán, tuyết khuyết!

(Nghĩa là: Một đám mây giữ Một bông tuyết tr Một bông hoa giữ ột vầng trăng tr an ôi! Mây tà huyết!)

cả chỉ 29 ăr i việc ngườ hể nào).

áo sư Trần g câu thơ Đã vậy, Gi Tất cả nh học ở tru c Việt Na hủy sư Đề r Trần Vă trong c chuyện, ông ao sư và ng m để được ng t Nam. Giáo ười Việt không ở nhà người lạ. V y là ông chưa tha nói: "Có một câu r tiếng Pháp mà phải d forgive, but I cannot Tôi tha thứ, nhưng tô

Câu chuyện nhiề sức mạnh an ủi lớn r tâm trạng xấu hổ của Nam vì trót sinh ra Nam. Chúng ta cần như Giáo sư Trần Vă văn danh dự" cho m quá nhiều mặc cảm.

Tạ Tham duy chỉ của buổi s Thủy sư người nói chuyện với sự là Thủy sư Đề đốc, đã s năm mà không thấy một áng kể. Nhưng khi sang nước Nhật, ch vòng một, hai năm mà tôi đã thấy cả một rừng văn học. Và trong khu rừng ấy, trong đó Tanka là một đóa hoa tuyệt đẹp. Trong thơ Tanka, chỉ cần nói một ngọn núi, một con sông mà tả được bao nhiêu tình cảm. Chỉ 31 âm tiết mà nói bao nhiêu chuyện sâu sắc, đậm đà. Nội hai điều đó thôi đã thấy các nước khác không dễ có được".

Giáo sư Trần Văn Khê vô cùng bức xúc. Sau khi buổi nói chuyện bước vào phần giao lưu, cử tọa hỏi còn ai đặt câu hỏi nữa hay không, Giáo sư đã đứng dậy xin phép phát biểu. Rào trước đón sau để không bị ai bắt bẻ, Giáo sư nói với một thái độ hết sức

của vua tài sứ giả iều văn, đề bài t". Đại sứ không ác liền:

anh uyên

"Hồi chừng năm định bỏ hết để về Vi phải làm gì đó trong để giúp cho đồng b phúc nào bằng được dạy cho người Việt ngon nào bằng đư Nam và được nghe trên đất nước Việt N bánh mì Pate mà không thể lấy rượu ngum nước quê nhà

Trích những lời Văn Khê dành cho

Chơi đàn tranh như một niềm vui hàng ngày của cố giáo sư Trần Văn Khê

BUN MIT KREBSFLEISCH UND TOFU

BÚN RIÊU CUA

FÜR 4 PERSONEN
Vorbereitung: 45 Minuten
Garzeit: 1 Stunde

500 g Bun-Fadennudeln
500 g gegartes Krebsfleisch (1 Taschenkrebs)
400 g fester Tofu
250 ml + 1 EL neutrales Speiseöl
75 g getrocknete Garnelen
2 Knoblauchzehen
1 EL Annatto-Öl (siehe Seite 307)
150 g Schweinehack
2 Eier
20 g + 1 TL Kandiszucker
1 EL + 1 TL Salz
1 EL Nuoc-Mam
1 EL Mam Tom (Garnelenpaste)
2 Schalotten
4 Tomaten, in Spalten geschnitten
2 EL weißer chinesischer Reisessig
4 EL Korianderblättchen
4 EL in Streifen geschnittenes Shiso
4 Frühlingszwiebeln, in Ringe geschnitten
1 Limette
1 frische Chilischote, in Ringe geschnitten
Mungbohnensprossen

Die Nudeln nach der Anleitung auf Seite 26 garen. Das Krebsfleisch aus dem Panzer auslösen. Die Scheren und die Beine aufbrechen, das Fleisch auslösen und separat beiseitestellen.

Den Tofu abbrausen und mit Küchenpapier abtrocknen. In 2 cm große Würfel schneiden und in 250 ml Öl frittieren.

Die Garnelen 30 Minuten in 1 l Wasser einweichen. Abtropfen lassen, im Mixer zermahlen und in der Pfanne ohne Fettzugabe rösten.

Den Knoblauch schälen und fein hacken. In einer Schüssel die Garnelen, das Annatto-Öl, das Schweinehack, das Scheren- und Beinfleisch, die Eier, den Knoblauch, 1 TL Zucker, ½ TL Salz und das Nuoc-Mam sorgfältig vermengen. Aus der Masse walnussgroße Klöße formen und leicht abflachen.

In einem Topf 2 l Wasser mit den Krebsschalen (Panzer, Scheren, Beine) zum Kochen bringen, abschäumen und 30 Minuten köcheln lassen. Den Fond durch ein Sieb passieren und bei mittlerer Hitze wieder auf den Herd stellen. Das Krebsfleisch, den Rest Salz und Zucker sowie das Mam Tom hineingeben.

Die Schalotten schälen und fein hacken, dann in einer Pfanne in 1 EL Öl bräunen. Die Tomaten zugeben, salzen und 3 Minuten anschwitzen. Die Tofu-Würfel untermengen und den Pfanneninhalt in die Brühe einrühren.

Die Hackbällchen in die Brühe geben, den Essig zugießen und die Bällchen 20 Minuten garen. Ab und zu abschäumen.

Die Nudeln auf Schalen verteilen. Die Brühe samt Hackbällchen, Tomaten und Tofu hineinschöpfen. Mit Koriandergrün, Shiso und Frühlingszwiebeln bestreuen und servieren. Die restlichen Kräuter, Limettenspalten und Chiliringe sowie die Mungbohnensprossen auf einem Teller dazureichen.

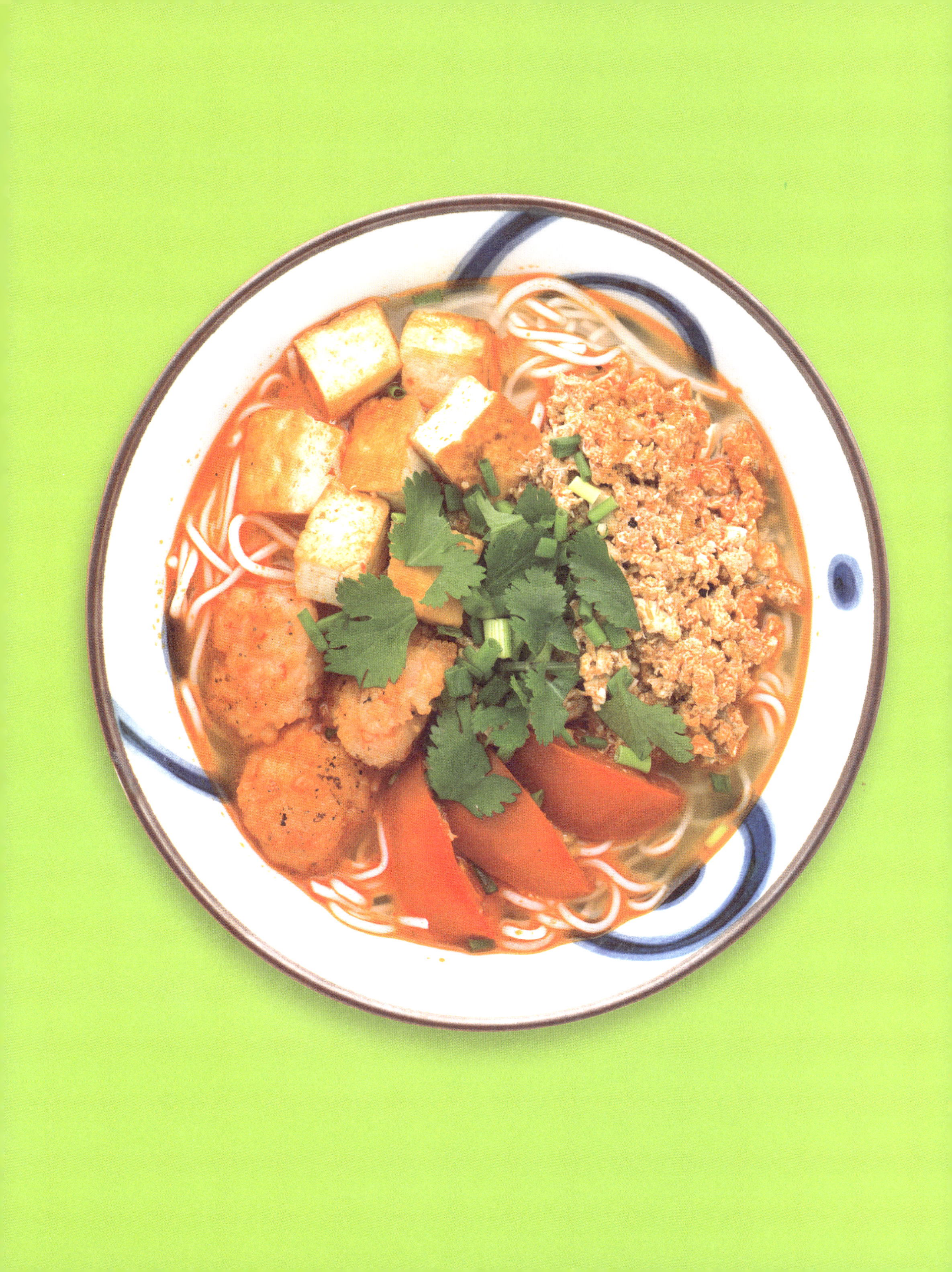

BUN MIT RINDFLEISCH AUS HUE

BÚN BÒ HUẾ

FÜR 4 PERSONEN

Vorbereitung: 1 Stunde 30 Minuten
Garzeit: 5 Stunden

400 g Bun-Bo-Hue-Nudeln
3 l Vietnamesische Rinderbrühe (siehe Seite 300)
500 g Rinderbeinscheibe
500 g Schweinshachse
2 Schweinsfüße, vom Fleischer in 4 Stücke geschnitten
8 Stängel Zitronengras, zerdrückt
2 EL Mam Ruoc (Garnelenpaste) aus Hue + ½ TL pro Schale + Mam Ruoc zum Servieren
300 g Shacha-Sauce (siehe Seite 311) + Sauce zum Servieren
100 g Bananenblüte (oder Eisbergsalat)
100 g Mungbohnensprossen
8 Frühlingszwiebeln, weißer und grüner Teil getrennt kleine geschnitten
200 g Gio Lua (vietnamesische Fleischpastete), in halbe runde Scheiben geschnitten
1 weiße Zwiebel, in feine Streifen geschnitten
12 Stängel Rau Ram, grob gehackt
4 Stängel Culantro (Ngo Gai) grob gehackt
4 Stängel Thai-Basilikum, grob gehackt
1 frische Chilischote, in Ringe geschnitten
2 Limetten, geviertelt

Die Nudeln nach der Anleitung auf Seite 26 garen.
Die Rinderbrühe zubereiten (siehe Seite 300), zusätzlich die Beinscheibe darin garen. Nach 1 ½ Stunden die Schweinshachse, die Schweinsfüße und das Zitronengras hinzufügen und weitere 1 ½ Stunden garen.

Das Mam Ruoc in 500 ml Wasser auflösen und zum Kochen bringen. Die Mischung in den Topf gießen und die Brühe unbedeckt weiterköcheln lassen. Nach 1 ½ Stunden das Zitronengras wegwerfen. Schweinsfüße und Hachsen herausnehmen, in kaltem Wasser abschrecken und das Hachsenfleisch in 2 mm dünne Scheiben schneiden.

Die Shacha-Sauce zur Brühe geben und weitere 30 Minuten garen. Anschließend die Knochen der Rinderbeinscheibe wegwerfen und das Fleisch in Scheiben schneiden. Die Schweinsfüße sowie das Rind- und Schweinefleisch in der Brühe wieder erhitzen.

Die Bananenblüte waschen und von der äußeren Blattschicht befreien. In dünne runde Scheiben schneiden und 20 Minuten in Zitronenwasser legen.

Die Nudeln auf Schalen verteilen und je 1 Handvoll Bananenblüten und Mungbohnensprossen und 2 weiße Frühlingszwiebeln dazugeben. Je 5 Scheiben Rindfleisch, 3 Scheiben Gio Lua, 1 Scheibe Schweinshachse und 1 Stückchen Schweinsfuß darauf arrangieren und mit der Zwiebel, den grünen Frühlingszwiebeln, den Kräutern und dem Chili bestreuen. Je ½ TL Mam Ruoc hinzufügen, die heiße Brühe einfüllen und mit Limettensaft abrunden. Weitere Shacha-Sauce und Mam-Ruoc-Paste zum individuellen Nachwürzen dazureichen.

Minh-Tâm: Als ich dieses Gericht zum ersten Mal für meinen Vater zubereitete, der ein ausgezeichneter Koch ist, hatte ich Herzklopfen. Aber er war hellauf begeistert! Es sind übrigens auch Chihiros vietnamesische Lieblingsnudeln.

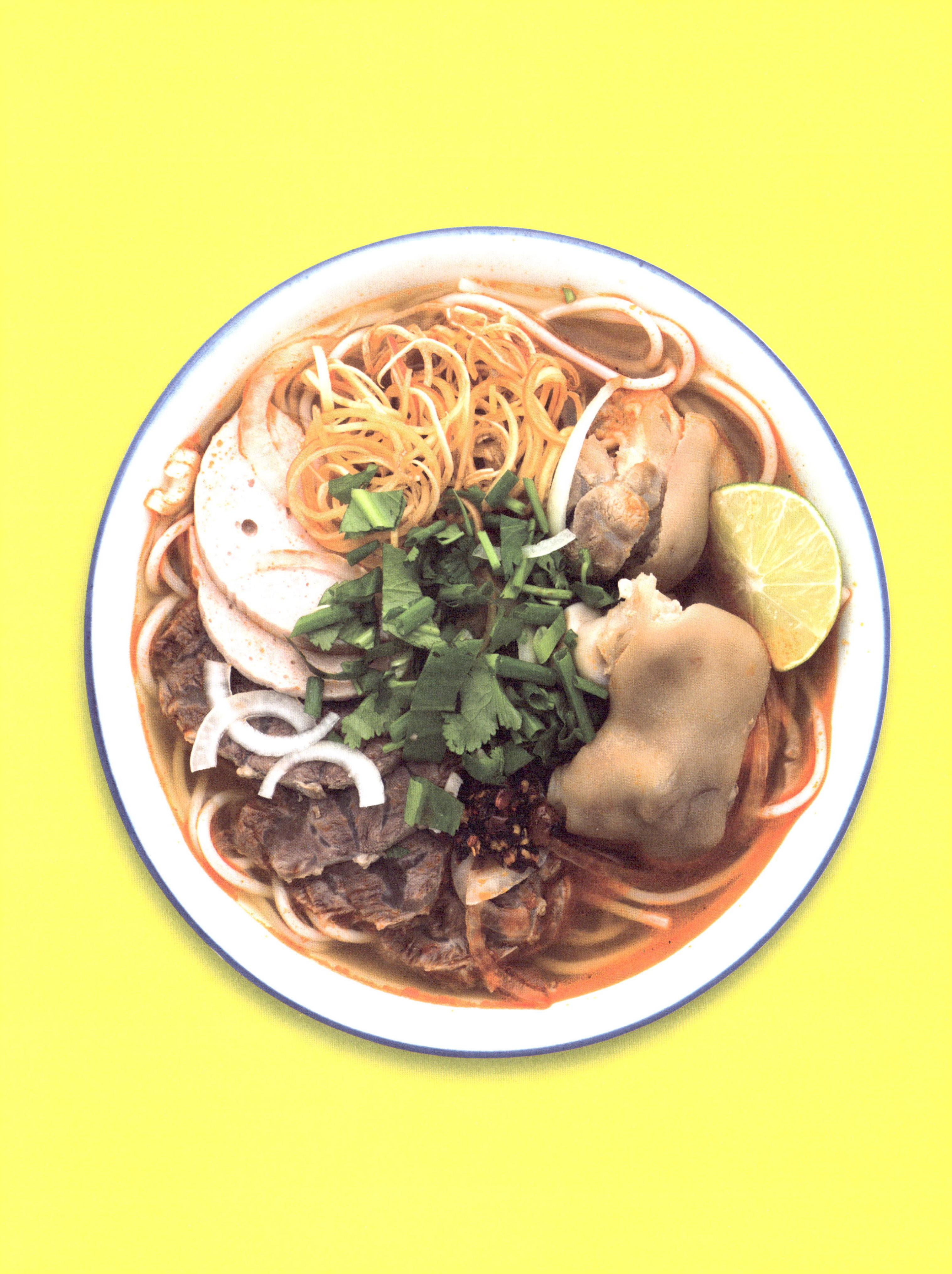

HU TIEU MIT SCHWEINEFLEISCH UND GARNELEN NACH ART VON SAIGON

HỦ TIẾU SÀI GÒN

FÜR 6 PERSONEN
Vorbereitung: 1 Stunde 15 Minuten
Garzeit: 3 Stunden

300 g Daikon
10 Knoblauchzehen
50 ml + 2 EL neutrales Speiseöl
200 g Schweinehack
½ EL Nuoc-Mam
300 g Schweinefleisch (Schulter oder Nacken)
1 TL flüssiger Honig
1 EL Hoisin-Sauce
3 l Vietnamesische Schweinebrühe (siehe Seite 298)
18 Garnelen
4 Frühlingszwiebeln, grüner Teil in Ringe geschnitten
1–2 EL helle chinesische Sojasauce
400 g Banh-Hu-Tieu-Nudeln
300 g Mungbohnensprossen
18 Wachteleier, 4 Minuten gegart und geschält
4 Halme Schnittknoblauch, in 5 cm lange Stücke geschnitten
6 Stängel Chinesischer Sellerie (Schnittsellerie)
1 frische Chilischote, in Ringe geschnitten
1 Limette, geviertelt

Den Daikon schälen und in 5 cm große Stücke schneiden, 8 Knoblauchzehen schälen und ganz fein hacken. Den Knoblauch in 50 ml sehr heißem Öl frittieren.
In einer Pfanne 1 EL Öl erhitzen, das Hackfleisch darin mit dem Nuoc-Mam anbraten und 1 TL des frittierten Knoblauchs unterrühren.
Die verbliebenen 2 Knoblauchzehen schälen und fein hacken. Das Schweinefleisch in 7 cm große Würfel schneiden. In einer weiteren Pfanne 1 EL Öl erhitzen und das Schweinefleisch rundherum braun anbraten. Den Knoblauch, den Honig, die Hoisin-Sauce und 1 Kelle der Brühe hinzufügen und das Fleisch 20 Minuten in der Mischung garen. Abkühlen lassen und in feine Scheiben schneiden.

Die Schweinebrühe zum Kochen bringen, 500 ml Brühe abnehmen, in einen Topf gießen und die Garnelen darin 3 Minuten garen. Die Garnelen kalt abschrecken und schälen, die Brühe wird noch benötigt. Die Garnelenbrühe wieder zum Kochen bringen. Das Hackfleisch in einem Sieb 2 Minuten hineintauchen, gut abtropfen lassen und beiseitelegen. Die Brühe passieren, zurück zur Schweinebrühe gießen, den Daikon und den weißen Teil der Frühlingszwiebeln hineingeben und mit 1–2 EL heller Sojasauce abschmecken.

Die Nudeln 10 Minuten in Wasser einweichen und nach der Anleitung auf Seite 26 garen. Kalt abschrecken und abtropfen lassen.
Nun mithilfe eines Siebes portionsweise die Nudeln, das Hackfleisch, die Garnelen und die Fleischwürfel in der Brühe wieder erhitzen. Pro Schale anrichten: Nudeln, 1 EL Hackfleisch, 3 Garnelen und 5 Scheiben Schweinefleisch. Mit je 3 Wachteleiern, 1 kleinen Handvoll Mungbohnensprossen, ein wenig Schnittknoblauch, Sellerie und einigen Chiliringen garnieren. Die kochend heiße Brühe einfüllen, mit den Frühlingszwiebelringen bestreuen und mit Limettenvierteln servieren.

m Xuân để trâu ăn cỏ thong thả ở chân đê.
 bé ngồi ngắm nhìn cánh đồng làng rồi
ợt ao ước giá nó là một tấm thảm biết bay.
 bé sẽ ngồi lên đó và bay về phía bên kia
ng, rồi lại theo dòng sông ra biển lớn…
ng gió mạnh từ đâu thổi tới, tung cát bụi
 mù mịt. Xuân hốt hoảng nhìn xung
anh. Một cơn giông ập đến. Những đám
ây đen nặng trĩu tụ lại ở chân trời rồi từ từ
 lan ra khắp bầu trời mênh mông. Sấm vỡ
 từng chùm giòn tan. Chớp lao qua mây
n phóng xuống sáng rực. Xuân cuống
ồng kéo con trâu lao nhanh đến phía cây
, cột con trâu vào một cái rễ đa to nhất,
ong thì những hạt mưa bắt đầu rơi. Lá đa
ng rào rào. Trong đầu cô bé chợt vang lên
i nói của bà nội: "Thần cây đa, ma cây
ối". Bất ngờ, một bóng đen lao về phía
uân. Xuân hét lên kinh hãi. Thì ra, một
 từ đâu chạy đến, hớt hơ hớt hải:

- Đi, ở đây thì ướt hết! Nhỡ
anh cho thì chết!

Ho   uố

Nói rồi, cậu   ọn con gá
n người Xuân   ng vậy.
ía cánh đồng.   hái lạ! Nó
u trông cá để t   Mỗi khi cu
i ngoài trời, m   ủ kỹ tron
 vang lên ấm   vỗ tay re
ưa gió vẫn gào   con hay gá
hần phật. Mặt ao   úng là "ch
ai đứa trẻ lặng lẽ   om đóm m
ần…   bậy. Được t
…Một vùng ký   ếng con Thắ
nh như cơn gió n   rẻ, nó đều nằng
ông…   g với thằng Ng
Con chó vàng rên ư   ắm. Cu cậu hay nh
hếch lên thềm chờ đợi. E   àng xóm.
ểnh cái tai lên nghe ngóng.   Rồi một hôm, được t
rong nhà, thủng thẳng sủa   ặp một thằng tên Đức ở
hông thấy chủ có phản ứng gì,   ức lắm. Nó muốn sang ng
ơn và rối rít hơn. Người đàn bà n   hỏi xem cái thằng Đức đó
hó sủa, giật mình, quay ra mắng yêu: bé lại hay gặp vậy. Nhưng
- Gớm, gì mà sủa nặng lên vậy hả c   nó bỗng dừng lại. Nó thấ
ậu?   g người   Năm đó, nó lên mười. C
Nói rồi chị lặng lẽ cất phong thư vào cái   và tiế   một lần đi bắt rắn, Nghĩa
ộp gỗ nhỏ ở ngăn dưới bàn thờ.   kêu tên chị.   ạ hồ hởi đáp cắn vào chân. Vì mau ch
Đó là hành động thường ngày của chị.   Lòng chị đầy hoài ng   au xuống đi. Cẩn thận!   nên không nguy hiểm đến
Bước ra sân, những cơn gió ào tới xổ tung   bên cửa, cảnh giác hỏi vọng ra: "Ai?". Tức thì   an ông lại thoăn thoắt xuống điều, một chân nó đã bị
ái tóc chị. Trên nền trời thăm thẳm ánh lên   bên ngoài có tiếng đáp lại: "Tôi! Nghĩa đây!   thang và lầm lũi đi về phía đầu hồi cất thang. lớn lên với đôi chân cà nh
hững tia chớp ngoằn ngoèo. Những ngọn tre   Chị mở cửa cho tôi!". Nhận ra người quen,   Người đàn bà lặng lẽ đặt lại bát nhang và ảnh về một kẻ tật nguyền làm
 bụi tre ngoài cổng gù xuống rồi lại bật lên người đàn bà vội vã mở then cửa. Người đàn   thờ vào chỗ cũ. Chị vuốt ve khuôn mặt anh   lý ít nói hơn. Khuôn mặt
ót két. Chết, chả có nhẽ lại mưa! Mấy con gà ông luốt thuốt trong tấm áo tơi lá, đầu đội   trên tấm ảnh. Mơ hồ cảm nhận hơi thở anh   Dù vậy, Thắm vẫn một lờ
 đầu bếp cứ lục đục. Chị vội vã đi tới, đậy   chiếc mũ cối đã ngấm nước mưa nặng trĩu.   phả vào mặt chị như đêm cuối xuân nồng nàn   Một đêm trăng sáng, Thắ
ựm lại cái chuồng gà thật cẩn thận. Con   ngày trước…   đê rồi khóc:
àng cứ quấn vào chân chị mãi. Trước khi ra   - Trời, mưa gió thế này anh sang đây làm
ồng, chị đã kịp tràm nồi cơm. Giờ sờ trên   gì cho khổ? - Chị cuống quýt.   Nghĩa đứng ngoài cửa, nhìn vào, lòng   - Anh ghét em vậy sao
ung nồi vẫn còn ấm lắm. Chị mau chóng   - Tôi sang xem nhà chị có sao không?   cảm thấy thật thanh thản. Khuôn mặt tái đi vì anh mà anh vẫn chối từ? T
ung nồi cơm vào cái rễ rách, đặt lên chồng   Gớm, cơn mưa to quá! Nhà tôi cũng bị dột   mưa lạnh ánh lên niềm hạnh phúc. Bỗng   em lấy thằng Lý nhà Kiến
                                               hết cả, vừa phải đảo lại ngói rồi. Mà dạo này   tiếng con vàng kéo người đàn bà về thực tại,   Nghĩa không

HU TIEU MIT SCHWEINEFLEISCH UND GARNELEN NACH ART VON MY THO

HỦ TIẾU MỸ THO

FÜR 6 PERSONEN
Vorbereitung: 1 Stunde
Garzeit: 3 Stunden

30 g getrocknete Kalmare
200 g Kalmartuben
300 g Chinesisches Schweinefleisch Char Siu (siehe Seite 305)
3 l Vietnamesische Schweinebrühe (siehe Seite 298)
300 g Daikon
200 g Schweinehack
18 Garnelen
4 Frühlingszwiebeln, grüner Teil in Ringe geschnitten
1–2 EL helle chinesische Sojasauce
400 g Banh-Hu-Tieu-Nudeln
300 g Mungbohnensprossen
4 Halme Schnittknoblauch, in 5 cm lange Stücke geschnitten
6 Stängel Chinesischer Sellerie (Schnittsellerie)
1 frische Chilischote, in Ringe geschnitten

Die getrockneten Kalmare 5 Minuten unter dem Backofengrill rösten. Die Tuben in etwa 3 x 5 cm große Stücke schneiden und von einer Seite kreuzweise einritzen.
Das Char Siu in feine Scheiben schneiden.

Die Schweinebrühe zubereiten. Den Daikon schälen, in 5 cm große Stücke schneiden, mit den gerösteten Kalamaren hineingeben und leise vor sich hin köcheln lassen. Inzwischen 500 ml Brühe abnehmen, in einen Topf gießen und darin nacheinander die rohen Kalmartuben 1 Minute garen, das Schweinehack 2 Minuten und die Garnelen 3 Minuten.
Die Garnelen unter kaltem Wasser abschrecken und schälen.
Die Flüssigkeit zurück in die restliche Brühe gießen und diese 3 Stunden weiter köcheln lassen.

Die Brühe durch ein Sieb passieren und wieder erhitzen. Den weißen Teil der Frühlingszwiebeln hineingeben und mit 1–2 EL heller Sojasauce abschmecken.

Die Nudeln 10 Minuten in Wasser einweichen, anschließend in kochendem Wasser garen. Unter kaltem Wasser abschrecken und abtropfen lassen. Mithilfe eines Siebes portionsweise die Nudeln, das Hackfleisch, die Garnelen und das Char Siu wieder erhitzen.

Die Schalen wie folgt anrichten und garnieren: Nudeln, Hackfleisch, 3 Stücke Kalmar, 3 Garnelen, 5 Scheiben Char Siu. 1 kleine Handvoll Mungbohnensprossen, ein wenig Schnittknoblauch, 1 Stängel Chinesischer Sellerie und ein paar Chiliringe.

Die kochend heiße Brühe einfüllen, mit den Frühlingszwiebelringen bestreuen und mit den Limettenvierteln servieren.

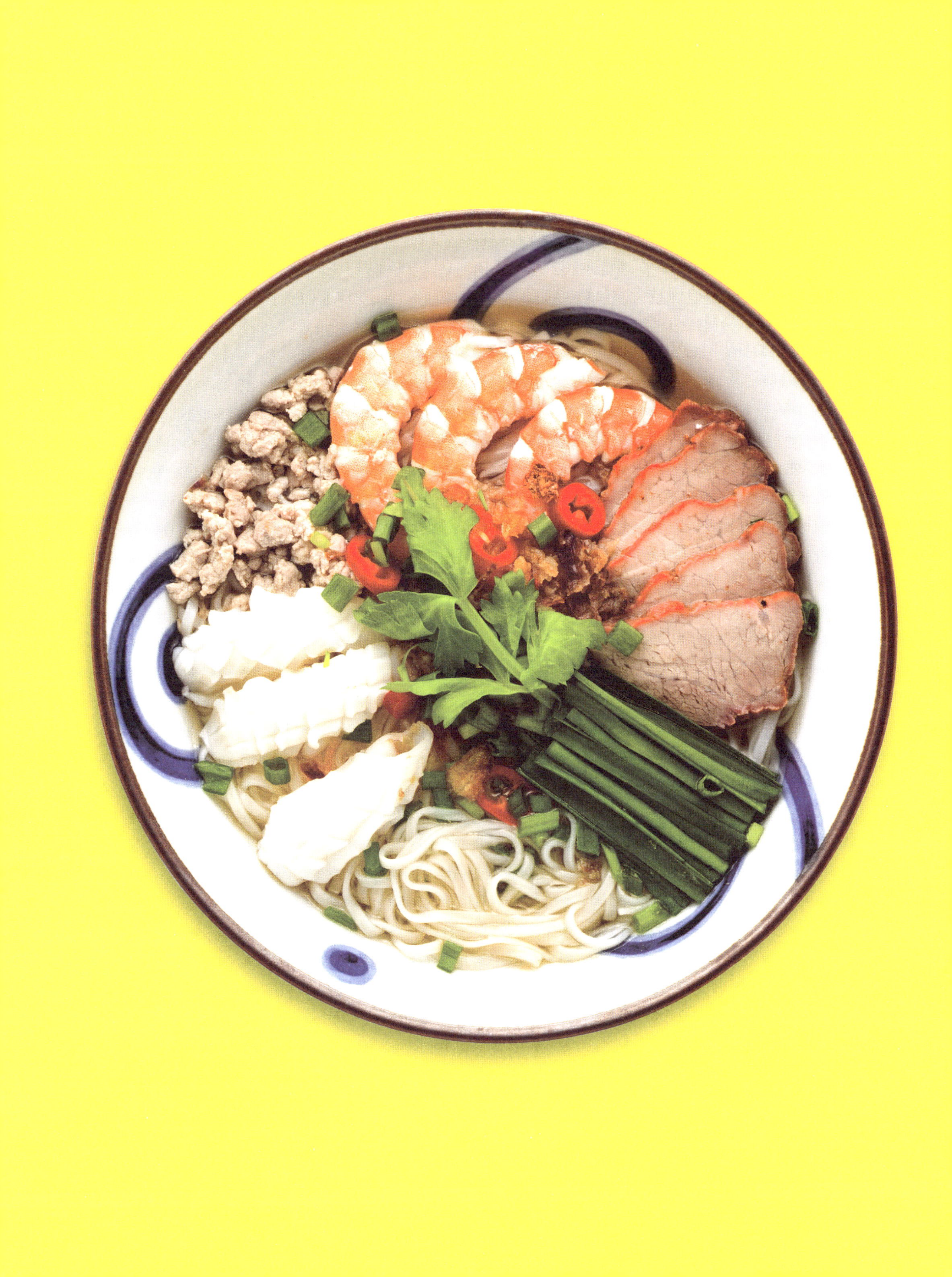

HU TIEU MIT RINDFLEISCH UND SHACHA-SAUCE

HỦ TIẾU SA TẾ

FÜR 4 PERSONEN
Vorbereitung: 45 Minuten
Garzeit: 45 Minuten

2 l Pho-Brühe (siehe Seite 116)
5 EL Shacha-Sauce (siehe Seite 311)
2 EL Erdnusspaste
100 g Erdnusskerne, zerstoßen
1 EL Tomatenmark (zweifach konzentriert)
4 Tomaten, in je 8 Spalten geschnitten
½ Salatgurke
6 Stängel Thai-Basilikum
6 Stängel Culantro (Ngo Gai)
8 Frühlingszwiebeln
400 g Banh-Hu-Tieu-Nudeln
400 g Rindfleisch (Filet oder Rumpsteak)
100 g Mungbohnensprossen
1 Limette, geviertelt

Die Pho-Brühe (siehe Seite 116) und die Shacha-Sauce (siehe Seite 311) zubereiten. Kurz bevor die Sauce fertig ist, die Erdnusspaste, die Erdnusskerne und das Tomatenmark unterrühren und noch 3 Minuten weitergaren. Anschließend 2 EL Sauce abnehmen, sie dient später als Würzbeigabe.

Die restliche Sauce mit ½ l Brühe verdünnen und noch einmal 5 Minuten aufkochen. Die Mischung in die Pho-Brühe gießen und bei mittlerer Hitze weiter köcheln lassen. Die Tomaten zugeben.

Die Gurke schälen, längs halbieren und in Scheiben schneiden. Das Thai-Basilikum abzupfen. Das Culantro in Streifen, den grünen Teil der Frühlingszwiebeln in Ringe schneiden, den weißen Teil für später beiseitelegen.

Die Nudeln 30 Minuten in lauwarmem Wasser einweichen, anschließend in kochendem Wasser nach der Anleitung auf Seite 26 garen. Unter kaltem Wasser abschrecken und abtropfen lassen.

Das Rindfleisch in dünne Scheiben schneiden.
Die Brühe zum Kochen bringen und den weißen Teil der Frühlingszwiebeln hineingeben. Die Rindfleischscheiben mithilfe einer Kelle 10 Sekunden in die heiße Brühe tauchen – sie sollen nur ganz leicht garen.

In jeder Schale 1 Handvoll Mungbohnensprossen, 5 Gurkenscheiben, einige Tomatenspalten, 2 weiße Frühlingszwiebeln und einige Scheiben Rindfleisch anrichten. Mit den grünen Frühlingszwiebeln, dem Culantro und dem Thai-Basilikum bestreuen und die heiße Brühe einfüllen. Jeweils den Saft einer Limettenspalte in die Schalen pressen und die Nudeln mit der restlichen Shacha-Sauce sofort servieren.

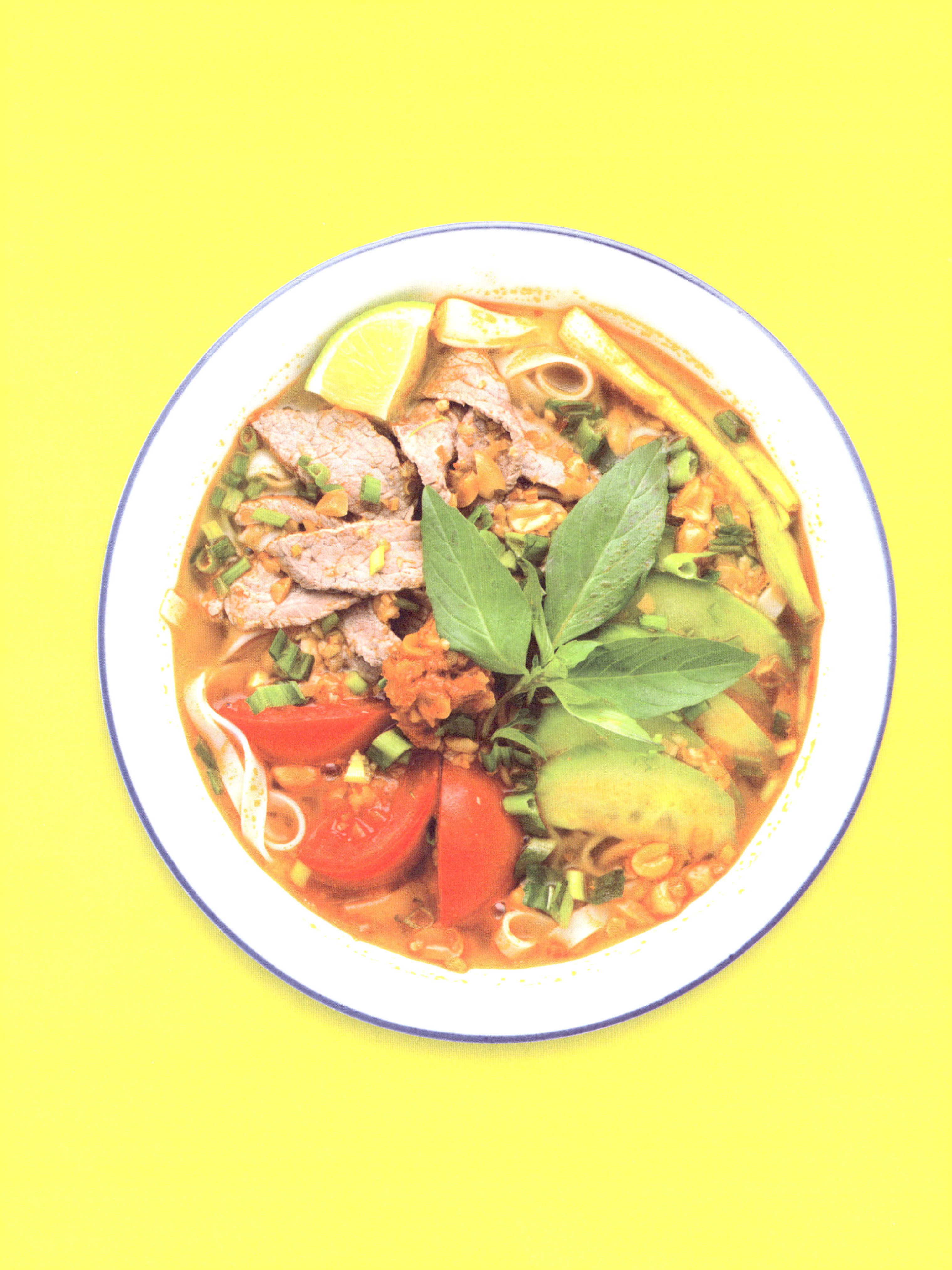

MI MIT ENTE UND SHIITAKE-PILZEN

MÌ VỊT TIỀM

FÜR 4 PERSONEN
Vorbereitung: 45 Minuten
Marinieren: 1 Stunde
Garzeit: 1 Stunde 30 Minuten

4 Entenkeulen
1 Stück Ingwer (3 cm), fein gehackt +
1 ungeschältes Stück von 5 cm
100 ml Weißwein
80 ml dunkle chinesische Sojasauce
3 l Vietnamesische Hühnerbrühe (Seite 301)
1 TL Gewürznelken
4 Sternanis
1 Stückchen Zimtstange (5 cm)
10 g getrocknete Klementinenschale
125 ml helle chinesische Sojasauce
1 l Öl zum Frittieren
4 kleine Pak-Choi
8 Stängel Koriandergrün
8 Frühlingszwiebeln
500 g Mi-Tuoi-Nudeln
12 kleine Shiitake-Hüte
1 Limette, geviertelt
1 frische Chilischote, in Ringe geschnitten, zum Servieren

Die Entenkeulen mit dem gehackten Ingwer und dem Weißwein einreiben. Mit der dunklen Sojasauce übergießen und 1 Stunde im Kühlschrank marinieren.

Das andere Ingwerstück ungeschält unter dem Backofengrill rösten.

Die Hühnerbrühe zum Kochen bringen. Die Nelken, den Sternanis und den Zimt in einer Pfanne rösten und anschließend mit der Klementinenschale, dem gerösteten Ingwer und der hellen Sojasauce unter die Brühe rühren.

Die marinierten Entenkeulen in dem heißen Öl 15 Minuten goldbraun frittieren. Abtropfen lassen, in die Brühe geben und bei mittlerer Hitze 1 Stunde garen.

Den Pak-Choi 1 Minute in kochendem Wasser blanchieren und sofort in kaltem Wasser abschrecken. Das Koriandergrün abzupfen, die Frühlingszwiebeln in Ringe schneiden.

Nach der Anleitung auf Seite 26 die Nudeln 30 Sekunden garen, abtropfen lassen und auf Schalen verteilen. Je 1 Entenkeule, 1 Pak-Choi und 3 Shiitake darauf arrangieren und die heiße Brühe hineinschöpfen. Mit den Korianderblättern und den Frühlingszwiebeln garnieren und jeweils den Saft einer Limettenspalte hineinpressen. Heiß mit den Chiliringen servieren.

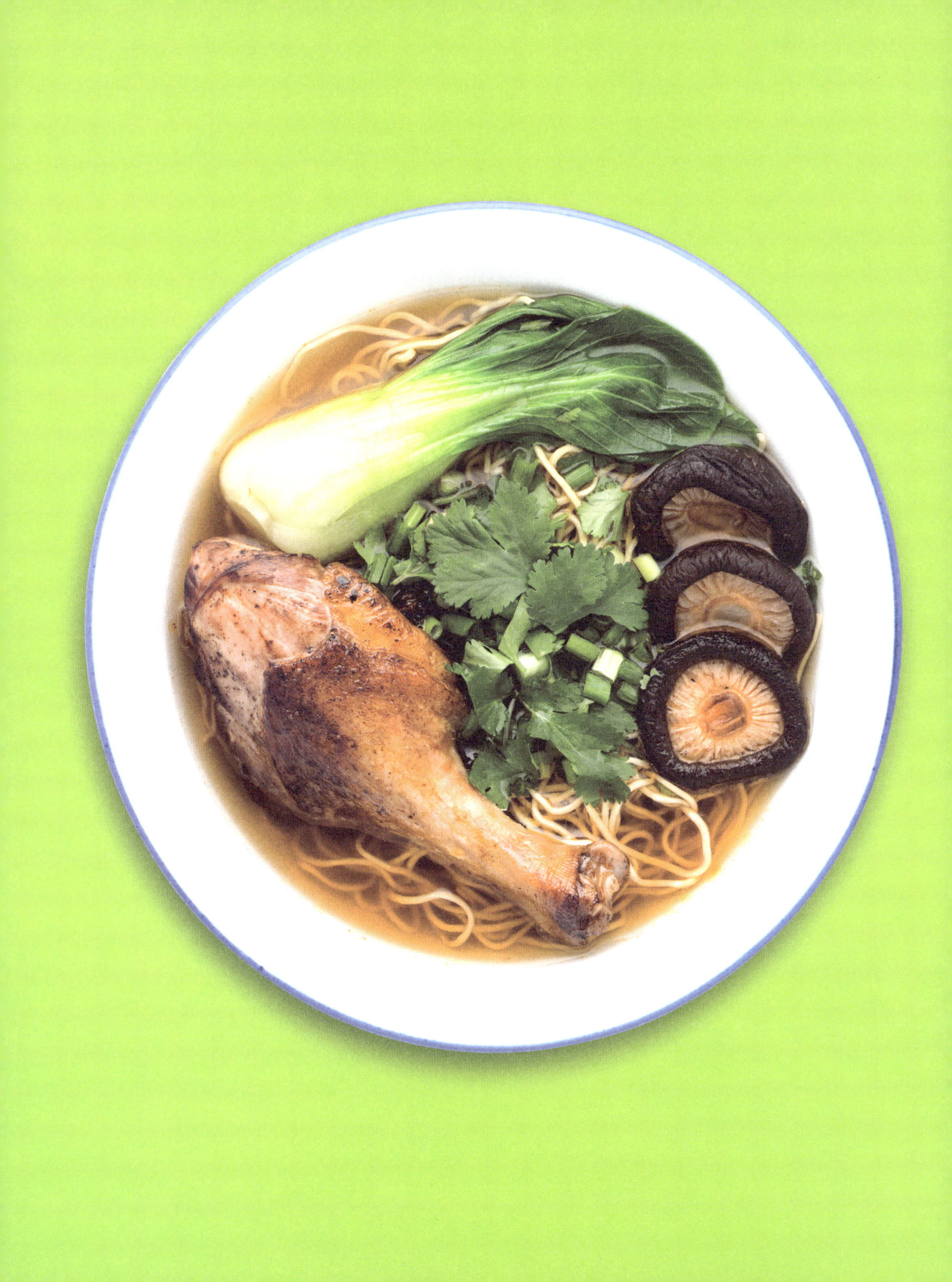

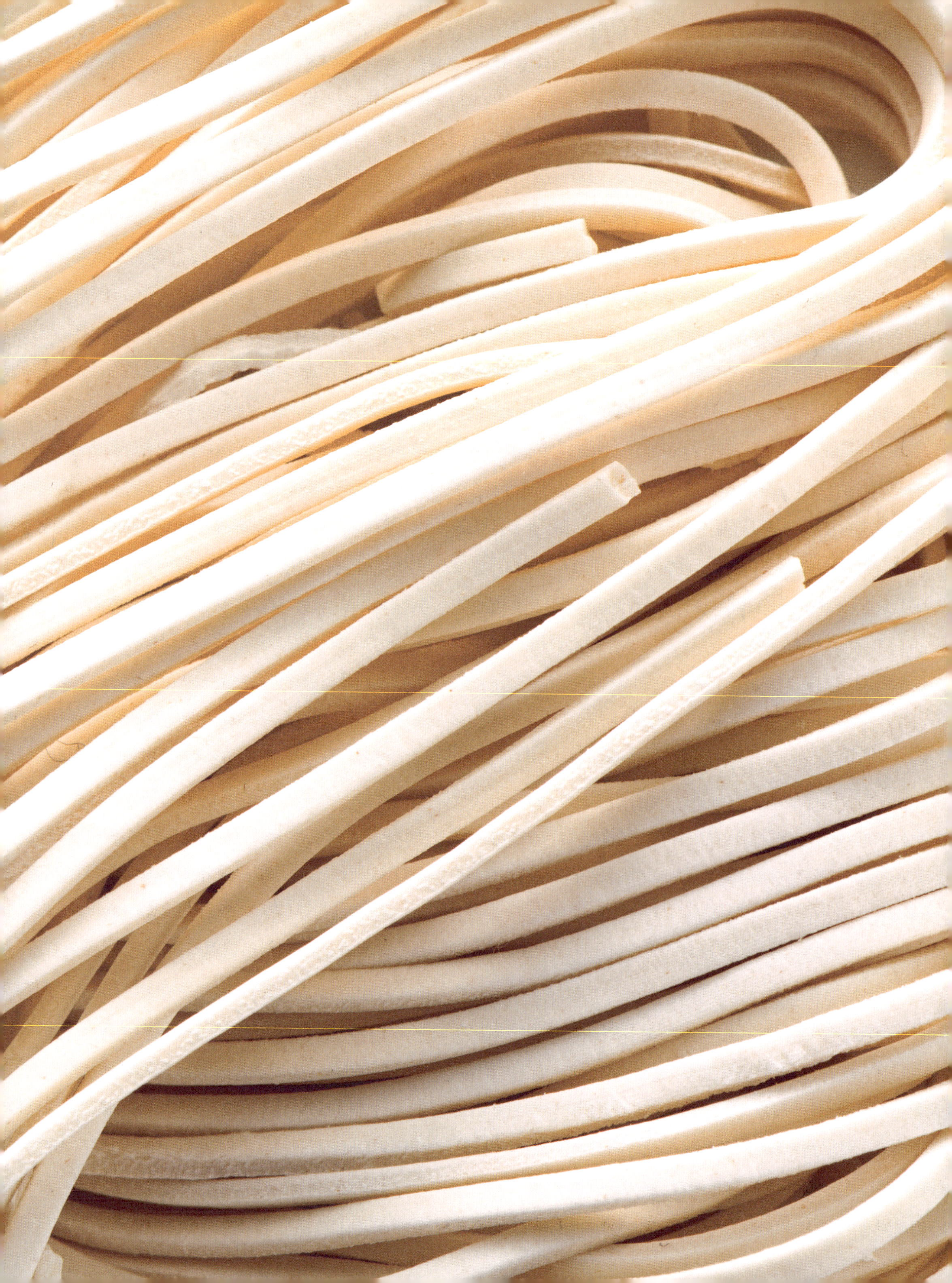

MIT SAUCE NUDELN

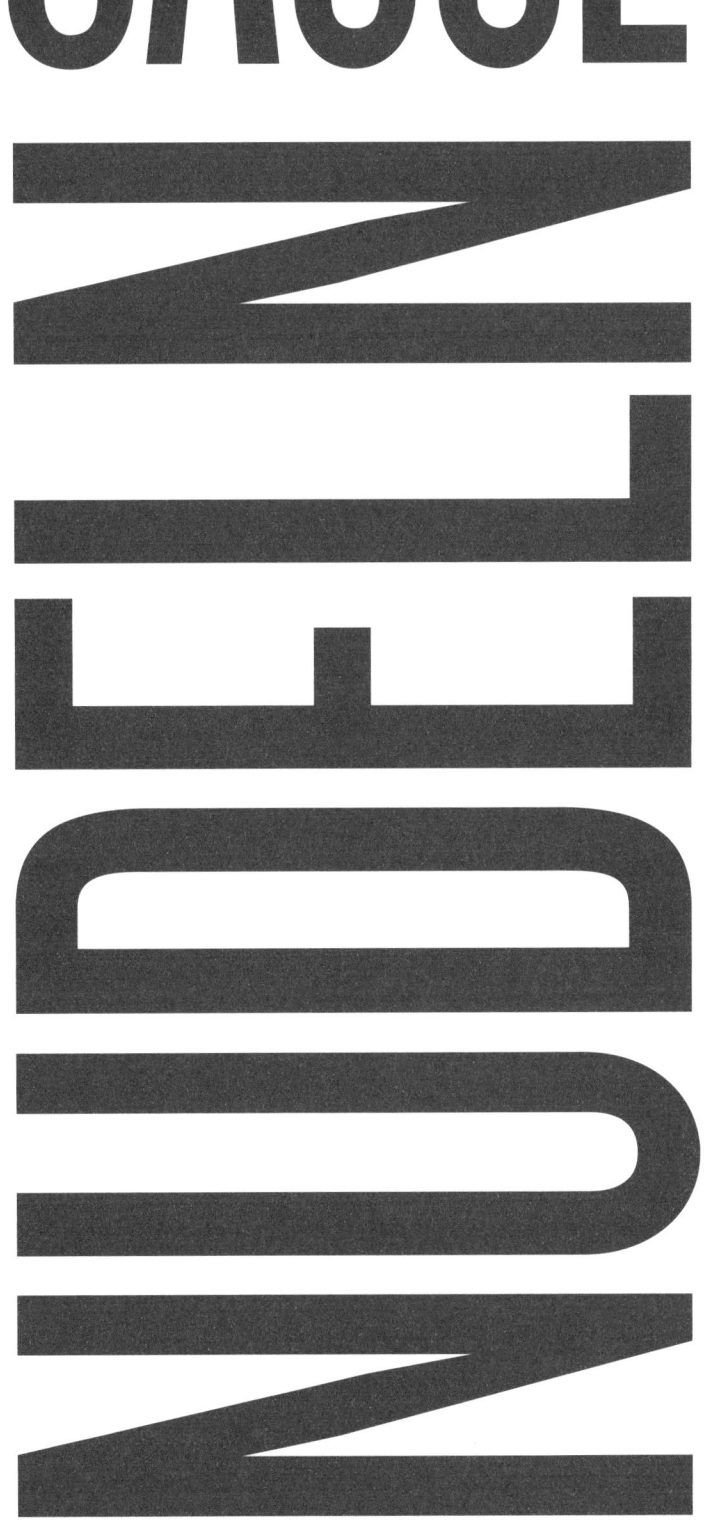

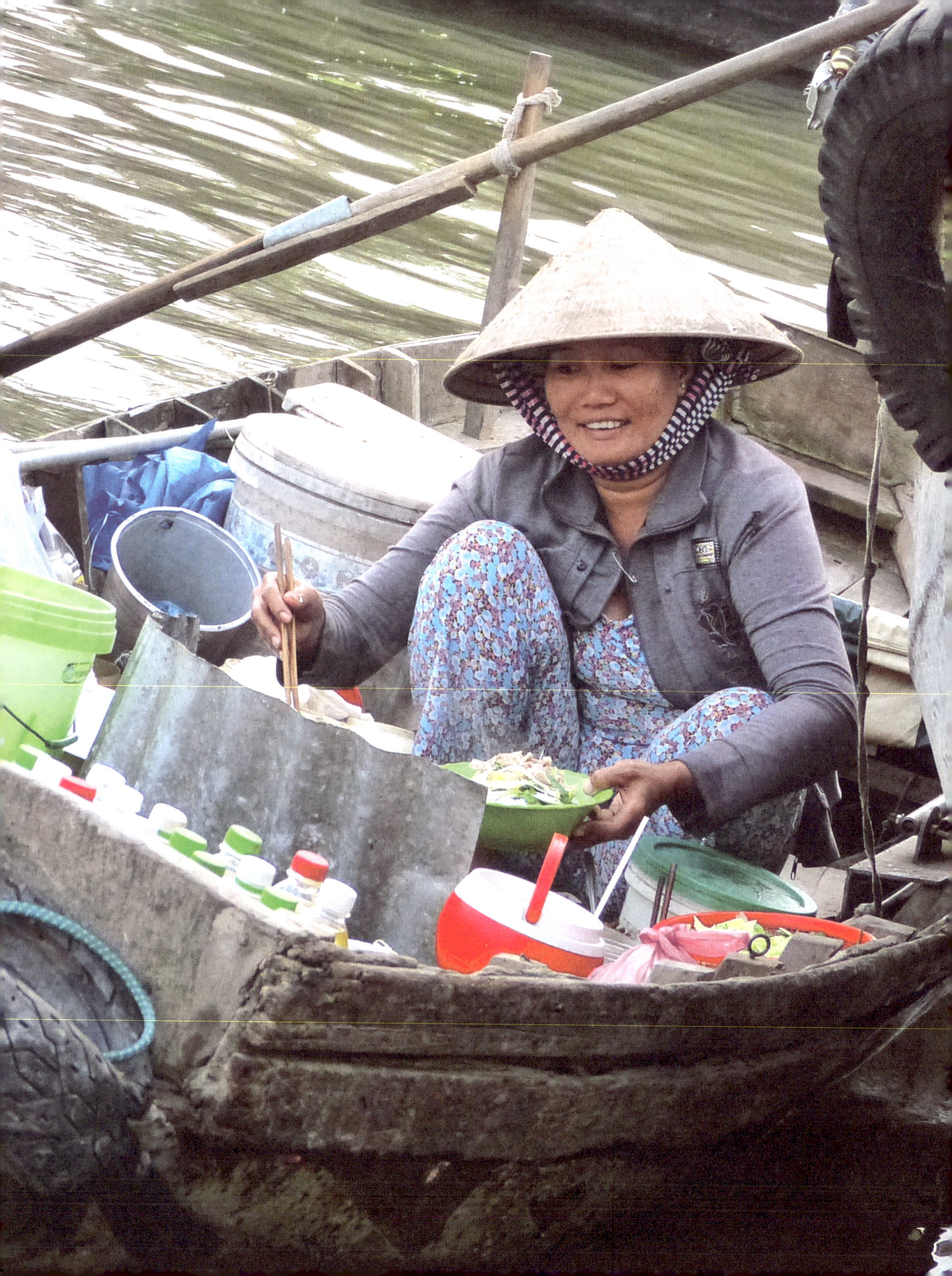

Wir haben verschiedene Arten von Nudelgerichten mit einer Sauce zusammengestellt. Von Nudeln, die mit einer mehr oder weniger sämigen oder flüssigen Zubereitung überzogen sind, bis zu Nudeln, die man einfach in eine dünnflüssige »Sauce« tunkt und dann im Mund verschwinden lässt.

Dazu gehören japanische Sommernudeln, die man in eine kalte Brühe gestippt genießt, bevor man die Brühe mit dem Kochwasser verdünnt und zum Abschluss des Essens als heiße Suppe trinkt.

Hinzu kommen chinesische Nudeln, die im Sommer kalt als Salat genossen oder im Dampf gegart und heiß gegessen werden. Und nicht zu vergessen die vietnamesischen Fadennudeln, die mit Fleisch und Gemüse garniert und mit einer Sauce übergossen werden – wie das Dressing bei einem Salat. Ein Hochgenuss zu jeder Jahreszeit.

HIYAMUGI

JAPON · 日本 · JAPAN

ひやむぎ

FÜR 4 PERSONEN
Vorbereitung: 5 Minuten
Garzeit: 5–7 Minuten

40 g Daikon
1 Frühlingszwiebel oder ½ dünne Stange Lauch oder ½ Bund Schnittknoblauch
400 g Hiyamugi-Nudeln
400 ml kalte Tsuyu-Brühe (siehe Seite 289)

Den Daikon schälen und raspeln. Die Frühlingszwiebel in feine Ringe schneiden (Lauch oder Schnittknoblauch entsprechend schneiden).

Die Nudeln nach der Anleitung auf Seite 26 garen und anrichten (am besten auf Bambus-»Tellern«, die für diesen Zweck gedacht sind).

Die kalte Brühe in Tassen servieren, den Rettich und die Frühlingszwiebeln in kleinen Schälchen dazureichen.

Gut zu wissen: Hiyamugi-Nudeln, wörtlich »Kalter Weizen« auf Japanisch, werden wie hier fast immer kalt gegessen. Oft mischt man sogar Eiswürfel unter die Nudeln, die man allerdings nicht mitisst. Sie dienen dazu, die Nudeln zu kühlen. Unter den Nudeln, die wir Japaner bei sommerlicher Hitze gern als Erfrischung genießen, sind die Hiyamugi vermutlich die »kältesten«. Besonders mögen wir ihre glatte, elastische Konsistenz, die sie noch erfrischender wirken lässt, als sie ohnehin schon sind. Wie man sie genießt, ist auf Seite 146 unter dem Soba-Rezept beschrieben.

GRÜNTEE-SOBA

茶そば

FÜR 4 PERSONEN
Vorbereitung: 5 Minuten
Garzeit: 5–7 Minuten

400 g Grüntee-Soba-Nudeln
400 ml kalte Tsuyu-Brühe
(siehe Seite 289)

Die Nudeln nach der Anleitung auf Seite 26 garen und anrichten (am besten auf speziellen Bambus-»Tellern«, die für diesen Zweck gedacht sind).

Die kalte Brühe in Tassen dazuservieren.

Gut zu wissen: Cha-Soba, wörtlich »Teenudeln«, sind mit Matcha-Tee aromatisiert (dieser zu einem feinen Pulver zermahlene Grüntee wird für die japanische Teezeremonie verwendet). Man findet Cha-Soba überall im Handel, allerdings variieren sie je nach Marke stark im Aroma. Man kann geriebenen Daikon und Frühlingszwiebeln dazureichen (siehe Seite 146, Soba-Nudeln).

KALTE SOBA

ざるそば

FÜR 4 PERSONEN
Garzeit: 5–7 Minuten

40 g Daikon
1 Frühlingszwiebel oder ½ dünne Stange Lauch oder ½ Bund Schnittknoblauch
400 g Soba-Nudeln
400 ml kalte Tsuyu-Brühe (siehe Seite 289)
Wasabi (nach Belieben)
Streifen von Noriblättern (nach Belieben)

Den Daikon schälen und raspeln. Die Frühlingszwiebel in feine Ringe schneiden (Lauch oder Schnittknoblauch entsprechend schneiden).

Die Nudeln nach der Anleitung auf Seite 26 garen. Das Kochwasser wird später zum Verdünnen der Brühe verwendet. Die Nudeln anrichten (am besten auf Bambus-»Tellern«, die für diesen Zweck gedacht sind).

Die kalte Brühe in Tassen servieren, den geriebenen Rettich, die Frühlingszwiebeln und Wasabi, falls gewünscht, in Schälchen dazureichen.

Chihiro: Soba vereinen alles, was wir an Nudeln lieben – ihr delikates herzhaftes Aroma, ihre Konsistenz und ihr geradliniger Geschmack. Soba werden nicht gekaut, man schluckt sie fast unzerteilt, indem man sie förmlich einsaugt. Kalt und schnörkellos, nur kurz in etwas Tsuyu-Brühe getunkt – so beurteilt man die Qualität von Soba-Nudeln.
Je nach Geschmack kann man Frühlingszwiebeln, Daikon oder Wasabi in die Brühe geben. Dann nimmt man mit den Stäbchen vier oder fünf Nudeln auf, taucht sie in die Brühe und saugt sie mit ein wenig Luft geräuschvoll ein, während man die Tasse dem Mund annähert.
Zuletzt wird die durch die Stärke der Nudeln leicht trübe gewordene Brühe mit dem Kochwasser verdünnt – eine schmackhafte leichte Suppe, die verlockend nach Soba duftet.

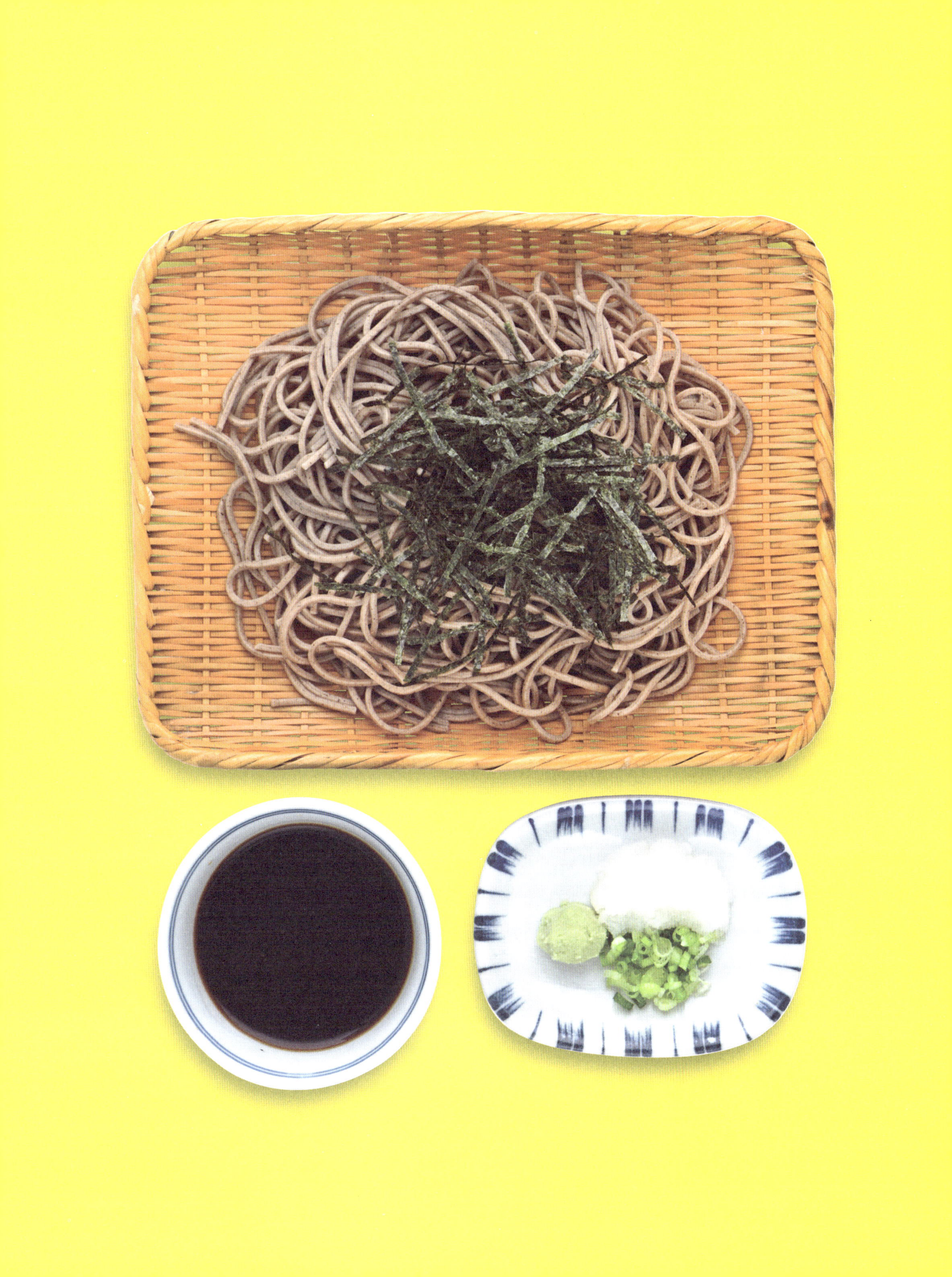

UDON SUKIYAKI

すき焼きうどん

FÜR 4 PERSONEN
Vorbereitung: 15 Minuten
Garzeit: 5 Minuten

800 g frische Udon-Nudeln oder
400 g getrocknete Nudeln
2 Stangen Lauch, nur der weiße Teil
2 EL neutrales Speiseöl
400 g Rindersteak, in feine Scheiben geschnitten
2 EL Zucker
3 EL Sake
2 EL dunkle japanische Sojasauce
400 ml heiße Dashi-Brühe
(siehe Seite 286)
4 Eier, raumtemperiert
(nach Belieben)

Die Nudeln nach der Anleitung auf Seite 26 garen.

Den Lauch je nach Größe schräg in dicke Scheiben oder in Streifen schneiden.

Das Öl in einem Topf kräftig erhitzen und die Fleischscheiben darin von beiden Seiten anbraten. Zuerst den Lauch, dann den Zucker, den Sake und zuletzt die Sojasauce hinzufügen und bei geringer Hitze einige Minuten köcheln lassen, bis der Lauch gar ist. Die Dashi und die Nudeln unterrühren, kurz aufkochen und auf die Schalen verteilen. Nach Belieben ein Ei hineinschlagen und sofort servieren.

Gut zu wissen: Sukiyaki ist ein Familienessen aus süßsalzig gewürztem Rindfleisch und Lauch, das am Tisch auf einem Kocher zubereitet wird. Jeder pickt hinein, angelt sich das Stück seiner Wahl und taucht es in eine kleine Schale mit verschlagenem Ei, das zugleich als Sauce und zur Kühlung des sengend heißen Bissens dient. Statt Rindfleisch kann man auch dünne Scheiben Schweinefleisch oder in kleine Stücke geschnittenes Huhn nehmen.
Zum Abschluss eines Sukiyaki gart man in der restlichen Brühe oft Nudeln. Bei zu wenig Flüssigkeit im Topf gießt man einfach Wasser oder Dashi hinzu.

ほんの少し蕎麦汁をつけ、お召し上がりください。
甘味のある蕎麦の味が口の中に広がります。

十割蕎麦

「きちんと蕎麦の味がする乾麺を作る」と心に決めてから2年、研究熱心な長野県の製麺業者さんにご苦心いただき、ようやく出来上がった十割蕎麦(そば粉100%で作った乾麺)です。

残念ながら「きちんと」、この副詞に相応しいほどに鮮烈な蕎麦の味ではなく、「そこそこ蕎麦の味がする乾麺」ですが、乾麺ではコレが限界。さすがに、打ちたての蕎麦のように強烈な風味はありませんが、並の乾麺、いや、並の蕎麦屋さんの蕎麦…(隠れる)

乾燥させる過程で、どうしても飛ん…(隠れる)…は原料と製麺技術にあります。
蕎麦の中でも風味が高い「甘…(隠れる)…が原料の秘密と教えていただいたのですが、製麺技術…(隠れる)
蕎麦粉100%で作った…(隠れる)

賞味期間(開封前):常温…

品番:47112
540円(200g)

「蕎麦の命…(隠れる)…はありませ
とお考え…(隠れる)…べない」

この十…(隠れる)…感と喉
正直な評…(隠れる)…で、蕎
食感と歯…(隠れる)…経験
承知し…(隠れる)…らっ
えて…(隠れる)…乾麺
せん。…(隠れる)…マイ
「蕎…(隠れる)…す。
思うに…(隠れる)…い麺
ジェク…(隠れる)…割蕎
「きち…(隠れる)
が、乾麺…(隠れる)
仕上が…(隠れる)…s.html

本当の手…

淡路素麺

厳寒期の淡路島で昔…(隠れる)
中に職人により丁寧に手延…(隠れる)
約半日間の乾燥後、19cmに切…(隠れる)
蔵に1年間以上囲い、じっくりと熟成…(隠れる)

写真は極細

淡路素麺 極細

普通の素麺は400本程度の麺を一束50gにまとめてあるのですが、この淡路素麺極細の一束には750本もの麺が入っています。つまり、普通の素麺の半分程度の細さしかありません。職人が麺と対話しながら、手作業で、丁寧に無理なく延ばすので、ここまで極細でもコシが強く、茹でた後も延びにくい素麺に仕上がるのです。均一な極細麺ならではの喉ごしと、手延べならではのコシを兼ね備えた素麺ですから、夏バテで食欲のない時でも、知らず知らずのうちにツルッと喉を通り抜けてしまいます。

品番:47012

淡路素麺 中細

淡路素麺 中細の一束には500本もの麺が入っていますので、中細といっても普通の素麺に比べ2割程度は細く仕上がっています。極細では細すぎて物足りないと感じられる方には、この中細をおすすめします。

品番:47032

UDON MIT ROHKOSTGEMÜSE

うどん・クリュディテ

FÜR 4 PERSONEN
Vorbereitung: 10 Minuten
Garzeit: 5 Minuten

800 g frische Udon-Nudeln oder
400 g getrocknete Nudeln
32–36 grüne Bohnen
16 Kirschtomaten
80 g Daikon
80 g Möhren
8 EL Sesam-Vinaigrette oder
4 EL Yuzu-Vinaigrette (siehe Seite 308)
4 Stängel roter Shiso

Die Nudeln nach der Anleitung auf Seite 26 garen.

Das Gemüse waschen. Die grünen Bohnen 1–2 Minuten in kochendem Wasser blanchieren und sofort in kaltem Wasser abschrecken, um den Garprozess zu stoppen. Abtropfen lassen. Die Tomaten vierteln, den Daikon und die Möhre in feine Streifen schneiden.

Die Nudeln auf tiefen Tellern anrichten und mit dem Gemüse garnieren. Mit der gewählten Sauce überziehen und kurz vor dem Servieren mit dem Shiso dekorieren.

UDON MIT UMEBOSHI UND WAKAME

ワカメの冷やしうどん

FÜR 4 PERSONEN
Vorbereitung: 5 Minuten
Garzeit: 5 Minuten

800 g frische Udon-Nudeln oder
400 g getrocknete Nudeln
4 EL Wakame
4 Umeboshi-Pflaumen
4 schöne grüne Shiso-Blätter
4–8 EL Yuzu-Vinaigrette oder
8 EL Japanische Vinaigrette
(siehe Seite 308)

Die Nudeln nach der Anleitung auf Seite 26 garen. Handelt es sich um getrocknete Wakame, in einer großen Schüssel Wasser eine kräftige Prise Salz auflösen und die Algen hineinlegen. Wenn sie ihr Volumen etwa verzehnfacht haben, herausnehmen und gut ausdrücken, oder nach der Packungsanleitung vorgehen.

Handelt es sich um in Salz eingelegte Ware, die Wakame gründlich unter fließendem Wasser abspülen, dabei kann sich ihr Volumen verdreifachen. Anschließend in kochendem Wasser 10 Sekunden unter Rühren blanchieren, um weiteres Salz auszuwaschen. Unter kaltem Wasser abschrecken, abtropfen lassen und grob hacken.

Die Nudeln auf tiefen Tellern anrichten und mit den entsteinten Umeboshi-Pflaumen, der Wakame und den Shiso-Blättern garnieren. Kurz vor dem Servieren mit der Vinaigrette überziehen.

KALTE UDON MIT UMEBOSHI

梅干しの冷やしうどん

FÜR 4 PERSONEN
Vorbereitung: 5 Minuten
Garzeit: 5 Minuten

800 g frische Udon-Nudeln oder 400 g getrocknete Nudeln
60 g Hähnchenbrustfilet
4–8 EL Sesam-Vinaigrette (siehe Seite 308)
4 Umeboshi-Pflaumen
4 grüne Shiso-Blätter, in Streifen geschnitten

Die Nudeln nach der Anleitung auf Seite 26 garen.

Das Hähnchenbrustfilet im Dampf garen (oder die Reste von einem Brathähnchen verwerten) und in dünne Scheibchen schneiden.

Die Nudeln in einer Schüssel mit der Vinaigrette übergießen. Die Hähnchenbrust dazugeben, alles gut vermengen und auf tiefen Tellern anrichten. Mit den entsteinten Umeboshi-Pflaumen und den Shiso-Blättern garnieren und servieren.

Gut zu wissen: Sie können die Hähnchenbrust auch durch Kochschinken, Thunfisch, in Streifen geschnittenen Daikon oder sogar durch geriebene Möhren ersetzen.

SHABU-SHABU MIT UDON

しゃぶしゃぶうどん

FÜR 4 PERSONEN
Vorbereitung: 10 Minuten
Garzeit: 5 Minuten

20 Shiso-Blätter
1 Frühlingszwiebel
800 g frische Udon-Nudeln oder
400 g getrocknete Nudeln
200 g Rindersteak
8–12 EL Sesam-Vinaigrette
 (siehe Seite 308)
1 TL Sesamsamen

Die Shiso-Blätter abbrausen und abtrocknen. Die Frühlingszwiebeln in Ringe schneiden.

Die Nudeln nach der Anleitung auf Seite 26 garen.

Das Rindersteak in feine Scheiben schneiden und 1 Minute in kochendem Wasser blanchieren. Abtropfen lassen. Die Nudeln auf tiefen Tellern anrichten und mit dem Shiso und dem Rindfleisch garnieren. Mit der Vinaigrette überziehen und vor dem Servieren mit den Frühlingszwiebeln und dem Sesam bestreuen.

FRISCHE UDON MIT LACHS UND SEINEM KAVIAR

親子うどん

FÜR 4 PERSONEN
Vorbereitung: 15 Minuten
Garzeit: 5 Minuten

800 g frische Udon-Nudeln oder
400 g getrocknete Nudeln
einige Batavia-Salatblätter
80 g frisches Lachsfilet
4 kleine Shiso-Blätter
1 Nori-Blatt
4 TL Lachskaviar
4–8 EL Yuzu-Vinaigrette oder
4–8 EL Japanische Vinaigrette
(siehe Seite 308)

Die Nudeln nach der Anleitung auf Seite 26 garen.

Die Salatblätter waschen und gründlich abtropfen lassen.
Den Lachs in kleine Scheiben schneiden.
Die Shiso-Blätter und das Nori-Blatt in feine Streifen schneiden.

Tiefe Teller mit den Salatblättern auslegen und die Nudeln darauf anrichten. Mit dem Shiso, dem Nori, dem Lachs und dem Lachskaviar garnieren und kurz vor dem Servieren mit der Vinaigrette überziehen.

Chihiro: Sie können den frischen Lachs durch kleine Scheiben oder Streifen geräucherten Lachs ersetzen. In diesem Fall sollte man die Menge der Vinaigrette etwas reduzieren und zur Erfrischung ein paar Spritzer Zitronensaft zugeben.
Es klingt ein bisschen schaurig, aber »Oyako Udon« nennt man Gerichte mit Huhn und Eiern, wörtlich »Eltern und Kind«. Dies ist eine Variation des Themas …

《茶经》原文

● **一之源**

　　茶者，南方之嘉木也。一尺、二尺乃至数十尺。其巴山峡川，有两人合抱者，伐而掇之。其树如瓜芦，叶如栀子，花如白蔷薇，实如栟榈，茎如丁香，根如胡桃。（瓜芦木出广州，似茶……似茶。胡桃与茶，根皆下孕，兆至瓦砾，苗木……从草，当作茶，其字出《开元文字……茶，其字出《尔雅》。）

　　其名……扬执戟云：……而不……绿者……次；……之为用……节不……茶为累……易州、幽州……则茶累尽矣。

● **二之具**

　　籯，一曰篮，一曰笼……二斗、三斗者，茶人负以采茶也。

　　灶，无用突者，釜，用唇口者。

　　甑，或木或瓦，匪腰而泥，篮以箅之，篾以系之。始其蒸也，入乎箅，既其熟也，出乎箅。釜涸注于甑中，又以谷木枝三亚者制之，散所蒸牙笋并叶，畏流其膏。

　　杵臼，一曰碓，唯恒用者佳。

　　规，一曰模，一曰棬。以铁制之，或圆或方或花。

　　承，一曰台，一曰砧。以石为之，不然以槐、桑木半埋地中，遣无所摇动。

KALTE MIAN MIT HUHN

鸡丝凉面

FÜR 4 PERSONEN
Vorbereitung: 20 Minuten
Garzeit: 20 Minuten

400 g Hähnchenbrustfilet
320 g Gan-Qie-Mian-Nudeln
3 EL Sesamöl
2 Minigurken
160 ml Sesamsauce
(siehe Seite 308)
4 TL Sichuan-Pfeffer-Öl
(siehe Seite 307)

Das Hähnchenbrustfilet 10–15 Minuten in leicht siedendem Wasser pochieren. In kaltem Wasser abschrecken, abtropfen lassen und das Fleisch zerpflücken.

Die Nudeln nach der Anleitung auf Seite 26 garen und zwei- bis dreimal mit kaltem Wasser abspülen. Gut abtropfen lassen und das Sesamöl untermengen. Die Gurken in feine Streifen schneiden.

Die Nudeln und das Hähnchenfleisch in Schalen anrichten. Mit der Sesamsauce übergießen, je eine Handvoll Gurkenstreifen und 1 TL Sichuan-Pfeffer-Öl darüber verteilen und servieren.

MIAN MIT SESAMSAUCE

麻酱凉面

FÜR 4 PERSONEN
Vorbereitung: 20 Minuten
Garzeit: 5 Minuten

400 g weiße Gan-Qie-Mian-Nudeln
3–4 EL Sesamöl
2 Minigurken
20 Edamame
160 ml Sesamsauce
(siehe Seite 308)
4 TL Sichuan-Pfeffer-Öl
(siehe Seite 307)

Die Nudeln nach der Anleitung auf Seite 26 garen. Unter kaltem Wasser abschrecken, gut abtropfen lassen und das Sesamöl untermengen.

Die Gurken waschen und in feine Streifen schneiden. Die Edamame-Bohnen enthülsen.

Die Nudeln auf Schalen verteilen, jeweils 4 EL Sesamsauce darübergeben und mit den Gurkenstreifen und den Edamame garnieren. Mit je 1 TL Sichuan-Pfeffer-Öl abrunden und vor dem Genießen alles vermengen.

MIAN MIT AUBERGINEN

茄子氽儿面

FÜR 2 PERSONEN
Vorbereitung: 10 Minuten
Ruhen: 30 Minuten
Garzeit: 30 Minuten

500 g Auberginen
1 TL Salz
3 Knoblauchzehen
1 Frühlingszwiebel
2 EL neutrales Speiseöl
2 EL helle chinesische Sojasauce
1 TL Zucker
1 EL schwarzer chinesischer Reisessig
160 g Gan-Qie-Mian-Nudeln

Die Auberginen in 2 cm große Würfel schneiden, mit ½ TL Salz bestreuen, gut vermengen und 30 Minuten einwirken lassen.

Den Knoblauch und die Frühlingszwiebel hacken.
Die Auberginenwürfel gut ausdrücken und mit Küchenpapier trocken tupfen.

Das Öl in einem Wok bei mittlerer Temperatur erhitzen und die Auberginen darin etwa 8 Minuten pfannenrühren, bis sie etwas weicher geworden sind. Die Sojasauce, das restliche Salz und den Zucker zugeben und alles unter Rühren weitere 2 Minuten garen. Den Knoblauch und die Frühlingszwiebel unterrühren. Mit dem Reisessig ablöschen und 150 ml heißes Wasser zugießen. Bei starker Hitze kurz aufkochen und sofort von der Kochstelle nehmen.

Die Nudeln in kochendem Wasser nach der Anleitung auf Seite 26 garen und auf zwei Schalen verteilen. Das Auberginengemüse darüber verteilen und sofort servieren.

Margot: Als Kind verbrachte ich die Sommer bei meiner Großmutter. Sie schreckte die Nudeln immer unter fließendem Wasser ab, und dann garnierten wir sie gemeinsam mit heißen Auberginen. Auf diese Weise brachte sie mir das Kochen bei ...

最终追求——天时，地利，人和

陆羽认为品茶的终极目标是追求"天时，地利，人和"。这不仅仅是饮茶的关键，三者的协调、统一已成为了当代社会各行各业所追求的目标。

● "天、地、人"三…

"天、地、…………………………………………………底谁最重要也就成了人们………………………………………………………、人和的问题。但………………………………………………………………则主要是从军……………………………………………………………………

"天时…………………………………………………………………………作用的…………………………………………………………………………一贯…………………………………………………………………………的。…………………………………………………………………………的结…………………………………………………………………………

面。为…………………………………………………………………………

● 茶中…………

陆羽………………………………………………………………点特征、气候………………………………………………………………其首要的生命特征。…………………………………………………的好坏直接影响到茶叶的品…………………………………………重标准来最终衡量的。因此，"天时…………………………………

● 茶中"地利"

在茶叶生产与品饮中，"地利"其实与"天时"是可以并列的。地理位置、地形、气候条件等因素也直接影响到茶的品质。同样是一个地区，"背阴"、"向阳"，山坡、平川等不同的地形所出产的茶叶品质有天壤之别。这就是为什么陆羽要在《茶经》中专辟一章"二之具"来说明这些的原因了。

● 茶中"人和"

MIAN MIT FRÜHLINGSZWIEBELN

葱油面

FÜR 4 PERSONEN
Vorbereitung: 10 Minuten
Garzeit: 10 Minuten

5 EL helle chinesische Sojasauce
4 EL dunkle chinesische Sojasauce
4 EL schwarzer chinesischer Reisessig
½ TL Salz
400 g Mian- oder Jianshui-Mian-Nudeln
100 ml Frühlingszwiebelöl
(siehe Seite 306)
frisch gemahlener Pfeffer

Die Sojasaucen, den Reisessig und das Salz verrühren und auf die Schalen verteilen.

Die Nudeln nach der Anleitung auf Seite 26 garen und in den Schalen anrichten.

Je 1 EL Frühlingszwiebelöl dazugeben und mit Pfeffer würzen. Alles gründlich vermengen und genießen.

MIAN MIT ROTER SOJASAUCE

甜水面

FÜR 4 PERSONEN
Vorbereitung: 5 Minuten
Garzeit: 3–4 Minuten

1 Frühlingszwiebel, nur der grüne Teil
40 g Sesampaste
200 ml Hausgemachte rote Sojasauce (siehe Seite 310)
3 EL geröstetes Sojamehl
2 TL gemahlener Sichuan-Pfeffer
4 TL Chiliöl (siehe Seite 307)
400 g Lamian-Nudeln (siehe Seite 34)
1 Handvoll weiße Sesamsamen

Den grünen Teil der Frühlingszwiebel in Ringe schneiden. Die Sesampaste mit 50 ml Wasser verdünnen, anschließend die rote Sojasauce, das Sojamehl, den Sichuan-Pfeffer und das Chiliöl unterrühren.

Die Nudeln nach der Anleitung auf Seite 26 garen und auf die Schalen verteilen.
Je 50 ml der Sauce über die Nudeln ziehen und mit dem Sesam und den Frühlingszwiebeln bestreuen.

Gut zu wissen: Dieses Gericht ist eine Spezialität der Region Sichuan. Wer keine Zeit hat, die Lamian-Nudeln selbst zu machen, kann stattdessen frische Udon-Nudeln aus dem Handel nehmen.

MIAN NACH ART VON WUHAN

热干面

FÜR 4 PERSONEN
Vorbereitung: 15 Minuten
Garzeit: 5 Minuten
Ruhen: 10 Minuten

70 g Sesampaste
½ TL Salz
100 g getrockneter Rettich
1 Frühlingszwiebel
4 EL helle chinesische Sojasauce
4 TL Sesamöl
400 g Jianshui-Mian-Nudeln
4 EL neutrales Speiseöl
4 TL Chiliöl (siehe Seite 307)

Die Sesampaste in einer Schüssel nach und nach mit 140 ml Wasser verrühren, bis die Masse die Konsistenz eines Crêpes-Teiges hat. Das Salz unterrühren.

Den getrockneten Rettich in 1 cm große Würfel schneiden. Die Frühlingszwiebeln in Ringe schneiden.
Die Sojasauce mit dem Sesamöl verrühren.

Die Nudeln nach der Anleitung auf Seite 26 garen. Abtropfen lassen und sofort das neutrale Öl untermischen. Die Nudeln rasch abkühlen lassen, am besten mit einem Fächer etwas nachhelfen (um den Prozess zu beschleunigen, können Sie die Nudeln auch kalt stellen). Dies lässt sich alles am Vorabend erledigen.

In einem Topf Wasser zum Kochen bringen und die Nudeln zum Erhitzen 5 Sekunden hineintauchen. Abtropfen lassen und sofort auf die Schalen verteilen. Die Sesamsauce und die Soja-Sesamöl-Mischung sowie die Rettichwürfel, die Frühlingszwiebeln und das Chiliöl hinzugeben. Alles vermengen und gleich genießen.

Margot: Der chinesische Name dieses Gerichts, »Regan Mian«, bedeutet wörtlich »heiße trockene Nudeln«. Zuerst wollte ich es genauso wiedergeben, doch übersetzt klingt es irgendwie merkwürdig. Darum habe ich es »Nudeln nach Art von Wuhan« getauft, denn in Wuhan, der Hauptstadt der Provinz Hubei, isst man diese Nudeln traditionell zum Frühstück.

十七岁老画翁

画家徐立铨的履历表……书画院浦东分院副院长，家一级美术师，中国美……员，上海市美术家协会……市政协特邀委员。他在……同龄人中，也是佼佼……

承海派艺术传统，为活……做点工作，是我的份内……铨如是说。担任上海书……院院长5年来，尽管分……编制的工作人员，上级……分钱的资金，徐立铨硬……的人脉和坚强的毅力，……界的支持，每年都要组……型书画展。

东出生的徐立铨，14岁……著名画家王个簃的高……领入门。他知道，艺术……有止境的，唯有突破前……走自己的路，才能画出……比。他师法自然，跋涉千……捉美的瞬间。在新疆吐……察过美玉葡萄；在内蒙……古，他惊喜地观察到多头向日葵；在西双版纳，他记录着奇花异草；上海植物园更是他经常写生收集素材的地方。他不满足自己的画"形似"，追求"超以像外"；体现立意高，墨彩足，气势足，富有境界时代感。徐立铨经常画牡丹、紫藤、莲荷、秋菊、石榴、向日葵、三角梅、木棉花……那都是喜气洋洋、欣欣向荣的美好景象。难能可贵的是，经过长期的探索，他掌握了用墨用色用水的诀窍，运笔随机中，画面呈现出墨色淋漓、灵动多姿的感觉，酣畅中透出清韵的风姿和飒爽之气。

近40年的学习……徐立铨深得吴派……意花卉，在笔……迈之气和……韵。早……有才……

国后首次大展，并出版《伏文彦书画集》，图录收集他1930—1940年代在上上海学艺时期画作20幅，1970—1980年代画作50幅，和1990年之后旧金山时期书画作品82幅，比较全面展示了伏老一生悠游书画的记录和探索。展览作品是75件，100岁高龄的侯北人先生题《风云一顾盼》，蕴含了伏老在汪亚尘"云隐楼"和张大千"大风堂"门下的难得经历。

伏文彦，字子美，1920年生……原籍河北任丘。父亲是……裕，1938年入……收读中……尘器……

照片，一张是黑白的，1946年大千居士布袍长髯，目如点漆，精光四射，照片边上是大千先生的手书"文彦贤弟存念"。另一张是大千居士和夫人徐雯波在台湾摩耶精舍赏梅的合影，边上也是大千先生的亲笔题跋。

伏先生语气细缓，唯独在提到大千先生的时候，每次都变得激动，在大千先生前面一定要加"我的老师"，不会有任何省略。在大风堂弟子中，他是最受大千先生器重的，可以在老师的内室细细观赏大千先生新得的重宝《韩熙载夜宴图》。"那天群客散毕，我的老师大千先生单独留我下来，带我去里边的小书房，展开《韩熙载夜宴图》让我仔细看，并特别点醒我，'你看画里边室的锦被是凌乱的，说明主人的不羁'"。1949年初，大千居士……时，特意把伏文彦和陈从……重地把"大风堂同门会"……"同门录"交给他们保……伏文彦被成"反革……藏品被劫掠，那方……门录，为了防止……了。每每想起……伏文彦说："我……张先生的入……风云楼"，有……云人物，叫……从汪老师……风堂'各……"

建华

■ 伏文彦《山水》

孟海

"天下第一社"之称的西……清末创社以来，荣辱沉……衰。尤其在经历了"文……沉寂后，于1979年12……杭州隆重召开了建社七……员大会，成为新时期下……常活动的标志。之后的……社在广大新老社员的共……从复苏迅速走向繁荣兴……键的领军人物，就是备……冷祭酒沙孟海。

……海（1900—1992），名文……沙邨，别署兰沙馆，若……江鄞县人。自幼即嗜刻……篆法。及长曾应邻村……有工具书可参考的情况……书写了一千余字的《李……无一舛讹，令人惊叹。

……年，意气风发的沙孟海……张美翊与冯师的推荐下，赴……谒赵叔孺、吴昌硕，并列其门墙，又虚心向名宿章太炎、马一浮、钱罕、张原炜等请教。因学问渊博，善于辞章翰墨，沙孟海曾先后担任南京中央大学与国民政府教育部、交通部、浙江省政府等机构秘书。建国后在浙江省博物馆、浙江美术学院等从事文博考古研究和书学教育工作。至1979年，寿登大耋的沙孟海实至名归，被公推为西泠印社社长。并在1981年中国书法家协会第一次全国代表大会上出任副主席，走向了其艺术事业的顶峰。

沙孟海治学严谨，早年即以创作、学术双栖的形象跻身于印坛。《印学史》一书，全面系统地论述了我国印章发展史，包括历代印章制度与著名篆刻流派、名家等，集其……十年代末，他与陆维钊联袂，领风气之先，在浙江美术学院首招书法篆刻专业硕士研究生，构建起当代高等院校书法篆刻艺术尖端人才教育的机制，为现代浙江乃至全国书坛，造就、输送了一支骨干队伍。

……会上……"印石"与"篆……剥离，进一步确……者的独立艺术与学术价值，也彰显出沙孟海作为一代学术泰斗的胆识与睿智。

沙孟海不仅淹博精鉴，著述宏富，道德文章，为人师表，还擅长四体书。晚年尤以行草书和气势如虹的擘窠榜书称雄书坛。篆刻创作不囿于赵、吴二师，上溯金文、古玺，博涉两汉官私印与封泥，间师皖派与赵之谦，取法多样，卓尔不群。赵、吴二师对其早年印作赞赏有加，缶翁题画诗称其："浙人不学赵㧑叔……

岁后治印较罕，又自谦为"才短手蒙，所就殆无全称。七十以后病翳不任琢画，秀而不实，每愧虚名。"其印名不免为书名掩盖，但沙孟海生前曾提出要将西泠印社建设成"国际印学研究中心"的宏伟目标已成为当今印社同人为之奋斗的动力。

韩天衡 张炜羽

■ 沙孟海"无限风在险峰"

GESCHNIPPELTE MIAN MIT TOMATEN

剪刀面

FÜR 2 PERSONEN
Vorbereitung: 10 Minuten
Garzeit: 15 Minuten

500 g Tomaten
1 Frühlingszwiebel
2 Eier
2 EL neutrales Speiseöl
2 EL helle chinesische Sojasauce
1 TL Zucker
½ TL Salz
½ TL frisch gemahlener weißer Pfeffer
1 TL Sesamöl
250 g Geschnippelte Mian (siehe Seite 36)

Die Tomaten vierteln, die Frühlingszwiebel in Ringe schneiden, die Eier verschlagen.

In einem Wok 1 EL Öl kräftig erhitzen und die Eier darin unter Rühren garen. Herausnehmen und beiseitestellen. Den zweiten EL Öl erhitzen, Tomaten und Frühlingszwiebel darin 2 Minuten anschwitzen. Die Sojasauce unterrühren und alles garen, bis die Tomaten fast zerfallen sind. Das Rührei wieder zugeben und mit dem Zucker, Salz und Pfeffer und dem Sesamöl würzen. Warm stellen.

In einem Topf 1,5 l Wasser zum Kochen bringen und die Nudeln darin etwa 3 Minuten garen. Abtropfen lassen, mit der Sauce vermengen und servieren.

MIAN MIT TOMATEN

番茄蛋面

FÜR 2 PERSONEN
Vorbereitung: 10 Minuten
Garzeit: 15 Minuten

500 g Tomaten
1 Frühlingszwiebel
2 Eier
2 EL neutrales Speiseöl
2 EL helle chinesische Sojasauce
1 TL Zucker
½ TL Salz
½ TL frisch gemahlener weißer Pfeffer
1 TL Sesamöl
250 g Mian-Biang-Biang-Nudeln (siehe Seite 32)

Die Sauce wie für Geschnippelte Mian (Seite 164) zubereiten.

Die Nudeln in kochendem Wasser 1–2 Minuten garen. Unter kaltem Wasser abschrecken und abtropfen lassen. Auf Tellern anrichten, die Tomaten-Eier-Sauce darübergeben und vor dem Genießen vermengen.

Gut zu wissen: Für dieses Rezept können Sie die Nudeln selbst zubereiten oder auf andere chinesische Nudelsorten aus dem Handel zurückgreifen. In China gibt es weder für die Wahl der Nudeln noch für die Garnitur verbindliche Regeln. Erlaubt ist, was gefällt.

MIAN MIT DALU-SAUCE

打卤面

FÜR 4 PERSONEN
Vorbereitung: 15 Minuten
Einweichen: 30 Minuten
Garzeit: 30 Minuten

30 g getrocknete Shiitake-Pilze
15 g Mu-Err-Pilze (Judasohren)
60 g getrocknete Tigerlilien-Blütenknospen
40 g Kartoffelstärke
3 EL neutrales Speiseöl
5 g Ingwer, ungeschält gehackt
1 Frühlingszwiebel, gehackt
50 g Schweinefilet, in feine Scheiben geschnitten
2 EL Shaoxing-Wein
1 EL dunkle chinesische Sojasauce
1 EL helle chinesische Sojasauce
1 TL Salz
3 Eier, verschlagen
5 g Sichuan-Pfeffer
400 g Qie-Mian- oder Lamian-Nudeln (siehe Seite 34)

Die Shiitake, die Mu-Err-Pilze und die Blütenknospen getrennt 30 Minuten in 90 °C heißem Wasser einweichen.

Von dem Einweichwasser der Shiitake 600 ml durch ein Sieb passieren und beiseitestellen. Die Kartoffelstärke in 200 ml kaltem Wasser auflösen. Die Shiitake- und Mu-Err-Pilze abbrausen und in 3 cm große Stücke schneiden.

In einem Topf 1 EL Öl kräftig erhitzen. Den Ingwer und die Frühlingszwiebel 30 Sekunden anschwitzen. Das Schweinefilet zugeben und 1 Minute bräunen. Shiitake, Mu-Err-Pilze und die Blütenknospen unterrühren und mit dem Shaoxing ablöschen. Mit den Sojasaucen würzen und das Shiitake-Wasser zugießen. Die Hitze auf maximale Stufe erhöhen, 1 l kochendes Wasser zugießen und alles zum Kochen bringen.

Die Hitze wieder etwas reduzieren, die Sauce salzen und zugedeckt 20 Minuten köcheln lassen. Nun wieder bei maximaler Hitze die aufgelöste Stärke zugeben und ständig umrühren, bis die Sauce sämig dick wird. Die Hitze erneut reduzieren und nach und nach ohne zu rühren das verschlagene Ei hineingießen. Den Herd ausschalten und den Deckel auflegen.

In einem kleinen Topf die restlichen 2 EL Öl kräftig erhitzen, den Sichuan-Pfeffer darin 30 Sekunden rösten und sofort über die Sauce gießen.

Die Nudeln nach der Anleitung auf Seite 26 in kochendem Wasser garen. Die Schalen bis zur Hälfte mit Nudeln füllen und die gleiche Menge Sauce darüberschöpfen.

星光閃爍美饌
的創辦人Chef
，不斷有新嘗
蝦寶寶走親民
CHEZ ED主打
賣相注入新元
便花兩日時間
梁廚」的精神。
部分圖片：黃幹文
味
一時間想起他的私房
基和宋慧喬訪港，
ddy的叫座力，怪不
曾志偉等已是座上
立於銅鑼灣，CHEZ
「Reborn of Poison
不少以慢煮方式炮
ing Menu，餐牌每
，Chef Eddy為其
Tartare, Aloe Vera,
變奏版，以海膽殼盛
，更感鮮美！
ato and Pigeon
法式清湯便用兩天
香草熬煮一天再冷
雜菜等再煮，最後
難怪Chef Eddy指：
清湯入口鮮甜，令
蝦濃湯烹煮意大利
蝦肉刺身以飯熱力
Parmesan芝士，味
●餐廳設有半露天私人廂房，能遠眺馬場美景。前為 Lobster Risotto, Baby Spinach, Aged Parmesan，味道鹹香細膩。
Seafo
貨的多國海
更可直眺維
廳推出周日
Sturgeon
小蔥鮮奶油
地區的新鮮
鱘魚薄片、
撻、花生醬
果等甜品拼
此外，
有現場 DJ
氣球送給小
定的即場繪
食客有機會
吞拿魚或三
●自助餐
三文魚刺身

MIAN NACH ART VON CHONGQING
重庆小面

GESCHABTE MIAN MIT GEMÜSE

刀削面

MIAN NACH ART VON CHONGQING

重庆小面

FÜR 4 PERSONEN

Vorbereitung: 15 Minuten
Ziehen: 10 Minuten
Garzeit: 5 Minuten

4 Knoblauchzehen, geschält
10 g Ingwer
50 g Erdnusskerne
2 Frühlingszwiebeln
40 g Sesampaste
400 ml Chinesische Hühnerbrühe (siehe Seite 294)
4 EL helle chinesische Sojasauce
4 EL dunkle chinesische Sojasauce
4 EL Chiliöl (siehe Seite 307)
4 TL gemahlener Sichuan-Pfeffer
40 g Sesampaste
½ TL Salz
4 TL Schweineschmalz (oder Sesamöl)
300 g Longxu-Mian-Nudeln
8 Spinatblätter
2 TL weiße Sesamsamen

Den Knoblauch und den ungeschälten Ingwer grob hacken, mit 50 ml kaltem Wasser verrühren und 10 Minuten ziehen lassen. Anschließend in ein Sieb abgießen und das Wasser auffangen.

Die Erdnusskerne in einer Pfanne bei mittlerer Hitze 4–5 Minuten rösten, abkühlen lassen und grob hacken. Die Frühlingszwiebeln in Ringe schneiden. Die Sesampaste mit 50 ml kaltem Wasser verrühren.

Die Hühnerbrühe erhitzen und mit den Sojasaucen, dem Chiliöl, dem Sichuan-Pfeffer, der Sesampaste, dem Knoblauch-Ingwer-Wasser und dem Salz verrühren. In die Schalen schöpfen und das Schmalz hineingeben.

Die Nudeln nach der Anleitung auf Seite 26 garen, unter kaltem Wasser abschrecken und abtropfen lassen.
Den Spinat in kochendem Wasser 20 Sekunden blanchieren und abtropfen lassen.

Die Nudeln auf die Schalen verteilen, den Spinat hinzugeben und mit den Frühlingszwiebeln, den Erdnüssen und dem Sesam bestreuen. Sofort servieren.

Gut zu wissen: Dieses typische Streetfood aus Sichuan isst man in kleinen Portionen zum Frühstück oder als Snack zwischendurch.

GESCHABTE MIAN MIT GEMÜSE
刀削面

FÜR 2 PERSONEN
Vorbereitung: 15 Minuten
Garzeit: 5 Minuten

4 EL helle chinesische Sojasauce
4 EL Chiliöl (siehe Seite 307)
1 TL Sesamöl
1 TL Zucker
80 g Möhren
50 g Erbsen
250 g Geschabte Mian (siehe Seite 35)
4 EL helle chinesische Sojasauce

Die Sojasauce in einer Schale mit dem Chiliöl, dem Sesamöl, dem Zucker und 150 ml Wasser verrühren.

Die Möhren in 1 cm große Würfel schneiden und mit den Erbsen 30 Sekunden in kochendem Wasser blanchieren. Abtropfen lassen.

Die geschabten Mian in kochendem Wasser 2–3 Minuten garen. Kalt abschrecken, abtropfen lassen und mit den Möhren und Erbsen vermengen. Mit der Sauce übergießen und servieren.

Margot: Geschabte Mian, »Dao Xiao Mian« auf Chinesisch – gewissermaßen die chinesischen Spätzle –, sind eine Spezialität aus Shanxi, man kennt sie aber in ganz China. Sie lassen sich in der Pfanne zubereiten, als Suppeneinlage verwenden oder mit einer Sauce servieren, ganz nach persönlichem Geschmack. Wenn ich einen Anfall von Bequemlichkeit habe, kaufe ich sie in getrockneter Form oder nehme einfach eine andere Nudelsorte.

MIAN DANDAN

担担面

FÜR 4 PERSONEN
Vorbereitung: 20 Minuten
Garzeit: 15 Minuten

2 Frühlingszwiebeln
4 TL Sesamöl
4 TL Sichuan-Pfeffer-Öl
(siehe Seite 307)
4 TL dunkle chinesische Sojasauce
½ TL Salz
3 Knoblauchzehen, geschält
10 g Ingwer
80 g Tsa Tsai (eingelegter Senf)
3 EL neutrales Speiseöl
100 g Schweinehack
1 EL helle chinesische Sojasauce
1 EL Shaoxing-Wein
200 g Gan-Qie-Mian-Nudeln
4 TL Chiliöl (siehe Seite 307)

Eine Frühlingszwiebel hacken und mit dem Sesamöl, dem Sichuan-Pfeffer-Öl, der dunklen Sojasauce und dem Salz verrühren. Die Sauce auf die Schalen verteilen.

Den Knoblauch und den ungeschälten Ingwer hacken, die zweite Frühlingszwiebel in Ringe schneiden. Das Tsa Tsai in 5 mm schmale Streifen schneiden.

Das Öl in einem Wok bei mittlerer Temperatur erhitzen und den Knoblauch, die Frühlingszwiebel und den Ingwer 1 Minute anschwitzen. Das Schweinehack zugeben und weitere 2 Minuten unter Rühren anbraten. Die helle Sojasauce, den Shaoxing-Wein und das Tsa Tsai unterrühren und noch 1 Minute weitergaren. Warm stellen.

Die Nudeln nach der Anleitung auf Seite 26 garen, abtropfen lassen und auf die Schalen verteilen.
Pro Schale ein Viertel der Hackmasse und 1 TL Chiliöl zugeben, sofort untermengen und genießen.

Gut zu wissen: Dies ist ein traditioneller Snack, den man in kleinen Portionen genießt. Für eine ausgewachsene Mahlzeit sollte man weitere Speisen dazu einplanen.

画家徐立铨的履历表
海书画院浦东分院院长
家一级美术师、中国美
员、上海市美术家协会
市政协特邀委员。他的
同龄人中，也是佼佼

承海派艺术传统，为活
做点工作，是我的份内
铨如是说。担任上海书
院院长5年来，尽管分
编制的工作人员，上级
分钱的资金，徐立铨硬
的人脉和坚强的毅力，
界的支持，每年都要组
型书画展。

东出生的徐立铨，14岁
著名画家王个簃的高
领入门。他知道，艺术
有止境的，唯有突破前
走自己的路，才能画出
比，他师法自然，跋涉千
捉美的瞬间。在新疆吐
察过美玉葡萄；在内蒙

古，他惊喜地观察到多头向日葵；在西双版纳，他记录着奇花异草；上海植物园更是他经常写生收集素材的地方。他不满足自己的画"形似"，追求"超以像外"；体现立意高，墨彩足，气势足，富有境界时代感。徐立铨经常画牡丹、紫藤、莲荷、秋菊、石榴、向日葵、三角梅、木棉花……那都是喜气洋洋、欣欣向荣的美好景象。难能可贵的是，经过长期的探索，他掌握了用墨用色用水的诀窍，运笔随机中，画面呈现出墨色淋漓、灵动多姿的感觉，酣畅中透出清韵的风姿和飒爽气。

近40年的学习
徐立铨深得吴
意花卉，在
迈之气
韵。
有

十七岁老画翁

国后首次大展，并出版《伏文彦书画集》，图录收集他1930-1940年代在上上海学艺时期画作20幅，1970-1980年代画作50幅，和1990年之后旧金山时期书画作品82幅，比较全面展示了伏老一生悠游书画的记录和探索。展览作品是75件，100岁高龄的侯北人先生题《风云一顾盼》，蕴含了伏老在汪亚尘"云隐楼"和张大千"大风堂"门下的难得经历。

伏文彦，字子美，1920年生
原籍河北任丘。父亲是
裕，1938年入
攻读中
亚尘器

照片，一张是黑白的，1946年大千居士布袍长髯，目如点漆，精光四射，照片边上是大千先生的手书"文彦贤弟存念"。另一张是大千居士和夫人徐雯波在台湾摩耶精舍赏梅的合影，边上也是大千先生的亲笔题跋。

伏先生语气细缓，唯独在提到大千先生的时候，每次都变得激动，在大千先生前面一定要加"我的老师"，不会有任何省略。在大风堂弟子中，他是最受大千先生器重的，可以在老师的内室细细观赏大千先生新得的重宝《韩熙载夜宴图》。"那天群客散毕，我的老师大千先生单独留我下来，带我去里边的小书房，展开《韩熙载夜宴图》让我仔细看，并特别点醒我，'你看画里边室的锦被是凌乱的，说明主人的不羁'"。1949年初，大千居士海时，特意把伏文彦和陈从重地把"大风堂同门会"堂同门录"交给他们保，伏文彦被成"反革藏品被劫掠，那方同门录，为了防止掉了。每每想起，伏文彦说："我和张先生的人'风云楼'，有风云人物，叫是从汪老师大风堂'各念。"

建华

■ 伏文彦《山水》

孟海

天下第一社"之称的西
清末创社以来，荣辱沉
衰。尤其在经历了"文
流寂后，于1979年12
杭州隆重召开了建社七
社员大会，成为新时期下
常活动的标志。之后的
社在广大新老社员的共
从复苏迅速走向繁荣兴
键的领军人物，就是备
泠祭酒沙孟海。
(1900—1992)，名文
沙邨，别署兰沙馆、若
江鄞县人。自幼即嗜刻
书篆法。及长曾应邻村
有工具书可参考的情况
书写了一千余字的《李
无一舛讹，令人惊叹。
雷同游著名学者冯君

年，意气风发的沙孟海在
张美翊与冯师的推荐下，赴上海
谒赵叔儒、吴昌硕，并列其门墙，又虚心向名宿章太炎、马一浮、钱罕、张原炜等请教。因学问渊博，善于辞章翰墨，沙孟海曾先后担任南京中央大学与国民政府教育部、交通部、浙江省政府等机构秘书。建国后在浙江省博物馆、浙江美术学院等从事文博考古研究和书学教育工作。至1979年，寿登大耋的沙孟海实至名归，被公推为西泠印社社长，并在1981年中国书法家协会第一次全国代表大会上出任副主席，走向了其艺术事业的顶峰。

人才培养的
十年代末，他与陆维钊联袂，领风气之先，在浙江美术学院首招书法篆刻专业硕士研究生，构建起当代高等院校书法篆刻艺术尖端人才教育的机制，为现代浙江乃至全国书坛，造就、输送了一支骨干队伍。

沙孟海治学严谨，早年即以创作、学术双栖的形象跻身于印坛。《印学史》一书，全面系统地论述了我国印章发展史，包括历代印章制度与著名篆刻流派、名家等，集其

大会上，
的"金石"与"篆
行梳理、剥离，进一步确立了印学的独立艺术与学术价值，也彰显出沙孟海作为一代学术泰斗的胆识与睿智。

沙孟海不仅淹博精鉴，著述宏富，道德文章，为人师表，还擅长四体书。晚年尤以行草书和气势如虹的擘窠榜书称雄书坛。篆刻创作不囿于赵、吴二师，上溯金文、古玺，博涉两汉官私印与封泥，间师皖派与赵之谦，取法多样，卓尔不群。赵、吴二师对其早年印作赞赏有加，缶翁题诗称其："浙人不学赵搁

岁后治印较罕，又自谦为"才短手蒙，所就殆无全称。七十以后病翳，不任琢画，秀而不实，每愧虚名。"其印名不免为书名掩盖，但沙孟海生前曾提出要将西泠印社建设成"国际印学研究中心"的宏伟目标，已成为当今印社同人为之奋斗的动力。

韩天衡 张炜羽

■ 沙孟海「无限风在险峰」

MIAN MIT ZHAJIANG-SAUCE

炸酱面

FÜR 4 PERSONEN
Vorbereitung: 20 Minuten
Garzeit: 15 Minuten

100 g Dajiang (chinesische Gewürzpaste)
10 g Ingwer
1 Frühlingszwiebel
4 EL neutrales Speiseöl
100 g Schweinehack
2 EL Shaoxing-Wein
1 TL Sichuan-Pfeffer
2 gestrichene TL Zucker
2 Möhren
2 Minigurken
300 g Chinakohlherzen
100 g Edamame
100 g Stangensellerie
100 g Mungbohnensprossen
400 g Gan-Qie-Mian-Nudeln

Die Dajiang-Paste mit 250 ml Wasser verrühren. Den ungeschälten Ingwer und die Frühlingszwiebel fein hacken.

Das Öl in einem kleinen Topf bei hoher Temperatur erhitzen und den Ingwer unter Rühren 30 Sekunden anschwitzen. Hackfleisch und Frühlingszwiebeln zugeben und 2 Minuten unter ständigem Rühren bräunen. Den Shaoxing-Wein zugießen. Zum Kochen bringen, die aufgelöste Dajiang-Paste dazugeben und 8 Minuten köcheln lassen. Regelmäßig umrühren.

Den Sichuan-Pfeffer und den Zucker unterrühren und alles weitere 2 Minuten garen, bis sich das Dajiang und das Öl voneinander getrennt haben. Warm stellen.

Die Möhren schälen und mit den Gurken und dem Chinakohl in feine Streifen schneiden. Die Edamame-Bohnen enthülsen. Den Sellerie in feine Würfel schneiden.
Den Sellerie, die Mungbohnensprossen und den Kohl nacheinander 30 Sekunden in kochendem Wasser blanchieren.

Die Nudeln nach der Anleitung auf Seite 26 garen. Abtropfen lassen und auf die Schalen verteilen.
Pro Schale 1–2 EL der heißen Sauce über die Nudeln geben und das Gemüse hinzufügen. Alles vermengen und sofort genießen.

Gut zu wissen: Man kann diese Nudeln auch kalt genießen. In diesem Fall schreckt man sie unter fließendem kaltem Wasser ab und lässt sie gut abtropfen.

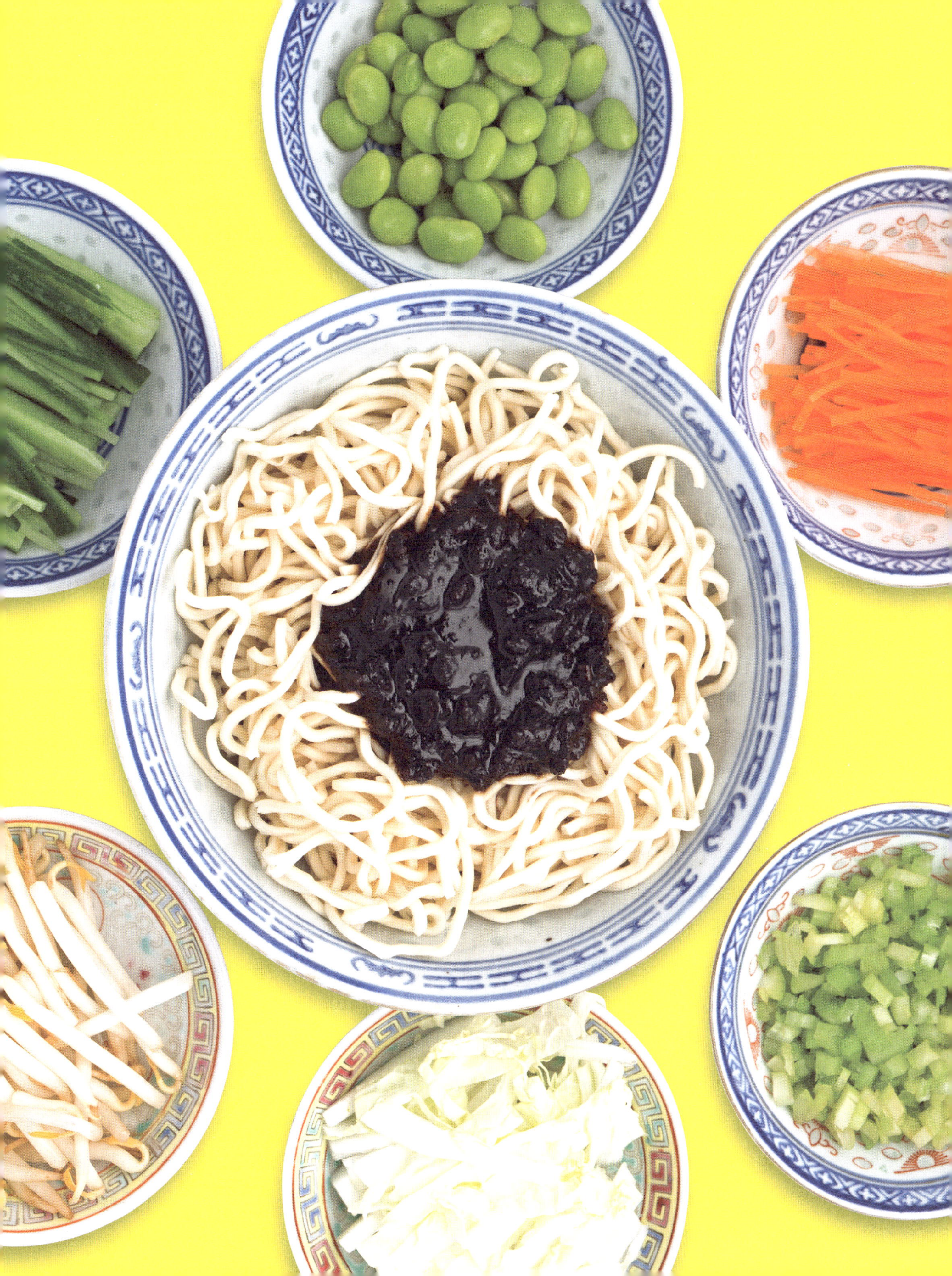

HU TIEU OHNE BRÜHE

HỦ TIẾU KHÔ

FÜR 6 PERSONEN
Vorbereitung: 1 Stunde 15 Minuten
Garzeit: 3 Stunden

Zutaten wie für Hu Tieu mit Schweinefleisch und Garnelen nach Art von Saigon (siehe Rezept Seite 132)

FÜR DIE SAUCE
4 TL frittierter gehackter Knoblauch
2 EL Knoblauchöl vom Frittieren
4 EL helle chinesische Sojasauce
1 EL schwarzer chinesischer Reisessig
½ EL Zucker

Wie in dem Rezept für »Hu Tieu nach Art von Saigon« vorgehen (siehe Seite 132), jedoch die Wachteleier weglassen. Sämtliche Zutaten für die Sauce miteinander verrühren und unter die Nudeln mengen. Die Mungbohnensprossen 10 Sekunden in kochendem Wasser blanchieren.

Die Mungbohnensprossen auf die Schalen verteilen und die Nudeln samt ihrer Sauce darauf anrichten. Die Schweinefleischscheiben, das Hackfleisch und die gegarten Garnelen auf den Nudeln arrangieren und mit Röstzwiebeln, Frühlingszwiebeln und Chiliringen garnieren.
Optional können Sie dazu Extraschalen heiße Brühe mit Frühlingszwiebeln und frittiertem Knoblauch servieren.

Gut zu wissen: Nicht dass die Fans von »Hu Tieu ohne Brühe« auf ihre Brühe verzichten würden, sie wird einer separaten Schale gereicht. Dazu bestellen sie immer eine Portion Xí Quách (Schweineknochen mit Fleisch, die stundenlang in der Brühe verbracht haben) und angeln darin mit ihren Essstäbchen nach den butterweichen aromatischen Fleischstückchen.

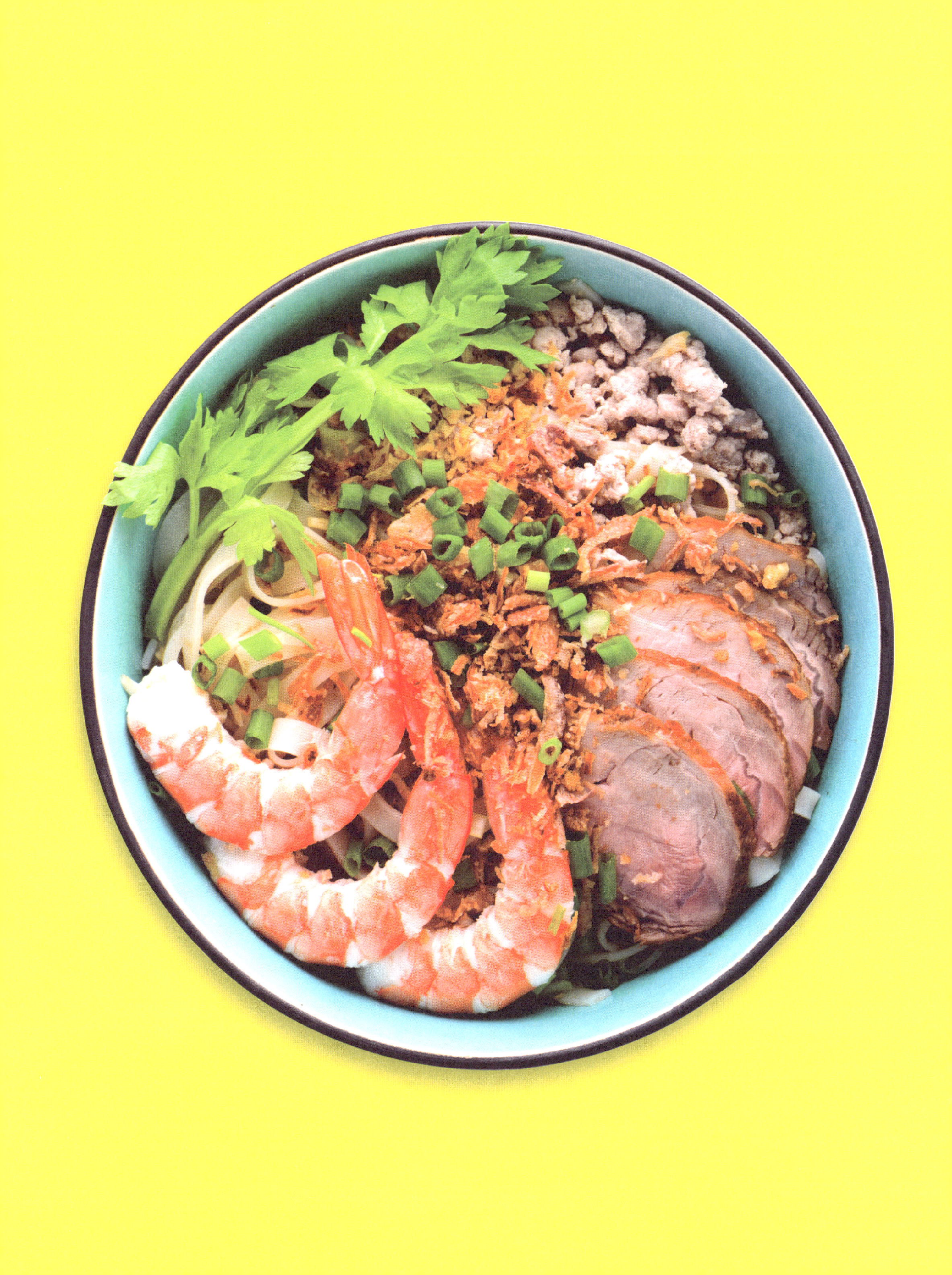

BÒ BÚN

FÜR 4 PERSONEN

Vorbereitung: 1 Stunde
Marinieren: 30 Minuten
Garzeit: 18 Minuten

600 g Rindfleisch (Roastbeef, Hüfte oder Filet)
3 Knoblauchzehen, geschält
3 Stängel Zitronengras
3 EL Nuoc-Mam
1 ½ EL brauner Zucker
½ TL frisch gemahlener weißer Pfeffer
2 EL + 3 EL neutrales Speiseöl
320 g Bun-Nudeln
1 große oder 3 kleine Zwiebeln

GARNITUR

120 g Süßsauer eingelegte Möhren (siehe Seite 304)
1 Salatgurke
8 Salatblätter
je 8 Blätter Minze, Rau Ram (oder Koriandergrün) und Shiso
4 EL geröstete Erdnusskerne
4 EL Asia-Röstzwiebeln
8 EL Nuoc-Mam-Sauce für Salat (siehe Seite 311)

Das Rindfleisch in dünne Scheibchen schneiden. Den Knoblauch und das Zitronengras fein hacken. Das Fleisch mit Knoblauch, Zitronengras, Nuoc-Mam, Zucker und Pfeffer vermengen und 30 Minuten im Kühlschrank marinieren. Anschließend 2 EL Öl untermischen.

Die Süßsauer eingelegten Möhren zubereiten. Die Gurke in dünne Streifen schneiden, die Salatblätter und die Kräuter ebenfalls in Streifen schneiden. Die Erdnusskerne grob hacken.

Die Bun-Nudeln in kochendem Wasser bei mittlerer Hitze 8 Minuten garen. Unter kaltem Wasser abschrecken und abtropfen lassen. Die Zutaten in folgender Reihenfolge in Schalen anrichten: Salat, Nudeln, Möhren, Gurkenstreifen und zuletzt die Kräuter.

Die Zwiebel(n) in dicke Streifen schneiden. In einer Pfanne 3 EL Öl kräftig erhitzen, zuerst die Zwiebeln anschwitzen, dann das Rindfleisch zugeben und rundherum 5 Minuten braten.

Fleisch und Zwiebeln in den Schalen anrichten und mit den Erdnusskernen und den Röstzwiebeln bestreuen. Mit je 2 EL Nuoc-Mam-Sauce überziehen und sofort servieren.

Minh-Tâm: Dieses in den vietnamesischen Restaurants des Westens unausweichliche Gericht wird oft mit Nems (Frühlingsrollen) serviert, was in Vietnam nicht unbedingt üblich ist. In Vietnam, wo Rindfleisch teuer ist, wird das Bo Bun meist von Bun mit Schweinefleisch und Zitronengras vertreten (siehe folgende Seiten).

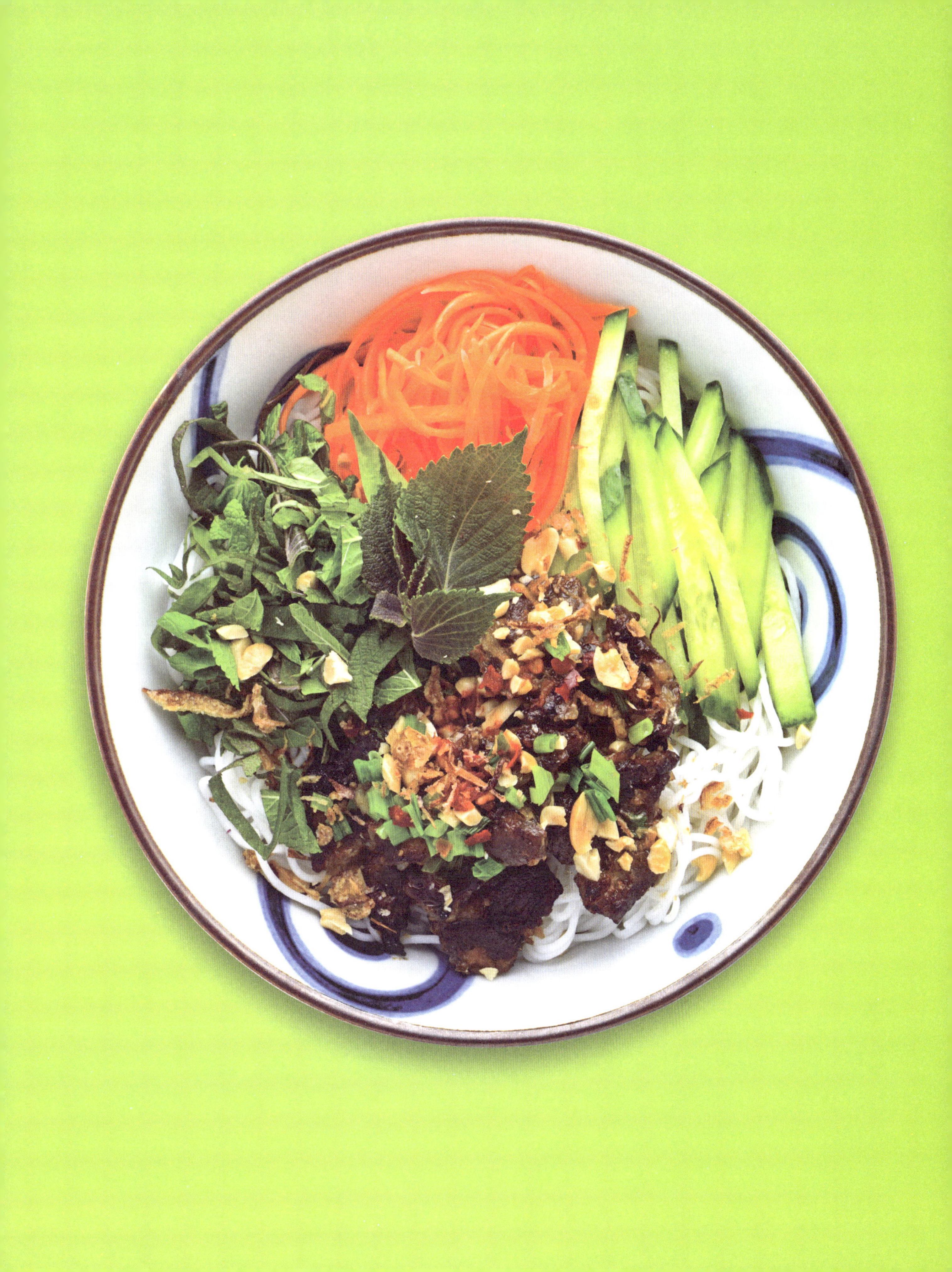

BUN MIT SCHWEINEFLEISCH UND ZITRONENGRAS

BÚN THỊT NƯỚNG

BUN MIT HUHN UND ZITRONENGRAS

BÚN GÀ NƯỚNG SẢ

BUN MIT SCHWEINEFLEISCH UND ZITRONENGRAS

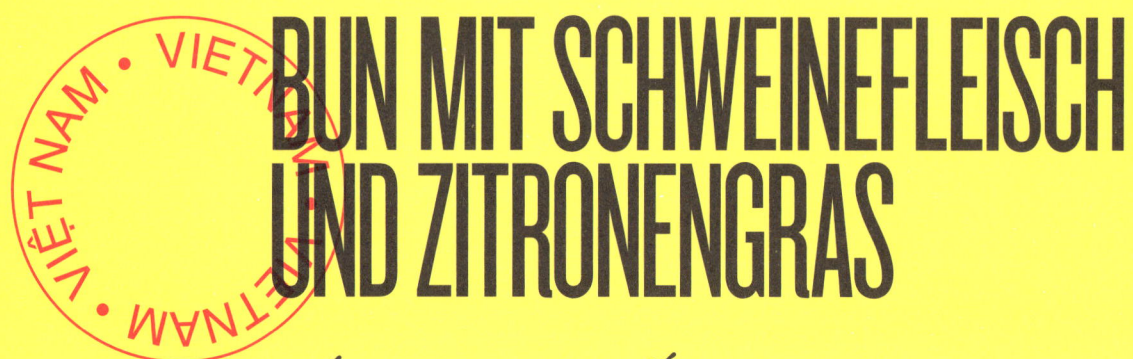

BÚN THỊT NƯỚNG

FÜR 4 PERSONEN

Vorbereitung: 1 Stunde
Marinieren: 1 Stunde
Garzeit: 15 Minuten

600 g Schweinefleisch (Nacken)
2 Knoblauchzehen
1 Schalotte
4 Frühlingszwiebeln, nur der weiße Teil
3 Stängel Zitronengras
3 EL Nuoc-Mam
1 EL dunkle chinesische Sojasauce
1 EL brauner Zucker
1 EL flüssiger Honig
1 EL weißer chinesischer Reisessig
½ TL frisch gemahlener weißer Pfeffer
4 EL neutrales Speiseöl
320 g Bun-Nudeln
4 EL Vietnamesische Frühlingszwiebeln in Öl (siehe Seite 306)

GARNITUR
Wie für Bo Bun (siehe Seite 178)

Das Schweinefleisch in dünne Scheibchen schneiden. Den Knoblauch und die Schalotte schälen und fein hacken. Frühlingszwiebeln und Zitronengras ebenfalls hacken. Alles mit dem Schweinefleisch sowie Nuoc-Mam, Sojasauce, Zucker, Honig, Reisessig und weißem Pfeffer vermengen und 1 Stunde marinieren. Anschließend 2 EL Öl untermischen.

Die Süßsauer eingelegten Möhren zubereiten (siehe Seite 304). Die Gurke in dünne Streifen schneiden, die Salatblätter und die Kräuter ebenfalls in Streifen schneiden. Die Erdnusskerne grob hacken.

Die Bun-Nudeln in kochendem Wasser bei mittlerer Hitze 8 Minuten garen. Unter kaltem Wasser abschrecken und abtropfen lassen. Die Zutaten in folgender Reihenfolge in Schalen anrichten: Salat, Nudeln, Möhren, Gurkenstreifen und zuletzt die Kräuter.

Das Fleisch auf Spieße stecken und entweder auf dem Grill oder im 240 °C heißen Backofen 10–15 Minuten grillen, bis es kräftig gebräunt ist. In den Schalen anrichten und mit den Frühlingszwiebeln in Öl und den Erdnüssen garnieren. Mit je 2 EL Nuoc-Mam-Sauce überziehen und sofort servieren.

Minh-Tâm: Im Süden und in der Landesmitte zählt dies zu den beliebtesten vietnamesischen Streetfood-Gerichten. Das Fleisch wird traditionell auf dem Grill zubereitet, Öfen sind bei uns rar! Die Rezepte für Süßsauer eingelegte Möhren, Frühlingszwiebeln in Öl und Nuoc-Mam-Salatsauce finden Sie im hinteren Teil des Buches.

BUN MIT HUHN UND ZITRONENGRAS

BÚN GÀ NƯỚNG SẢ

FÜR 4 PERSONEN
Vorbereitung: 1 Stunde
Marinieren: 1 Stunde
Garzeit: 15 Minuten

4 Hähnchenkeulen
2 Knoblauchzehen
1 Schalotte
3 Stängel Zitronengras
2 EL Nuoc-Mam
1 EL helle chinesische Sojasauce
1 EL brauner Zucker
1 EL flüssiger Honig
1 EL weißer chinesischer Reisessig
½ TL frisch gemahlener weißer Pfeffer
4 EL neutrales Speiseöl
1 EL frisch gepresster Zitronensaft

GARNITUR
Wie für Bo Bun (siehe Seite 178)

Die Hähnchenkeulen auslösen (oder Sie bitten Ihren Geflügelhändler um Hilfe). Den Knoblauch und die Schalotte schälen, mit dem Zitronengras fein hacken und mit Nuoc-Mam, Sojasauce, Zucker, Honig, Reisessig und weißem Pfeffer vermengen. Das Hähnchenfleisch in die Mischung einlegen und mindestens 1 Stunde marinieren. Anschließend 2 EL Öl untermischen.

Die Süßsauer eingelegten Möhren zubereiten (siehe Seite 304). Die Gurke in dünne Streifen schneiden, die Salatblätter und die Kräuter ebenfalls in Streifen schneiden. Die Erdnusskerne grob hacken.

Die Bun-Nudeln in kochendem Wasser bei mittlerer Hitze 8 Minuten garen. Unter kaltem Wasser abschrecken und abtropfen lassen. Die Zutaten in folgender Reihenfolge in Schalen anrichten: Salat, Nudeln, Möhren, Gurkenstreifen und zuletzt die Kräuter.

In einer Pfanne 2 EL Öl kräftig erhitzen, die Hähnchenstücke mit dem Zitronensaft hineingeben und 15 Minuten braten, bis sie rundherum goldbraun und durchgegart sind. Das Fleisch in Scheiben schneiden und in den Schalen anrichten. Mit den Erdnüssen und den Röstzwiebeln bestreuen, mit je 2 EL Nuoc-Mam-Salatsauce überziehen und sofort servieren.

BUN MIT FISCH, KURKUMA UND DILL

BÚN KIỀU CHẢ CÁ LÃ VỌNG

FÜR 4 PERSONEN
Vorbereitung: 30 Minuten
Marinieren: 1 Stunde
Garzeit: 10 Minuten

1 TL gemahlene Kurkuma
3 EL heller chinesischer Reisessig
1 EL Nuoc-Mam
1 EL Mam Tom (Garnelenpaste)
1 EL brauner Zucker
100 g Galgant oder Ingwer, geschält und fein gehackt
1 Zwiebel, geschält und fein gehackt
800 g festfleischiges Fischfilet
10 Frühlingszwiebeln
4 Stängel Dill
4 Stängel Minze
8 Salatblätter
320 g Bun-Nudeln
100 g Erdnusskerne (möglichst ungesalzen)
4 EL Erdnussöl
250 ml Mam-Tom-Sauce (siehe Seite 310)
1 frische Chilischote, in Ringe geschnitten (nach Belieben)

Kurkuma, Reisessig, Nuoc-Mam, Mam Tom, Zucker, Galgant oder Ingwer und die Zwiebel verrühren. Das Fischfilet in mundgerechte Stücke schneiden, darin einlegen und mindestens 1 Stunde im Kühlschrank marinieren.

Den grünen Teil der Frühlingszwiebeln in 4 cm lange Stücke schneiden, den weißen Teil der Stangen hacken. Die Dillstängel in 4 cm lange Stücke schneiden, einige Dillspitzen für Garniturzwecke zurücklegen. Die Minze abzupfen und hacken, die Salatblätter in Streifen schneiden.

Die Nudeln 8 Minuten in kochendem Wasser garen. Unter kaltem Wasser abschrecken und abtropfen lassen.

Die Erdnusskerne in einer Pfanne rösten.
Das Öl in einer Pfanne erhitzen und die Fischstücke darin rundherum Farbe annehmen lassen. Die Frühlingszwiebeln (grünen und weißen Teil), die Minze und den Dill dazugeben und weitere 5 Minuten garen. Zuerst die Salatstreifen, dann die Nudeln auf große Schalen verteilen und einige Stücke Fisch samt Frühlingszwiebeln und Kräutern darauf anrichten. Mit den gerösteten Erdnüssen bestreuen und mit dem restlichen Dill garnieren. Mit je 1 EL Mam-Tom-Sauce überziehen und servieren.

Gut zu wissen: Cha Ca La Wong ist in Hanoi äußerst beliebt. Der Fisch wird am Tisch zubereitet und serviert. Dies ist eine auf »Einzelportionen« umgestellte Version.

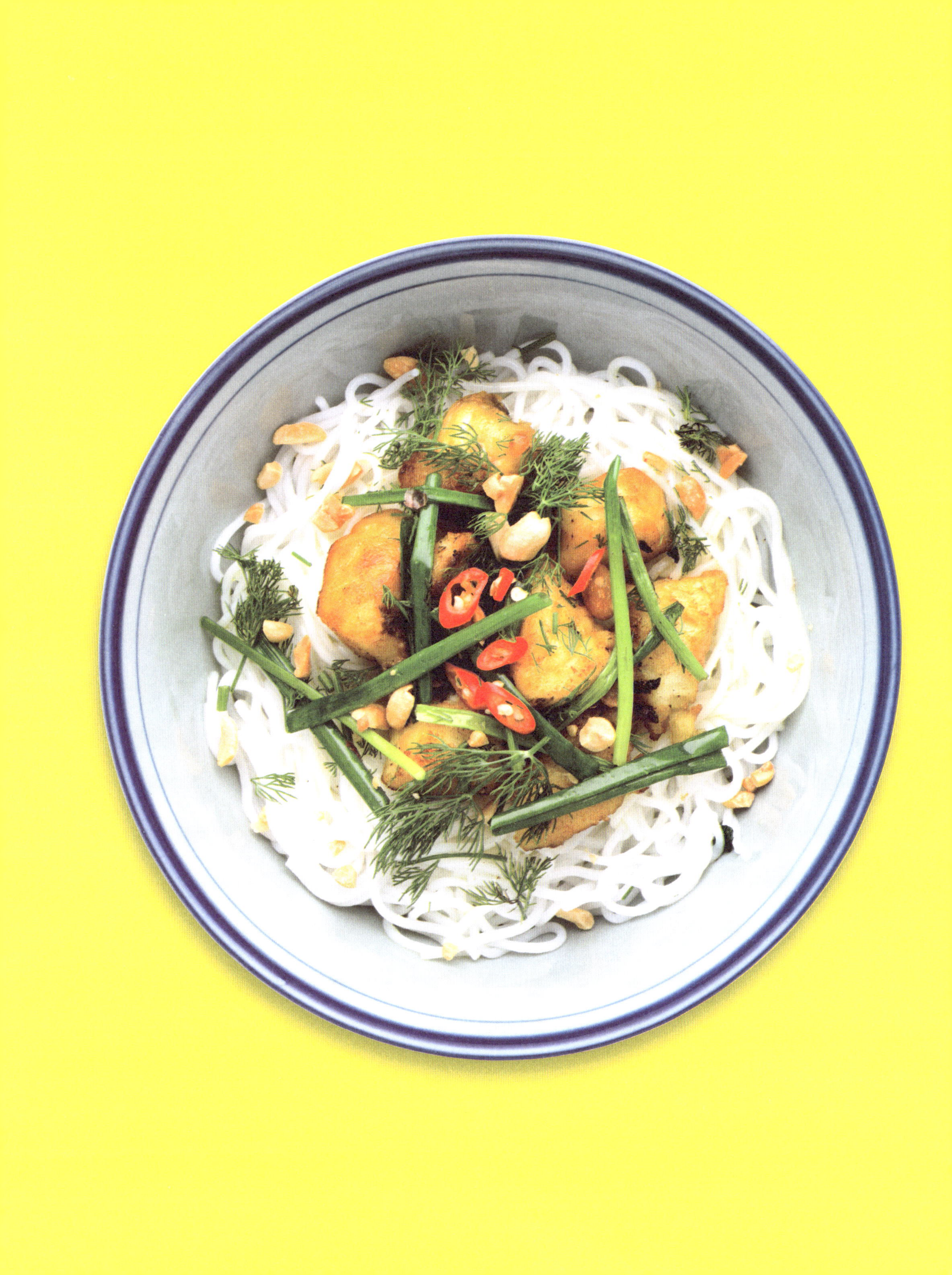

MÌ QUANG MIT SCHWEINEFLEISCH UND GARNELEN

MÌ QUẢNG TÔM THỊT

FÜR 4 PERSONEN
Vorbereitung: 1 Stunde
Marinieren: 30 Minuten
Garzeit: 40 Minuten

400 g Schweinebauch
1 Schalotte, geschält und gehackt
3 ½ EL Nuoc-Mam
1 EL brauner Zucker
1 ½ TL Salz
½ TL frisch gemahlener Pfeffer
2 TL gemahlene Kurkuma
300 g rohe Garnelen
2 EL neutrales Speiseöl
2 Knoblauchzehen, geschält und gehackt
1 TL Paprikapulver edelsüß
1,2 l Vietnamesische Schweinebrühe (siehe Seite 298)
2 EL Annatto-Öl (siehe Seite 307)
400 g Banh-Pho-Nudeln

GARNITUR
1 Bananenblüte
2 Limetten, geviertelt
2 Reiswaffeln mit Sesam
8 Frühlingszwiebeln, in Ringe geschnitten
8 Stängel Koriandergrün, abgezupft
4 EL geröstete Erdnusskerne
1 frische Chilischote, in Ringe geschnitten

Den Schweinebauch samt Schwarte in Streifen scheiden. Die Schalotte mit 1 EL Nuoc-Mam, ½ EL braunem Zucker, ½ TL Salz, ¼ TL Pfeffer und 1 TL Kurkuma vermengen. Das Fleisch in der Mischung wenden und 30 Minuten marinieren.

Die Garnelen 3 Minuten in kochendem Wasser garen, anschließend in kaltem Wasser abschrecken und schälen.

Das Öl in einer Pfanne erhitzen, zuerst Knoblauch und Paprika, dann das Fleisch samt Marinade hineingeben und 10 Minuten anschwitzen. Die Brühe zum Kochen bringen, das Fleisch hineingeben, 1 TL Salz, 1 ½ EL Nuoc-Mam und 1 EL Annatto-Öl hinzufügen und 20 Minuten bei geringer Hitze garen.

Die äußeren Blätter der Bananenblüte und die darunter liegenden kleinen Blüten entfernen. Den Rest in feine Streifen schneiden und in kaltes Wasser vermischt mit etwas Limettensaft legen.
Die Garnelen kurz in 1 EL Annatto-Öl anschwitzen und mit ½ EL braunem Zucker, 1 EL Nuoc-Mam und ¼ TL Pfeffer würzen.

Die Nudeln in kochendem Wasser mit 1 TL Kurkuma (damit sie sich gelb färben) garen. Unter kaltem Wasser abschrecken und abtropfen lassen. Die Reiswaffeln 2–3 Minuten unter dem Backofengrill rösten und grob in Stücke brechen.

Die Nudeln auf Schalen verteilen, das Schweinefleisch und die Garnelen sowie eine Kelle Brühe zugeben – die Nudeln sollten jedoch nicht ganz bedeckt sein. Mit der Bananenblüte, den Frühlingszwiebeln, dem Koriandergrün, den Erdnüssen, den Chiliringen und den Reiswaffeln garnieren, mit etwas Limettensaft beträufeln und heiß servieren.

Minh-Tâm: Wir Vietnamesen essen Schweinebauch gern mit der Schwarte, wer möchte, kann sie aber auch entfernen.

dân tộc chảy trong...

người. Vậy nhưng 57 năm bôn ba ở nơi đất khách, chưa một lúc nào Giáo sư quên mình là một người Việt Nam. Chất giọng của ông vẫn mang những nét đặc trưng Nam bộ, không hề pha tạp. Và ông chỉ dùng tiếng nước ngoài khi nào buộc phải giao tiếp với người nước ngoài. Còn lại, ông luôn say mê, vui vẻ sử dụng tiếng Việt.

Giáo sư Trần Văn Khê luôn ngạc nhiên vì sao lớp trẻ cứ phải dùng tiếng Tây, tiếng Anh trong giao tiếp. Ông không hiểu vì sao các bạn trẻ lại nói "Tôi sắp đi France" thay vì "Tôi sắp đi Pháp", hay nói "Con đến để say hello thầy rồi con đi business vài ngày" thay vì "Con đến để chào thầy rồi con đi công tác vài ngày". Ông viết thư cho con cháu trong gia đình bằng tiếng Việt, ông luôn nghĩ về nguồn cội bằng việc làm thơ, viết báo bằng tiếng Việt. Và ông trước sau vẫn chỉ dùng duy nhất một cái tên Trần Văn Khê do cha mẹ đặt cho.

Anh Hồ Nhựt Quang, một diễn... hóa cho biết từ sau khi trở thành... của Giáo sư, anh đã bỏ lu... "William" trong tên mình để... tên thuần Việt. Anh kể lại... Giáo sư: "Cha mẹ sanh c... biết bao nỗi khổ: mang... khuya dậy sớm. Chỉ... bao nhiêu sự lo lắng... tập trung hết để lo... con. Cái tên mà c... mang những tình... quý. Tại sao ta c... tên Tây khi mà t... vàng và nguồn c...

Những năm... thế tự di chuyển... khó khăn. Vậy... thuyết trình của... thuật, ông lại t... Ông ngồi nghe v... lưu với người hâ... trần đầy sinh lực... còn sống thì phải c... từng phút giây. Cò... chả cần bệnh tật, có... nổi", Giáo sư tâm sự.

Niềm kiêu hãnh ng...

Có một câu chuyện ma... hứng đã được Giáo sư kể đi... học trò. Câu chuyện ấy cũng đ... lại trong cuốn hồi ký, kể về cuộc t... bên lề buổi sinh hoạt của Hội Truy... Tanka Nhật Bản tại Paris vào năm 19... Tham dự hầu hết là người Nhật và Pháp, duy chỉ có Giáo sư là người Việt. Diễn giả của buổi sinh hoạt ấy là một cựu Đề đốc Thủy sư người Pháp. Vị này khởi đầu buổi nói chuyện với sự so sánh: "Thưa quý vị, tôi là Thủy sư Đề đốc, đã sống ở Việt Nam 20 năm mà không thấy một áng văn nào đáng kể. Nhưng khi sang nước Nhật, chỉ trong vòng một, hai năm mà tôi đã thấy cả một rừng văn học. Và trong khu rừng ấy, trong đó Tanka là một đóa hoa tuyệt đẹp. Trong thơ Tanka, chỉ cần nói một ngọn núi, một con sông mà tả được bao nhiêu tình cảm. Chỉ 31 âm tiết mà nói bao nhiêu chuyện sâu sắc, đậm đà. Nội hai điều đó thôi đã thấy các nước khác không dễ có được".

Giáo sư Trần Văn Khê vô cùng bức xúc. Sau khi buổi nói chuyện bước vào phần giao lưu, cử tọa hỏi còn ai đặt câu hỏi nữa hay không, Giáo sư đã đứng dậy xin phép phát biểu. Rào trước đón sau để không bị ai...

"Thanh thiên nhất đóa vân
Hồng lô nhất điểm tuyết
... uyển nhất chi hoa
... nhất phiến nguyệt
...n, tuyết tiêu, hoa tàn, nguyệ...

...ữa trời xanh
...ong lò lửa
...vườn thượng uyển
...mặt nước ao
...yết tan, hoa tàn...

không phải 3...
...ất đẹp và cao...

...dịch và giả...
...án giả vỗ ta...
...thông thền...
...trên tôi biế...
...học" để cho...
...âu" như th...
...t và phải xi...
...n người Việ...
...anh. Kết thú...
...ư lại đến gặ...
...i ông đến nh...
...iểu hơn về vă...
...nhị từ chối, cò...
...o muối đến dùn...
...ủy sư Đề đốc nó...
...hứ cho tôi", Giáo s...
...mà tôi không thể dùn...
...dùng tiếng Anh. Đó là:
...not yet forget (Tạm dịch
...hưng tôi chưa thể quên)".
...huyện nhiều cảm hứng ấy sẽ c...
...n an ủi lớn nếu chúng ta đặt can...
...rạng xấu hổ của không ít người Vi...
...am vì trót sinh ra làm một người Vi...
Nam. Chúng ta cần nhiều hơn những ngư...
như Giáo sư Trần Văn Khê để có thể "cứ...
văn danh dự" cho một quốc gia đang man...
quá nhiều mặc cảm. ●

"Hồi chừng năm 2004, thầy quyết định bỏ hết để về Việt Nam và nghĩ mình phải làm gì đó trong những ngày còn lại để giúp cho đồng bào. Không có hạnh phúc nào bằng được nói tiếng Việt, giảng dạy cho người Việt Nam. Không có cái ngon nào bằng được ăn món ăn Việt Nam và được nghe âm nhạc Việt Nam trên đất nước Việt Nam". "Không thể lấy bánh mì Pate mà thay cơm Việt Nam, không thể lấy rượu Tây mà thay được ngụm nước quê nhà".

Trích những lời dạy của Giáo sư Trần

MI QUANG MIT HUHN

MÌ QUẢNG GÀ

FÜR 4 PERSONEN
Vorbereitung: 1 Stunde
Marinieren: 2 Stunden
Garzeit: 40 Minuten

8 Hähnchenoberkeulen
2 Schalotten, geschält und gehackt
3 EL Nuoc-Mam
1 EL brauner Zucker
2 TL gemahlene Kurkuma
½ TL Salz
¼ TL frisch gemahlener Pfeffer
Chilipulver
4 Knoblauchzehen, geschält und gehackt
4 EL Erdnussöl
800 ml Vietnamesische Hühnerbrühe (siehe Seite 301)
2 Eier, hart gekocht
3 Stängel Zitronengras, zerdrückt
2 EL Annatto-Öl (siehe Seite 307)
400 g Banh-Pho-Nudeln

GARNITUR
Wie für Mi Quang mit Schweinefleisch und Garnelen (siehe Seite 186)

Die Hähnchenkeulen mit den Knochen in zwei Hälften schneiden. Die Schalotten, 2 EL Nuoc-Mam, den Zucker, 1 TL Kurkuma, ¼ TL Salz, den Pfeffer und das Chilipulver vermengen, die Hähnchenstücke in der Mischung einlegen und mindestens 2 Stunden im Kühlschrank marinieren.

Die äußeren Blätter der Bananenblüte und die darunter liegenden kleinen Blüten entfernen. Den Rest in feine Streifen schneiden und in kaltes Wasser vermischt mit etwas Limettensaft legen.

Die Reiswaffeln 2–3 Minuten unter dem Backofengrill rösten und grob in Stücke brechen.

Den Knoblauch in dem Erdnussöl anschwitzen. Die Hähnchenstücke samt Marinade dazugeben und rundherum 20 Minuten goldbraun braten. Die kochend heiße Brühe zugießen, die Eier, das Zitronengras, 1 EL Nuoc-Mam, ¼ TL Salz und 2 EL Annatto-Öl hinzufügen und alles bei mittlerer Hitze 20 Minuten einkochen lassen. Abschmecken (die Brühe sollte recht salzig sein). Die Nudeln in kochendem Wasser mit 1 TL Kurkuma garen und unter kaltem Wasser abschrecken.

Die Nudeln in einem Sieb in der Brühe wieder kurz erhitzen und auf die Schalen verteilen. Die Hähnchenstücke und je ½ Ei dazugeben und bis zur Hälfte der Schalen mit Brühe auffüllen. Mit der Bananenblüte, den Erdnüssen, den Frühlingszwiebeln, dem Koriandergrün und den Chiliringen garnieren, seitlich die Reiswaffeln dazustecken und heiß servieren.

Gut zu wissen: Das Besondere bei Mi Quang ist die Farbe der Banh-Pho-Nudeln, die mittels Kurkuma gelb oder durch rotes Reismehl rosa eingefärbt werden oder mit weißem Reismehl schneeweiß bleiben.

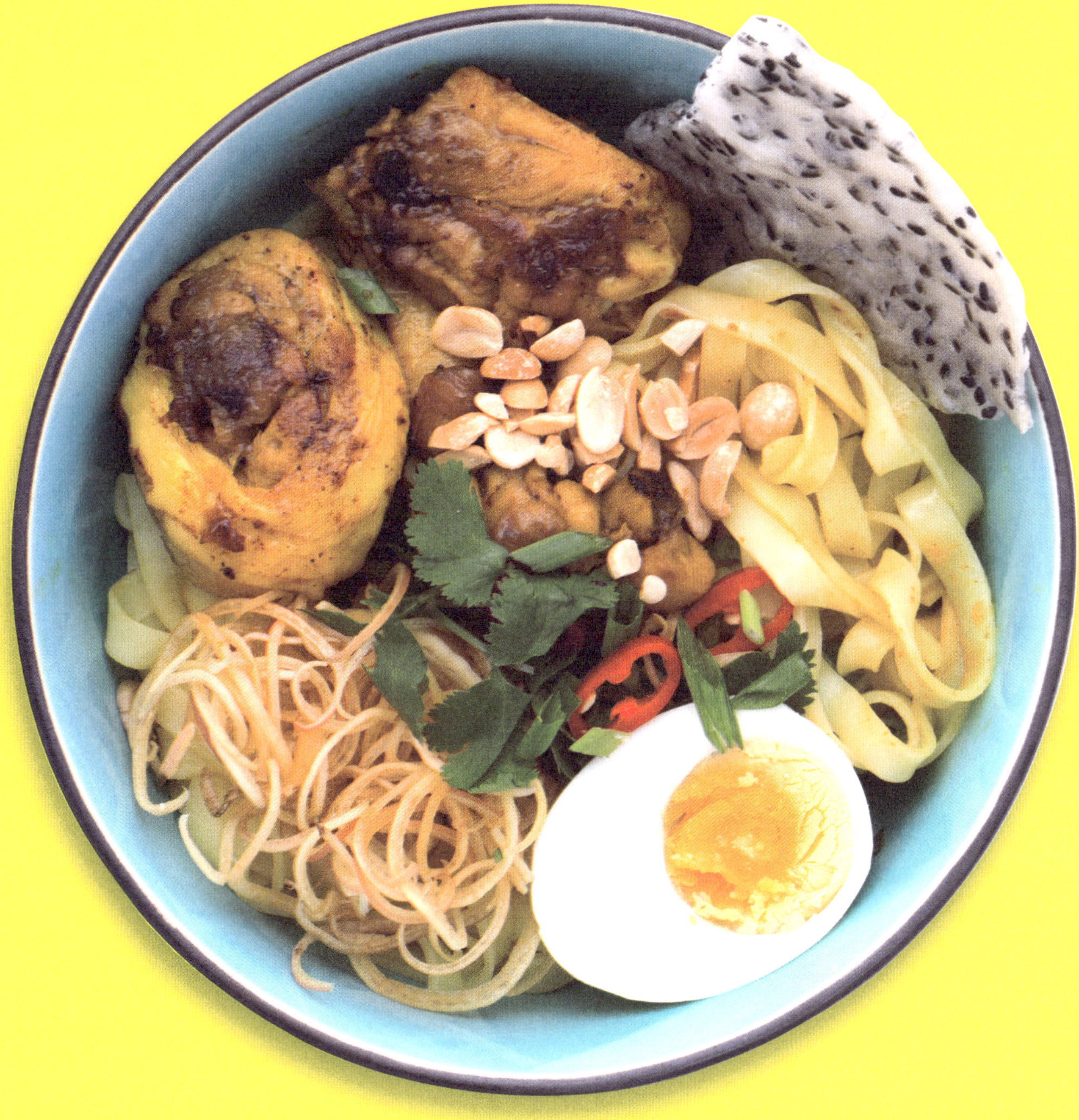

MI QUANG MIT TOFU UND GEMÜSE

MÌ QUẢNG CHAY

FÜR 4 PERSONEN
Vorbereitung: 1 Stunde
Garzeit: 40 Minuten

100 g Möhren
200 g Daikon
200 g Süßkartoffeln
100 g Strohpilze
4 Knoblauchzehen, geschält und gehackt
3 Tomaten, gehäutet und gehackt
5 EL neutrales Speiseöl
4 EL helle chinesische Sojasauce
1 ½ + ½ TL Salz
1 EL brauner Zucker
2 Stängel Zitronengras, zerdrückt
1 Zwiebel, geschält
20 g Kandiszucker
1 EL Annatto-Öl
400 g fester Tofu, in zwei Hälften geschnitten
300 ml Öl zum Frittieren (für den Tofu)
¼ TL frisch gemahlener Pfeffer
1 ½ TL gemahlene Kurkuma
400 g Banh-Pho-Nudeln

GARNITUR
Wie für Mi Quang mit Schweinefleisch und Garnelen (siehe Seite 186)

Die Möhren, den Daikon und die Süßkartoffeln schälen. Die Süßkartoffeln würfeln, die Strohpilze halbieren.

Zuerst 2 gehackte Knoblauchzehen in 2 EL Öl anschwitzen, dann die gehackten Tomaten. Anschließend 1 EL Sojasauce, ½ TL Salz und den braunen Zucker zugeben und zugedeckt bei geringer Hitze 15 Minuten garen.

Das Zitronengras, die ganze Zwiebel sowie Möhren, Daikon und die Pilze 20 Minuten in 800 ml kochendem Wasser garen. Die Brühe mit der Tomatenmischung, 2 EL Sojasauce, 1 TL Salz und dem Kandiszucker würzen, kurz vor Ende der Garzeit das Annatto-Öl unterrühren. Falls nötig, mit weiterer Sojasauce abschmecken. Die Möhren und den Daikon in Scheiben schneiden.

Den Tofu 10 Minuten in Öl frittieren und in dicke Scheiben schneiden. Die Tofu-Scheiben mit 2 gehackten Knoblauchzehen anschwitzen und mit 1 EL Sojasauce und dem Pfeffer würzen.

Die Süßkartoffeln 10 Minuten in Öl braten und mit ½ TL Kurkuma und ¼ TL Salz würzen.

Die eingeweichten Nudeln in kochendem Wasser mit 1 TL Kurkuma (damit sie sich gelb färben) 2 Minuten garen.

Die Garnitur wie für Mi Quang mit Schweinefleisch und Garnelen vorbereiten.

Die Nudeln auf Schalen verteilen. Tofu, Daikon, Möhren, Süßkartoffeln, Pilze und je zwei Kellen Brühe dazugeben und mit Bananenblüten, Erdnüssen, Frühlingszwiebeln, Koriandergrün, Limettensaft, Chili und einem Stückchen Reiswaffel garnieren. Heiß servieren.

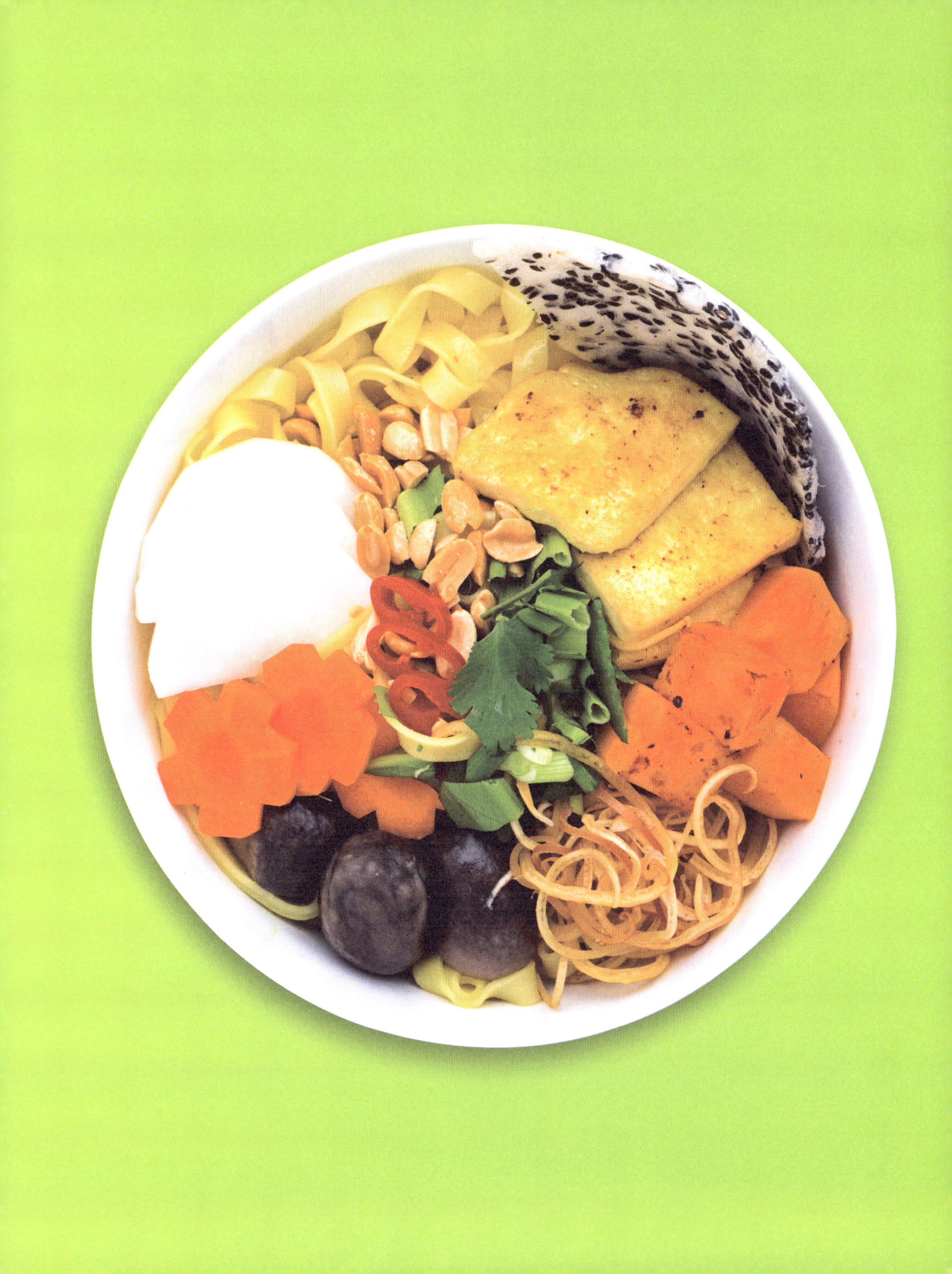

BUN MIT LACHS

BÚN CÁ HỒI

FÜR 4 PERSONEN
Vorbereitung: 1 Stunde
Marinieren: 1 Stunde
Garzeit: 15 Minuten

2 Knoblauchzehen
1 Schalotte
1 Stück Ingwer (3 cm)
4 Lachsfilets à 120 g
2 EL Nuoc-Mam
1 EL helle chinesische Sojasauce
1 EL brauner Zucker
2 EL flüssiger Honig
1 EL weißer Reisessig
½ TL frisch gemahlener weißer Pfeffer
2 EL neutrales Speiseöl
320 g Bun-Nudeln

GARNITUR
Wie für Bo Bun (siehe Seite 178)

Den Knoblauch, die Schalotte und den Ingwer schälen, fein hacken und mit dem Nuoc-Mam, der Sojasauce, dem Zucker, dem Honig, dem Reisessig und dem weißen Pfeffer vermengen. Die Lachsfilets in der Mischung einlegen und mindestens 1 Stunde marinieren. Anschließend 1 EL Öl untermischen.
Den Backofen auf 220 °C vorheizen.

Die Süßsauer eingelegten Möhren zubereiten (siehe Seite 304). Die Gurke in dünne Streifen schneiden, die Salatblätter und die Kräuter ebenfalls in Streifen schneiden. Die Erdnusskerne grob hacken.

Die Bun-Nudeln in kochendem Wasser bei mittlerer Hitze 8 Minuten garen. Unter kaltem Wasser abschrecken und abtropfen lassen. Die Zutaten in folgender Reihenfolge in Schalen anrichten: Salat, Nudeln, Möhren, Gurkenstreifen und zuletzt die Kräuter.

Die Lachsfilets auf ein Blech legen, mit 1 EL Öl überziehen und 10 Minuten im Ofen garen. Anschließend unter dem Backofengrill noch 3 Minuten goldbraun werden lassen.

Die Filets in den Schalen anrichten und mit den Erdnüssen und den Röstzwiebeln bestreuen. Mit je 2 EL Nuoc-Mam-Salatsauce beträufeln und sofort servieren.

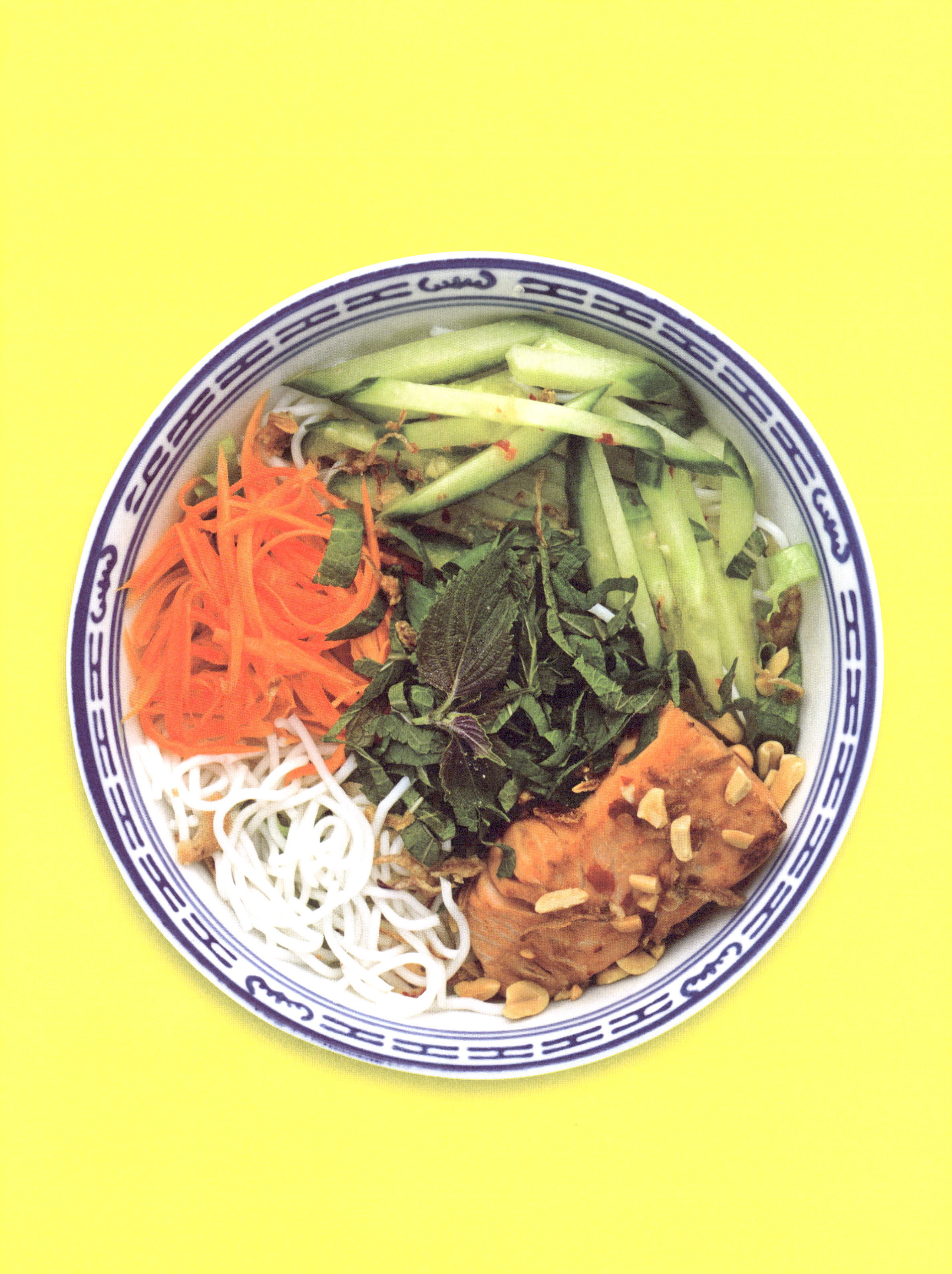

BUN MIT TOFU UND ZITRONENGRAS

BÚN ĐẬU HŨ XÀO SẢ

FÜR 4 PERSONEN
Vorbereitung: 1 Stunde
Garzeit: 5 Minuten

400 g fester Tofu
50 ml Öl zum Frittieren
2 Knoblauchzehen
1 Schalotte
2 Stängel Zitronengras
320 g Bun-Nudeln
2 EL neutrales Speiseöl
½ TL Salz
3 EL helle chinesische Sojasauce
2 EL brauner Zucker
2 TL Sambal Oelek
1 EL Zitronensaft

GARNITUR
Wie für Bo Bun (siehe Seite 178), jedoch die Nuoc-Mam-Sauce durch Sojasauce für Salat (siehe Seite 309) ersetzen.

Den Tofu abspülen, sorgfältig abtrocknen und in zwei Hälften schneiden. Das Öl zum Frittieren in einem Topf auf 170 °C erhitzen und den Tofu darin 10 Minuten goldbraun frittieren. Auf Küchenpapier abtropfen und abkühlen lassen.

Den Knoblauch und die Schalotte schälen und mit dem Zitronengras fein hacken. Die Süßsauer eingelegten Möhren zubereiten (siehe Seite 304). Die Gurke in dünne Streifen schneiden, die Salatblätter und die Kräuter ebenfalls in Streifen schneiden. Die Erdnusskerne grob hacken.

Die Bun-Nudeln in kochendem Wasser bei mittlerer Hitze 8 Minuten garen. Unter kaltem Wasser abschrecken und abtropfen lassen. Die Zutaten in folgender Reihenfolge in Schalen anrichten: Salat, Nudeln, Möhren, Gurkenstreifen und zuletzt die Kräuter.

Den frittierten Tofu in Streifen schneiden. Das Öl in einer Pfanne erhitzen, Knoblauch, Schalotte und Zitronengras zugeben und 1 Minute anschwitzen. Den Tofu und das Salz hinzufügen und weitere 5 Minuten behutsam garen. Mit der Sojasauce, dem braunen Zucker, dem Sambal Oelek und dem Zitronensaft würzen.

Den Tofu in den Schalen anrichten. Mit den Erdnüssen und den Röstzwiebeln bestreuen, mit je 2 EL Sojasauce für Salat beträufeln und sofort servieren.

Minh-Tâm: Dies ist eine Variante von Bo Bun mit Tofu, die ich mit Zitronengras und Chili abgerundet und mit Sojasauce anstelle von Nuoc-Mam zubereitet habe, eine Kreation für vegetarische Freunde. In Vietnam wird Tofu, außer in Suppen und Farcen, vor der eigentlichen Zubereitung immer erst frittiert, damit er Biss hat.

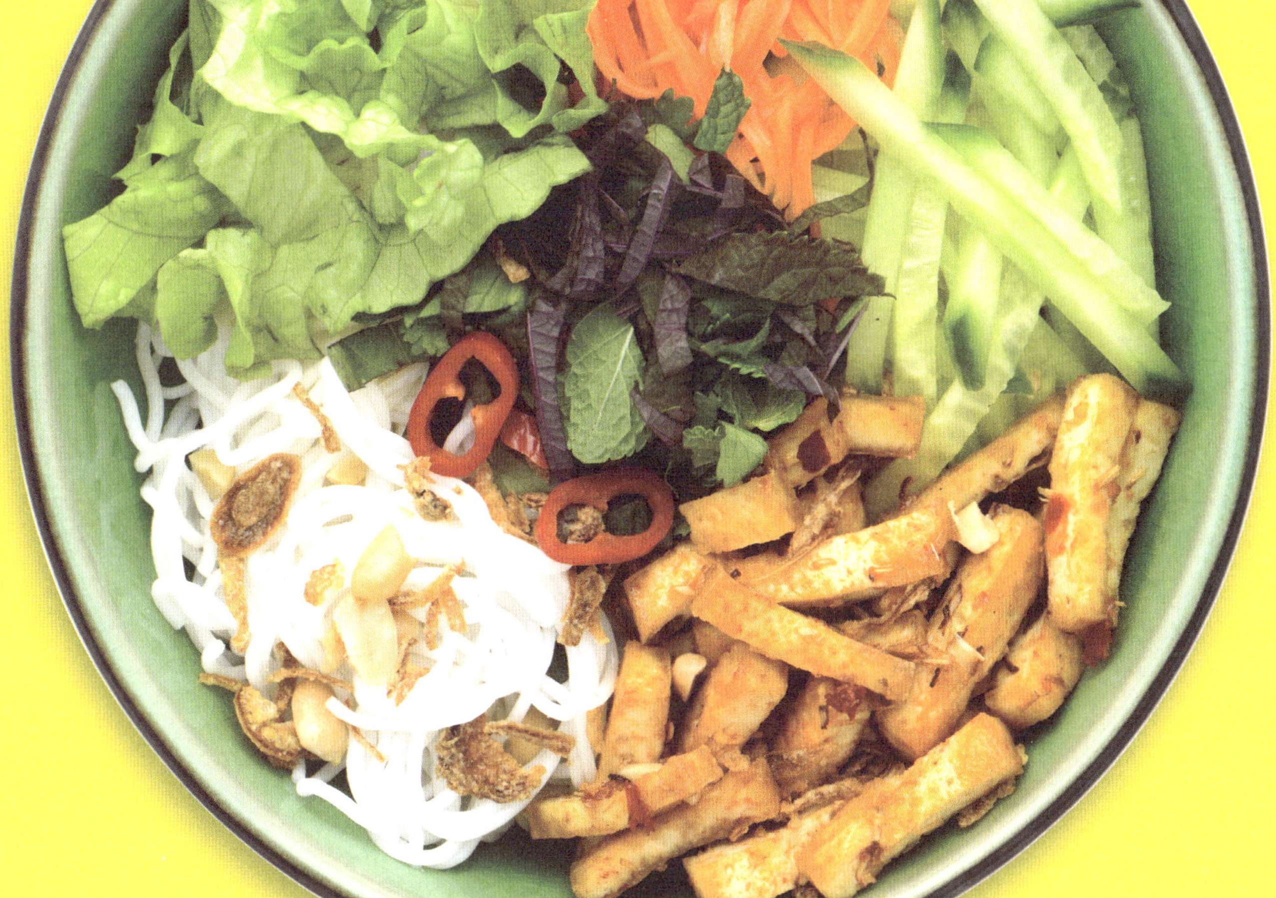

BUN CHA NACH ART VON HANOI

BÚN CHẢ HÀ NỘI

FÜR 4 PERSONEN

Vorbereitung: 40 Minuten
Marinieren: 30 Minuten
Garzeit: 15 Minuten

320 g Bun-Nudeln
300 g ausgelöster Schweinebauch
3 Knoblauchzehen
2 Schalotten
4 ½ EL Nuoc-Mam
3 ½ EL brauner Zucker
1 TL frisch gemahlener weißer Pfeffer
1 TL Salz
2 ½ EL neutrales Speiseöl
400 g Schweinehack (Nacken oder Schulter)
200 g Süßsauer eingelegte Möhren und grüne Papaya (siehe Seite 304)
½ Bataviasalat
4 Stängel Shiso
4 Stängel Minze
4 Stängel Thai-Basilikum
500 ml Nuoc-Mam-Sauce für Salat (siehe Seite 311)

Die Nudeln in kochendem Wasser 8 Minuten garen, kalt abschrecken und abtropfen lassen.

Den Schweinebauch in Streifen schneiden. Den Knoblauch und die Schalotten schälen und getrennt fein hacken. In einer Schüssel den Schweinebauch mit 1 Knoblauchzehe, 1 Schalotte, 2 EL Nuoc-Mam, 1 ½ EL braunem Zucker, ½ TL Pfeffer, ½ TL Salz und 1 EL Öl vermengen.

In einer weiteren Schüssel das Hackfleisch mit 2 Knoblauchzehen, 1 Schalotte, 2 ½ EL Nuoc-Mam, 2 EL braunem Zucker, ½ TL Pfeffer, ½ TL Salz und 1 ½ EL Öl vermengen. Beide Fleischmischungen 30 Minuten im Kühlschrank durchziehen lassen. Die Hackmasse zu Klößen von der Größe eines Tischtennisballs formen und leicht abflachen.

In einer Pfanne etwas Öl erhitzen und die Hackbällchen darin bei mittlerer Hitze von beiden Seiten braten, bis sie goldbraun und durchgegart sind. Warm stellen.

Die Schweinebauchstreifen in der Pfanne braten.

Die Hackbällchen, die Schweinebauchstreifen, das eingelegte Gemüse, die Salatblätter und die Kräuter auf einer großen Platte anrichten.

Pro Person ein Schälchen mit Nuoc-Mam-Sauce dazureichen.

Nun stückelt man ein oder zwei Hackbällchen in das Saucenschälchen und gibt ein paar Schweinebauchstreifen, eine Portion Nudeln sowie Salat, Gemüse und Kräuter nach Geschmack hinzu.

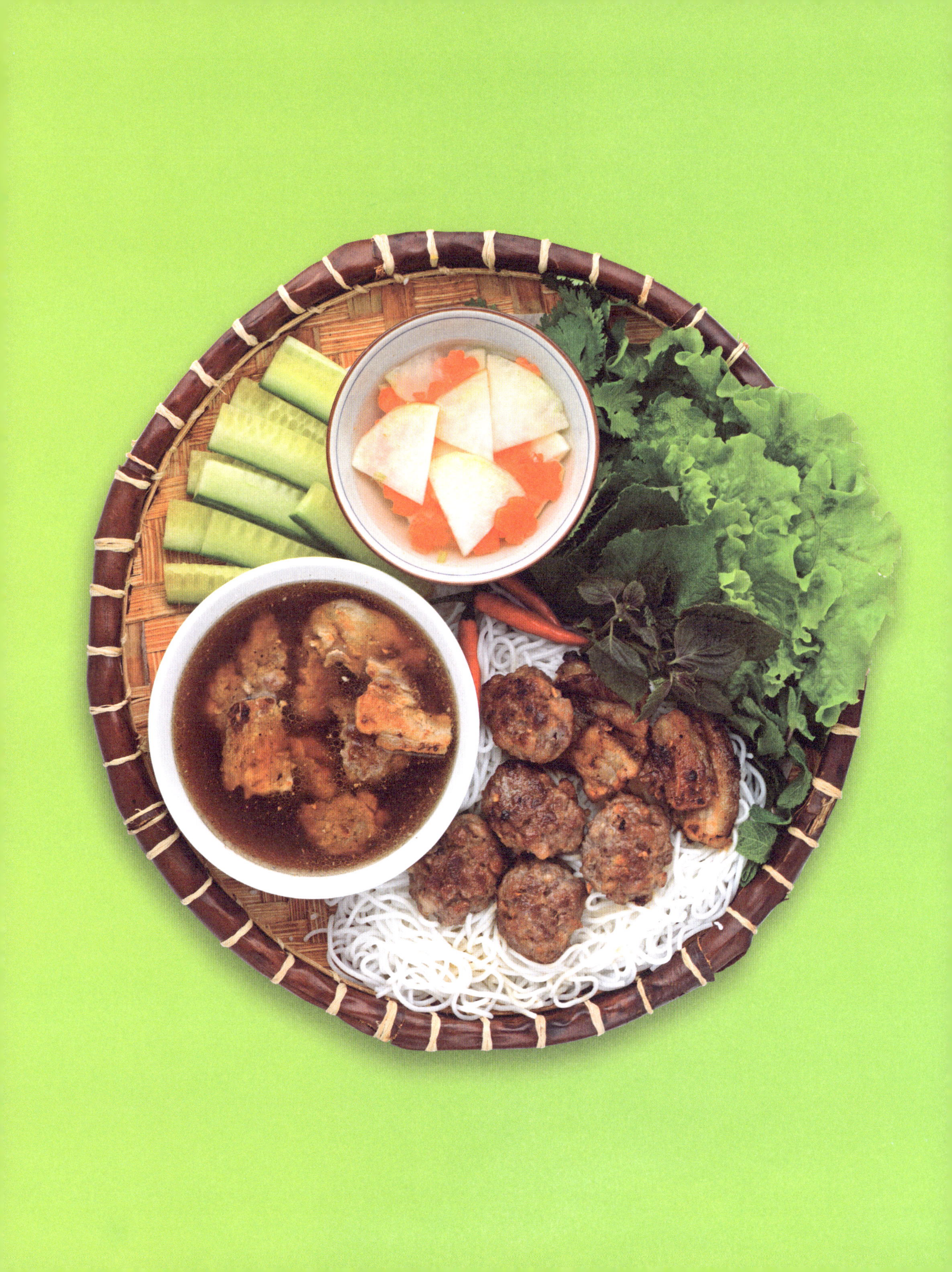

BUN MIT TOFU UND GARNELENPASTE

BÚN ĐẬU MẮM TÔM

FÜR 4 PERSONEN

Vorbereitung: 1 Stunde
Kühlen: 3 Stunden
Garzeit: 1 Stunde

400 g Bun-Nudeln
400 g Schweinefleisch (ausgelöster Bauch oder Hachse)
1 TL Salz
30 g Ingwer, ungeschält in Scheiben geschnitten
2 EL Nuoc-Mam
250 ml Öl zum Frittieren
400 g fester Tofu, in 2 cm große Würfel geschnitten
Mam-Tom-Sauce (siehe Seite 310)
200 g Cha Que (vietnamesische Fleischpastete)
¼ Ananas
8 Stängel Minze
8 Stängel Shiso
8 Stängel Koriandergrün
8 Salatblätter
1 Salatgurke

Die Nudeln in kochendem Wasser 8 Minuten garen, kalt abschrecken und abtropfen lassen.

Eine kleine Portion Nudeln aufnehmen und um drei Finger wickeln, sodass eine flache Rolle entsteht. Auf einen eingeölten Teller legen. In dieser Weise sämtliche Nudeln aufrollen und für 3 Stunden kalt stellen. Die Rollen vor dem Servieren in der Mitte durchschneiden.

Das Schweinefleisch in einem großen Topf mit dem Salz und dem Ingwer in kochendem Wasser garen – 30 Minuten bei Schweinebauch, 1 Stunde bei Hachse. Nach 20 Minuten das Nuoc-Mam zugeben. Anschließend das Fleisch zum Abschrecken in kaltes Wasser legen. In Scheiben schneiden.

Das Öl in einer Pfanne kräftig erhitzen und den Tofu darin goldbraun frittieren. Auf Küchenpapier abtropfen lassen.

Die Mam-Tom-Sauce zubereiten. Das Cha Que in Scheiben schneiden. Die Ananas schälen, vom Strunk befreien und in Stücke schneiden. Die Kräuter abzupfen. Die Salatblätter in zwei oder drei Stücke schneiden. Die Gurke längs halbieren und in Scheiben schneiden.

Sämtliche Zutaten auf einem oder mehreren Tellern arrangieren und in die Tischmitte stellen. Nun fischt sich jeder von diesem und jenem einen Bissen, tunkt ihn in die Sauce und genießt.

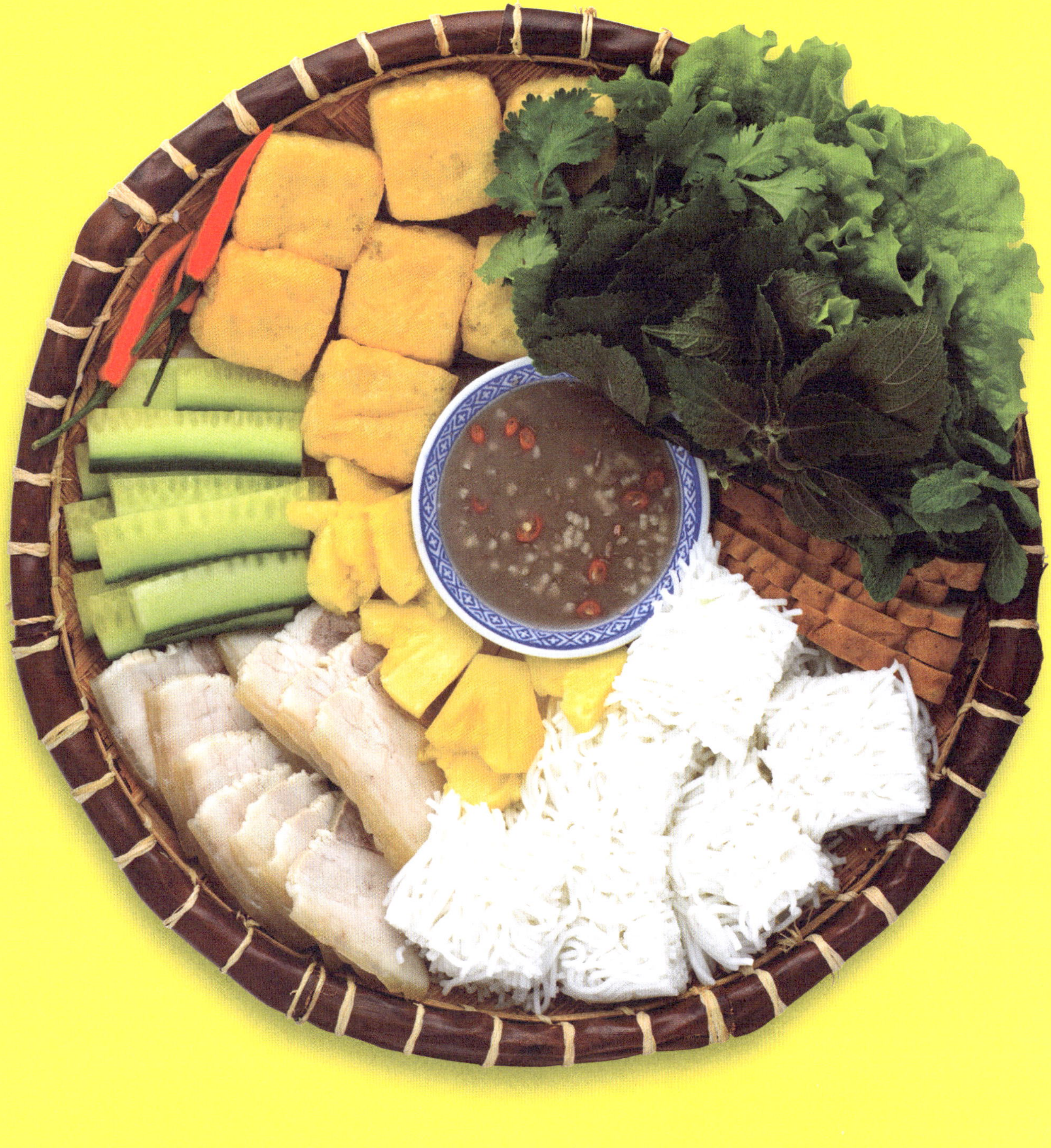

BANH HOI MIT KNUSPRIGEM SCHWEINEFLEISCH

HEO QUAY BÁNH HỎI

FÜR 4 PERSONEN
Vorbereitung: 30 Minuten
Marinieren: 1 Stunde
Garzeit: 1 Stunde

400 g Banh-Hoi-Küchlein (siehe Seite 202)
4 EL Frühlingszwiebeln in Öl (siehe Seite 306)
1,5 kg ausgelöster Schweinebauch mit Schwarte
2 EL weißer Reisessig
1 TL Salz
1 Gurke
200 g Süßsauer eingelegte Möhren (siehe Seite 304)
1 Bataviasalat, Blätter halbiert
je 8 Stängel Minze, Shiso, Thai-Basilikum und Koriandergrün
250 ml Nuoc-Mam-Sauce mit Knoblauch und Chili (siehe Seite 309)

MARINADE
1 ½ EL Salz
1 gestrichener EL Fünf-Gewürz
1 ½ EL feiner Zucker
1 ½ EL helle chinesische Sojasauce

Die Banh-Hoi-Küchlein nach der Anleitung auf Seite 202 zubereiten und mit den Frühlingszwiebeln in Öl beträufeln.

Die Schwarte des Schweinebauchs mit einer Messerklinge sorgfältig abschaben, um sie von Verunreinigungen zu befreien. Den Schweinebauch längs halbieren. In einem großen Topf Wasser mit dem Essig und ½ TL Salz zum Kochen bringen. Das Fleisch einlegen und 5 Minuten blanchieren. Abtropfen lassen und mit Küchenpapier abtrocknen.

Den Schweinebauch mit der Schwarte nach unten auf ein Brett legen und in Abständen von 2 cm das Fleisch 1 cm tief einschneiden. So kann die Marinade besser eindringen und es lässt sich nach dem Garen leichter schneiden. Die Zutaten für die Marinade verrühren und in das Fleisch und die Einschnitte einreiben, jedoch nicht in die Schwarte. Die Schwarte mit Küchenpapier abwischen und mit ½ TL Salz einreiben. Den Schweinebauch mindestens 1 Stunde kalt stellen.

Den Backofen auf 220 °C vorheizen. Das Fleisch mit der Schwarte nach oben in ein Bratenblech legen und auf der mittleren Schiene 45 Minuten braten. Anschließend die Kruste im Grillmodus bei 250 °C noch 4–5 Minuten bräunen.

Den Schweinebauch abkühlen lassen und in kleine Stücke schneiden. Die Banh-Hoi-Küchlein und das Fleisch auf einer Platte anrichten. Die Gurke längs halbieren und in 2 mm dünne Scheiben, die Möhren in feine Streifen schneiden. Den Salat, die Kräuter, die Gurke, die eingelegten Möhren und die Nuoc-Mam-Sauce separat servieren.

Gut zu wissen: Wie viele vietnamesische Gerichte isst man auch dieses mit den Fingern. Man wickelt ein Nudelküchlein, etwas Fleisch, ein wenig Gurke und Möhre in ein Salatblatt und tunkt es vor dem Genuss kurz in die Sauce.

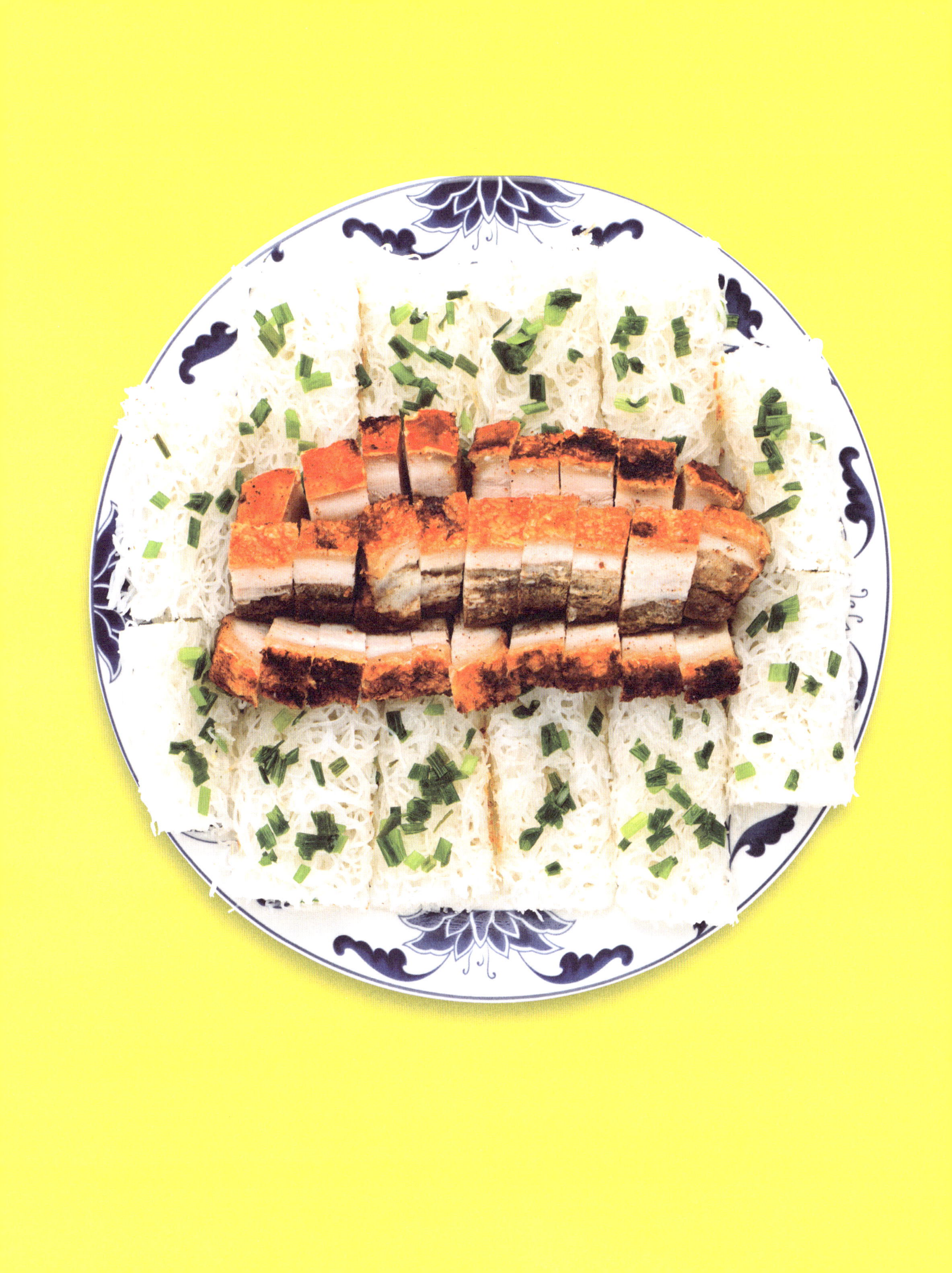

BANH-HOI-KÜCHLEIN

1. 400 g ganz feine Reisnudeln 30 Minuten in lauwarmem Wasser einweichen.

2. Die Reisnudeln 15 Minuten gut abtropfen lassen und wieder in die Schüssel legen.

3. Die Nudeln mit einer Schere in kürzere Stücke schneiden.

4. Die Nudeln mit 2 EL Tapiokastärke bestreuen.

5. Alles gründlich vermengen, bis die Nudeln nicht mehr aneinanderkleben.

6. In einem Topf Wasser zum Kochen bringen.

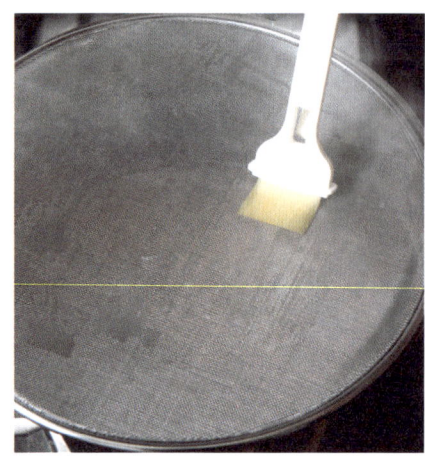

7. Ein Spritzsieb auf den Topf legen und mit Öl einpinseln.

8. Eine Handvoll Nudeln auf das Sieb setzen.

9. Die Nudeln gleichmäßig auf dem Sieb verteilen, sodass ein runder Fladen entsteht.

10. Die Nudeln zudecken und 1–2 Minuten im Dampf garen.

11. Der Nudelpfannkuchen ist jetzt gar.

12. Die Oberfläche des Pfannkuchens leicht mit Öl bestreichen.

13. Den Pfannkuchen auf einen eingeölten Teller legen.

14. Den Pfannkuchen wie eine Zigarre aufrollen.

15. Die Rolle in der Mitte durchschneiden.

16. Die Banh-Hoi-Küchlein sind jetzt fertig zum Verzehr.

GEDÄMPFTE MI FEN

排骨蒸米粉

FÜR 2 PERSONEN

Vorbereitung: 10 Minuten
Marinieren: 30 Minuten
Einweichen: 10 Minuten
Garzeit: 1 Stunde

400 g Schweinerippchen
5 g Ingwer
2 Knoblauchzehen
1 EL Douchi (fermentierte Sojabohnen)
1 EL Shaoxing-Wein
2 EL helle chinesische Sojasauce
½ TL Salz
1 Frühlingszwiebel
100 g breite Sha-He-Fen-Nudeln
1 TL Sesamöl
1 TL Zucker

Die Schweinerippchen in Stücke schneiden. Den Ingwer ungeschält fein hacken. Den Knoblauch vollständig zerdrücken.

Douchi, Shaoxing-Wein, 1 EL Sojasauce, das Salz, den Ingwer und den Knoblauch vermengen, das Fleisch darin einlegen und im Kühlschrank 30 Minuten marinieren.

Die marinierten Rippchen 50 Minuten bei mittlerer Hitze im Dampf garen. Den Fleischsaft auffangen und warm stellen. Dafür im mehrteiligen Bambus-Dämpfer eine Schale unter die Ebene mit dem Fleisch stellen.

Die Frühlingszwiebel in Ringe schneiden.

Die Nudeln 8–10 Minuten in 80 °C heißem Wasser einweichen. Die breiten Bandnudeln abspülen, damit sie sich voneinander lösen, und auf einen tiefen Teller platzieren. Die Rippchen darauf arrangieren, mit der Hälfte des Fleischsafts benetzen und mit den Frühlingszwiebeln bestreuen. Alles bei mittlerer Hitze noch einmal 5 Minuten im Dampf garen.

In einer Schale 1 EL Sojasauce mit dem Sesamöl und dem Zucker verrühren. Die Sauce mit dem Rest des Fleischsafts über Fleisch und Nudeln ziehen und servieren.

Margot: Sha-He-Fen-Reisnudeln werden zusammengefaltet gehandelt, kleben also aneinander. Um sie zu trennen, muss man sie in Wasser einweichen.
Die Nudelmenge mag Ihnen im Vergleich zum Fleisch etwas mager vorkommen, aber es ist nun mal ein Gericht, bei dem das Fleisch die Hauptrolle spielt. Es wird von weiteren Speisen begleitet und gemeinsam geteilt.
Für dieses Rezept kann man auch Glasnudeln aus Mungbohnenstärke verwenden.

的創辦人Chef
，不斷有新嘗
蝦寶寶走親民
HEZ ED主打
賣相注入新元
便花兩日時間
梁廚」的精神。

部分圖片：黃幹文

星光閃耀美饌

味

時間想起他的私房
基和宋慧喬訪港，
dy的叫座力，怪不
曾志偉等已是座上
立於銅鑼灣，CHEZ
Reborn of Poison
不少以慢煮方式炮
ng Menu，餐牌每
，Chef Eddy為其
artare, Aloe Vera,
奏版，以海膽殼盛
，更感鮮美！
ato and Pigeon
法式清湯便用兩天
香草熬煮一天再冷
雜菜等再煮，最後
怪Chef Eddy指：
清湯入口鮮甜，令

蝦濃湯烹煮意大利
蝦肉刺身以飯熱力
Parmesan芝士，味

●餐廳設有半露天私人廂房，能遠眺馬場美景。前為Lobster Risotto, Baby Spinach, Aged Parmesan，味道鹹香細膩。

Seafoo
貨的多國海
更可直眺維
廳推出周日
Sturgeon 魚
小蔥鮮奶油
地區的新鮮
鱘魚薄片、
撻、花生醬
果等甜品拼
此外，
有現場 DJ
氣球送給小
定的即場劏
食客有機會
吞拿魚或三

●自助餐桌
三文魚刺身

KOREANISCHE FADEN-NUDELN MIT KIMCHI
BIBIM GUKSU

FÜR 2 PERSONEN
Vorbereitung: 20 Minuten
Garzeit: 10 Minuten

240 g Somen-Nudeln
1 Ei
½ Salatgurke
200 g Kimchi
½ TL weiße Sesamsamen

GOCHUJANG-SAUCE
1 Knoblauchzehe
2 EL Gochujang (koreanische Gewürzpaste)
2 EL dunkle japanische Sojasauce
1 EL japanischer Reisessig
2 EL Sesamöl
1 TL Zucker
1 EL weiße Sesamsamen
½ TL getrocknete Chiliflocken (nach Belieben)

Die Nudeln in kochendem Wasser nach der Packungsanleitung garen. Unter kaltem Wasser abschrecken und abtropfen lassen.

Das Ei 10 Minuten in Wasser hart kochen, in kaltem Wasser abschrecken, schälen und längs halbieren.

Die Gurke ungeschält in feine Streifen schneiden. Den Kimchi grob klein schneiden. Den Knoblauch schälen, hacken und mit den restlichen Zutaten für die Gochujang-Sauce verrühren. Den Kimchi hineingeben und alles sorgfältig vermengen.

Die abgetropften Nudeln in einer Schüssel mit der Sauce übergießen und gründlich mischen.
Die Nudeln und ihre Sauce auf die Schalen verteilen. Jeweils einige Gurkenstreifen dazugeben, mit weißem Sesam bestreuen und ein halbes hart gekochtes Ei in die Mitte setzen.

Gut zu wissen: Dieses Nudelgericht wird raumtemperiert gegessen und lässt sich gut vorbereiten.

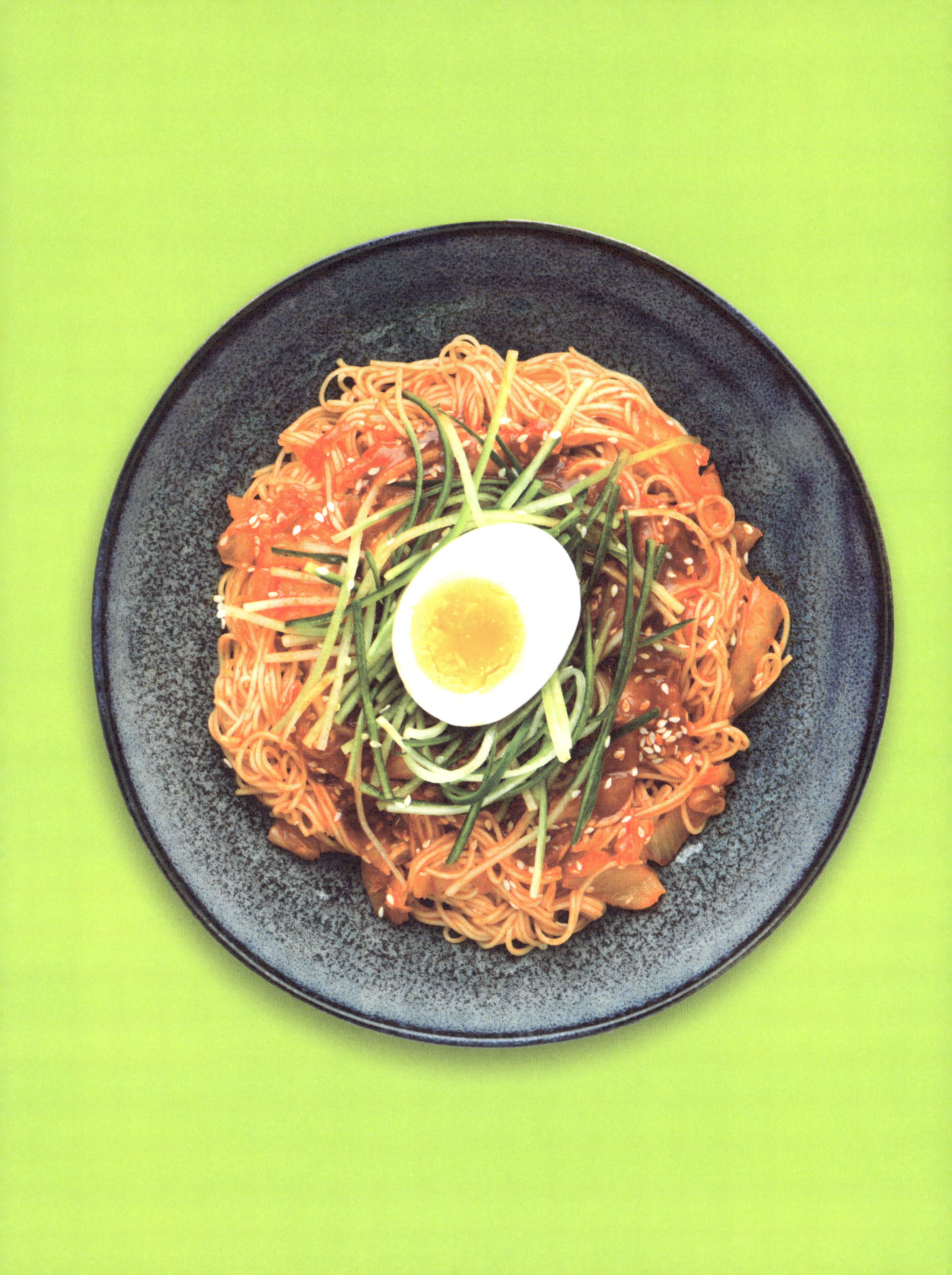

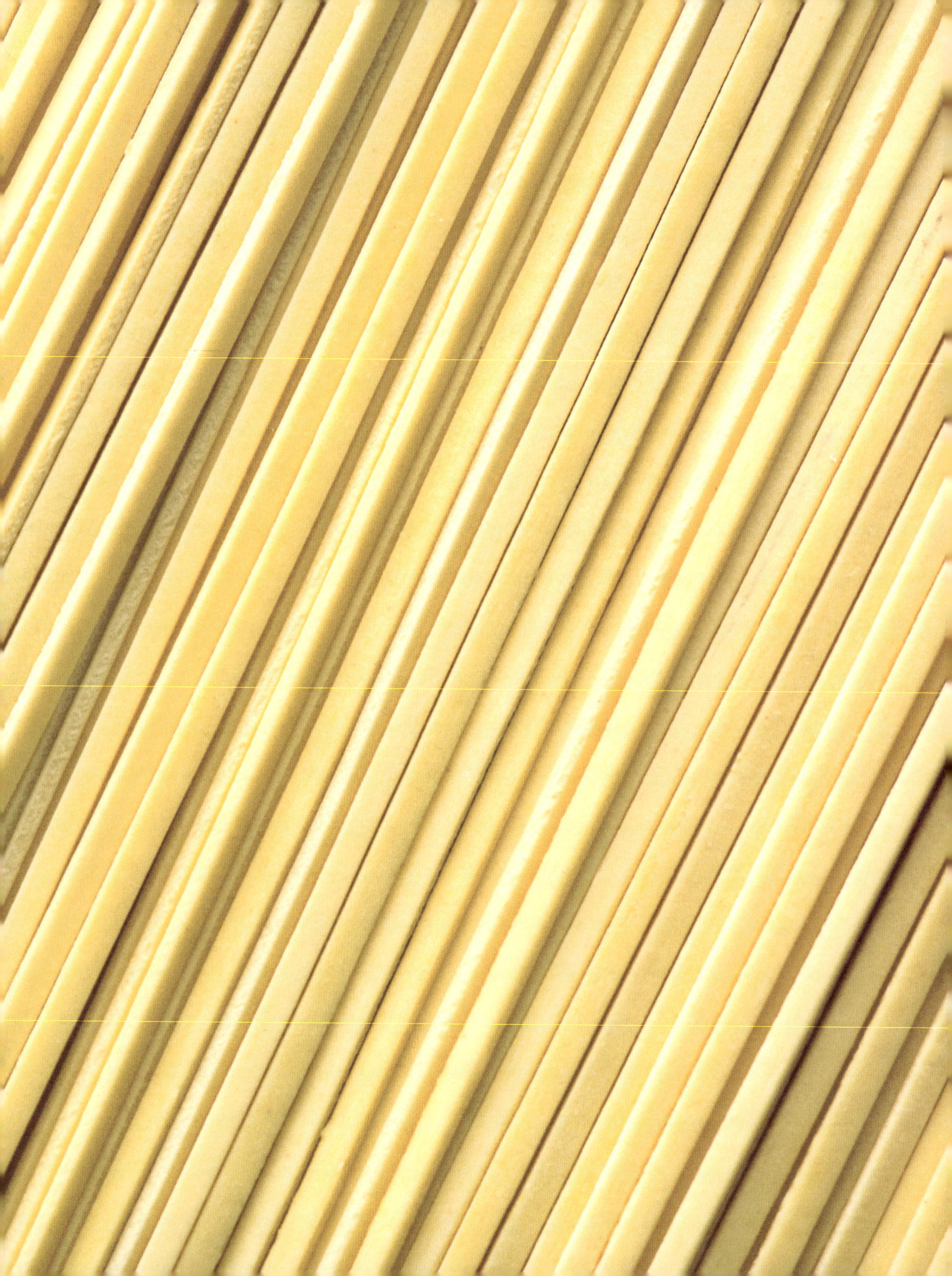

GEBRATENE NUDELN

いか焼そば

スーパーカップ 大盛り

めちゃうま！ふりかけ付き
豚と魚介の旨ソース！

Gebratene Nudeln sind unter Nicht-Asiaten vermutlich die bekanntesten und beliebtesten Asia-Nudeln. Die Methode ist im Grunde immer dieselbe: Öl erhitzen und die Nudeln darin rasch sautieren. Die Hitze muss relativ stark sein, damit die Nudeln von außen kräftig anbraten, ohne zu übergaren. Ideal dafür ist der Wok, wenngleich es eine beschichtete Pfanne genauso gut erledigt, wenn nicht sogar besser.

In jedem Fall ein Muss, schon aus geschmacklichen Gründen, ist die Zugabe von Öl. Der Genuss erfolgt dann ein bisschen weniger überstürzt. Gebratene Nudeln können schadlos ein paar Sekunden warten.

GEBRATENE MIEN MIT GEMÜSE

MIẾN XÀO THẬP CẨM CHAY

FÜR 4 PERSONEN

Vorbereitung: 30 Minuten
Einweichen: 30 Minuten
Garzeit: 10 Minuten

4 getrocknete Shiitake-Pilze
120 g Mien (Glasnudeln aus Mungbohnenstärke)
100 g Zuckerschoten
½ TL Salz
2 Frühlingszwiebeln
½ Zwiebel
4 Stängel Koriandergrün
1 Knoblauchzehe
1 Möhre
1 rote Paprikaschote
80 g Mini-Maiskolben
4 EL helle chinesische Sojasauce
2 EL brauner Zucker
2 EL Sesamsamen
2 EL Sesamöl
3 EL neutrales Speiseöl
1 Prise frisch gemahlener Pfeffer

Die Shiitake waschen und 30 Minuten in lauwarmem Wasser einweichen. Anschließend in Streifen schneiden.

Die Glasnudeln 20 Minuten in kaltem Wasser einweichen und dann 1 Minute in kochendem Wasser blanchieren. Kalt abschrecken und abtropfen lassen.

Die Zuckerschoten in kochendem Salzwasser 30 Sekunden blanchieren und sofort in kaltem Wasser abschrecken. Abtropfen lassen.

Den grünen und den weißen Teil der Frühlingszwiebeln getrennt in Ringe schneiden. Die Zwiebel schälen und fein würfeln. Das Koriandergrün abzupfen und klein schneiden. Den Knoblauch schälen und durchpressen. Die Möhre schälen und in feine Streifen schneiden, die Paprika ebenfalls in Streifen schneiden. Die Mini-Maiskolben waschen und der Länge nach halbieren.

Die Sojasauce mit dem braunen Zucker und dem Sesamöl verrühren.

Das neutrale Öl in einem Wok erhitzen, Zwiebel, Knoblauch und den weißen Teil der Frühlingszwiebeln hineingeben und 20 Sekunden anschwitzen. Möhre, Paprika, Maiskolben und die Shiitake hinzufügen und 5 Minuten pfannenrühren. Die Zuckerschoten unterrühren und nach 2 weiteren Minuten die Nudeln und die Sauce dazugeben.

Alles unter ständigem Rühren noch 2 Minuten garen, damit sich die Sauce gleichmäßig verteilt.
Den grünen Teil der Frühlingszwiebeln und das Koriandergrün untermengen, mit Pfeffer würzen und heiß servieren.

Tinh thần dân tộc chảy trong

cội"

Vì hoàn cảnh đất nước, Giáo sư Trần Văn Khê phải sống ở nước ngoài đến hơn nửa đời người. Vậy nhưng 57 năm bôn ba ở nơi đất khách, chưa một lúc nào Giáo sư quên mình là một người Việt Nam. Chất giọng của ông vẫn mang những nét đặc trưng Nam bộ, không hề pha tạp. Và ông chỉ dùng tiếng nước ngoài khi nào buộc phải giao tiếp với người nước ngoài. Còn lại, ông luôn say mê, vui vẻ sử dụng tiếng Việt.

Giáo sư Trần Văn Khê luôn ngạc nhiên vì sao lớp trẻ cứ phải dùng tiếng Tây, tiếng Anh trong giao tiếp. Ông không hiểu vì sao các bạn trẻ lại nói "Tôi sắp đi France" thay vì "Tôi sắp đi Pháp", hay nói "Con đến để say hello thầy rồi con đi business vài ngày" thay vì "Con đến để chào thầy rồi con đi công tác vài ngày". Ông viết thư cho con cháu trong gia đình bằng tiếng Việt, ông luôn nghĩ về nguồn cội bằng việc làm thơ, viết báo bằng tiếng Việt. Và trước sau vẫn chỉ dùng duy nhất tên Trần Văn Khê do cha mẹ đặt

Anh Hồ Nhựt Quang, một hóa cho biết từ sau khi trở của Giáo sư, anh đã bỏ "William" trong tên mìn tên thuần Việt. Anh k Giáo sư: "Cha mẹ sa biết bao nỗi khổ: khuya dậy sớm. bao nhiêu sự lo l tập trung hết để con. Cái tên m mang những t quý. Tại sao t tên Tây khi n vàng và nguồ

Những n thế tự di chu khó khăn. V thuyết trình thuật, ông lạ Ông ngồi ngh lưu với người tràn đầy sinh lự còn sống thì phải từng phút giây. C chả cần bệnh tật, nổi", Giáo sư tâm sự

Niềm kiêu hãnh n

Có một câu chuyện m hứng đã được Giáo sư kể học trò. Câu chuyện ấy cũng lại trong cuốn hồi ký, kể về cuộ bên lề buổi sinh hoạt của Hội Tanka Nhật Bản tại Paris vào năm Tham dự hầu hết là người Nhật và Phá duy chỉ có Giáo sư là người Việt. Diễn giả của buổi sinh hoạt ấy là một cựu Đề đốc Thủy sư người Pháp. Vị này khởi đầu buổi nói chuyện với sự so sánh: "Thưa quý vị, tôi là Thủy sư Đề đốc, đã sống ở Việt Nam 20 năm mà không thấy một áng văn nào đáng kể. Nhưng khi sang nước Nhật, chỉ trong vòng một, hai năm mà tôi đã thấy cả một rừng văn học. Và trong khu rừng ấy, trong đó Tanka là một đóa hoa tuyệt đẹp. Trong thơ Tanka, chỉ cần nói một ngọn núi, một con sông mà tả được bao nhiêu tình cảm. Chỉ 31 âm tiết mà nói bao nhiêu chuyện sâu sắc, đậm đà. Nội hai điều đó thôi đã thấy

nh thiên nhất đóa vă
ỗ nhất điểm tuyết
ến nhất chỉ hoa
phiên nguyệt
vết tiêu, hoa tàn, ng

trời xanh
lò lửa
m thương u
t nước ao
tan, hoa

ông phả
đẹp và

lịch và
giả v
òng t
n tôi
ọc" để
u" nhu
và phải
người
h. Kết
r lại đến
ông đến
iều hơn về
hị từ chối,
 muối đến
ủy sư Đề đốc
ứ cho tôi". Giá
mà tôi không thể d
dùng tiếng Anh. Đó
nhot yet forget (Tạm
ưng tôi chưa thể quên)".
yện nhiều cảm hứng ấy s
 an ủi lớn nếu chúng ta đặt
rạng xấu hổ của không ít người
am vì trót sinh ra làm một người
Nam. Chúng ta cần nhiều hơn những ng
như Giáo sư Trần Văn Khê để có thể
văn danh dự" cho một quốc gia đang m
quá nhiều mặc cảm.●

"Hồi chừng năm 2004, thầy quy định bỏ hết để về Việt Nam và nghĩ mìn phải làm gì đó trong những ngày còn để giúp cho đồng bào. Không có ha phúc nào bằng được nói tiếng Việt, giản dạy cho người Việt Nam. Không có ngon nào bằng được ăn món ăn V

GEBRATENE PHO MIT RINDFLEISCH

PHỞ XÀO BÒ

FÜR 4 PERSONEN
Vorbereitung: 25 Minuten
Einweichen: 30 Minuten
Marinieren: 20 Minuten
Garzeit: 10–15 Minuten

400 g Banh-Pho-Nudeln
2 Frühlingszwiebeln
250 g zartes Rindfleisch (Filet oder Roastbeef)
4 EL Austernsauce
2 EL helle chinesische Sojasauce
1 Prise Salz
1 Knoblauchzehe, geschält und fein gehackt
2 Tomaten
200 g chinesischer Spinat
1 TL Zucker
3 EL neutrales Speiseöl
1 Zwiebel, grob gehackt
1 TL Sambal Oelek (oder 1 frische Chilischote)
2 Prisen frisch gemahlener Pfeffer

Die Nudeln 30 Minuten in lauwarmem Wasser einweichen und abtropfen lassen.
Den grünen und den weißen Teil der Frühlingszwiebeln getrennt in Ringe schneiden. Das Rindfleisch in dünne Scheibchen schneiden, mit 1 EL Austernsauce, 1 EL Sojasauce, dem Salz und dem gehackten Knoblauch würzen und 20 Minuten marinieren.

Die Tomaten in Spalten schneiden. Den Spinat waschen und von den Stielen befreien.

Für die Sauce die restlichen 3 EL Austernsauce und 1 EL Sojasauce mit 1 TL Zucker verrühren.

In einer Pfanne 2 EL Öl kräftig erhitzen und das marinierte Rindfleisch darin 2 Minuten anbraten. Auf einem Teller beiseitestellen.

In derselben Pfanne mit dem Bratensaft 1 weiteren EL Öl erhitzen. Die Zwiebel und den weißen Teil der Frühlingszwiebeln darin bei starker Hitze rasch anschwitzen. Die Tomaten unterrühren, nach 3 Minuten den Spinat dazugeben und 2 Minuten mitgaren. Das Gemüse auf einem Teller beiseitestellen.

Jetzt die Nudeln in der Pfanne in dem verbliebenen Bratensatz 2 Minuten braten. Sobald sie gar sind, das Rindfleisch und das Gemüse wieder hineingeben. Die Sauce und das Sambal Oelek hinzugeben, gut umrühren und noch einmal 2 Minuten erhitzen. Mit Pfeffer abrunden.
Mit den grünen Frühlingszwiebeln bestreuen und heiß servieren.

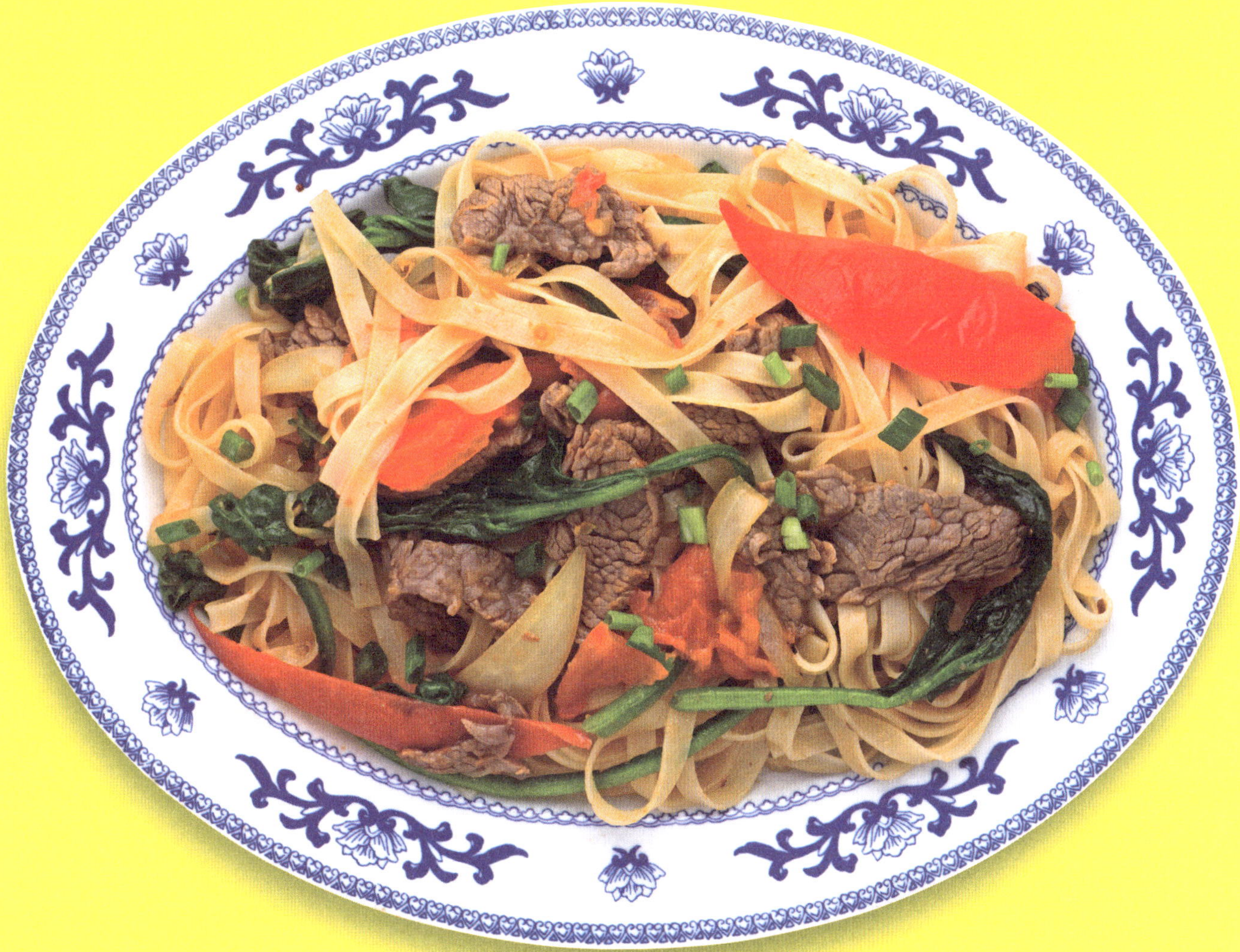

MI MIT SCHWEINEFLEISCH UND GARNELEN

MÌ XÀO TÔM THỊT

FÜR 4 PERSONEN
Vorbereitung: 40 Minuten
Garzeit: 25 Minuten

400 g Mi-Tuoi-Nudeln
2 Eier
1 ½ EL Nuoc-Mam
4 Knoblauchzehen
1 Zwiebel
4 Halme Schnittknoblauch
100 g Möhren
100 g rote Paprikaschoten
100 g Mungbohnensprossen
200 g Schweinefleisch (Schulter oder Nacken)
4 EL neutrales Speiseöl
½ EL Zucker
300 g mittelgroße geschälte rohe Garnelen
Salz und frisch gemahlener Pfeffer

SAUCE
2 EL helle chinesische Sojasauce
2 EL Austernsauce
1 EL Nuoc-Mam
1 EL Sesamöl
1 EL Limettensaft
1 gestrichener EL Zucker

Die Nudeln nach der Anleitung auf Seite 26 garen. Die Eier mit ½ EL Nuoc-Mam verschlagen und in einer Pfanne in 2 Minuten ein dünnes Omelett backen. Abkühlen lassen und in schmale Streifen schneiden.

Den Knoblauch und die Zwiebel schälen und fein hacken. Den Schnittknoblauch in 5 cm lange Stücke schneiden. Die Möhren schälen und in dünne Streifen schneiden. Die Paprika ebenfalls in Streifen schneiden. Die Mungbohnensprossen abbrausen. Das Schweinefleisch in mundgerechte dünne Scheibchen schneiden.

In einer Pfanne das Schweinefleisch in dem heißen Öl mit 1 Knoblauchzehe, 1 EL Nuoc-Mam, dem Zucker und 1 Prise Salz 5 Minuten braten. Beiseitestellen.
Anschließend die Garnelen mit 1 weiteren Knoblauchzehe sowie 1 Prise Salz und Pfeffer 2 Minuten in heißem Öl garen.
Sämtliche Zutaten für die Sauce verrühren.

In einer großen Pfanne 2 EL Öl erhitzen. Zwiebel, 2 Knoblauchzehen, Paprika, Möhren und die Mungbohnensprossen hineingeben und 3 Minuten anschwitzen. Die Sauce zugießen, die Nudeln hineingeben und 5 Minuten mitgaren. Anschließend das Schweinefleisch untermengen, nach 5 weiteren Minuten die Garnelen und den Schnittknoblauch hinzufügen und alles noch einmal 2 Minuten erhitzen. Die Omelettstreifen unterziehen und den Herd ausschalten. Alles gut durchmischen, mit Pfeffer abrunden und heiß servieren.

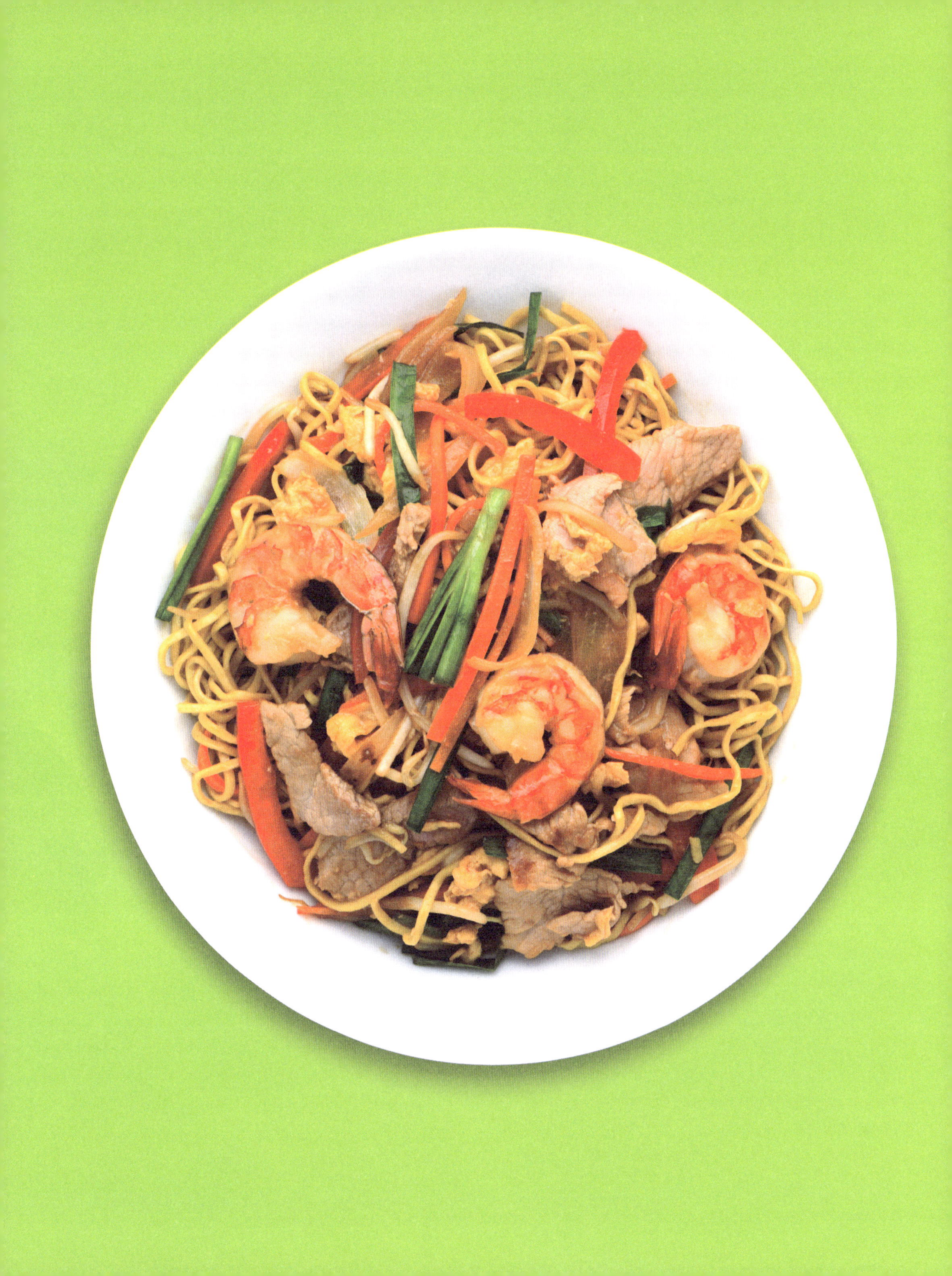

GEBRATENE MI MIT GEMÜSE UND GARNELEN

MÌ XÀO GIÒN THẬP CẨM

FÜR 4 PERSONEN

Vorbereitung: 45 Minuten
Einweichen: 30 Minuten
Garzeit: 20 Minuten

400 g Mi-Tuoi-Nudeln
500 ml Öl zum Frittieren
4 getrocknete Shiitake-Pilze
100 g Möhren
50 g rote Paprikaschote
50 g Mini-Maiskolben
100 g Brokkoli
100 g Zuckerschoten
2 Knoblauchzehen
1 Zwiebel
4 Stängel Koriandergrün
2 EL Öl
12 rohe geschälte Garnelen
1 EL Maisstärke
Salz und frisch gemahlener Pfeffer

SAUCE

2 EL helle chinesische Sojasauce
2 EL Austernsauce
1 EL Nuoc-Mam
1 EL Zucker

Nach der Anleitung auf Seite 303 zwei Portionen Frittierte Mi-Nudeln zubereiten.

Die Shiitake-Pilze 30 Minuten in heißem Wasser einweichen. Die Möhren schälen und in dünne Streifen schneiden, ebenso wie die Paprika und die Shiitake. Die Maiskolben der Länge nach halbieren. Die Brokkoliröschen abtrennen und halbieren. Die Zuckerschoten 30 Sekunden in kochendem Salzwasser blanchieren und anschließend kalt abschrecken.

Den Knoblauch und die Zwiebel schälen und in Streifen schneiden. Das Koriandergrün abzupfen und grob hacken.
Sämtliche Zutaten für die Sauce verrühren.

In einer Pfanne 2 EL Öl kräftig erhitzen. Zwiebeln und Knoblauch anschwitzen. Brokkoli, Möhren, Paprika, Mais und die Shiitake zugeben und weitere 5 Minuten garen. Die Zuckerschoten unterrühren, nach weiteren 5 Minuten die Garnelen hinzufügen und noch einmal 2 Minuten unter Rühren garen. Die Sauce zugießen und die Hitze auf mittlere Stufe herunterstellen. Die Stärke in etwas Wasser auflösen, über das Gemüse in die Pfanne gießen und alles weitere 5 Minuten unter Rühren garen. Großzügig mit Pfeffer würzen.

Die Nudelnester auf zwei großen Tellern arrangieren. Das Gemüse und die Garnelen darauf anrichten, mit ihrer Sauce überziehen und mit dem Koriandergrün bestreuen. Sofort servieren, wobei sich jeder mit seinen Stäbchen selbst bedient.

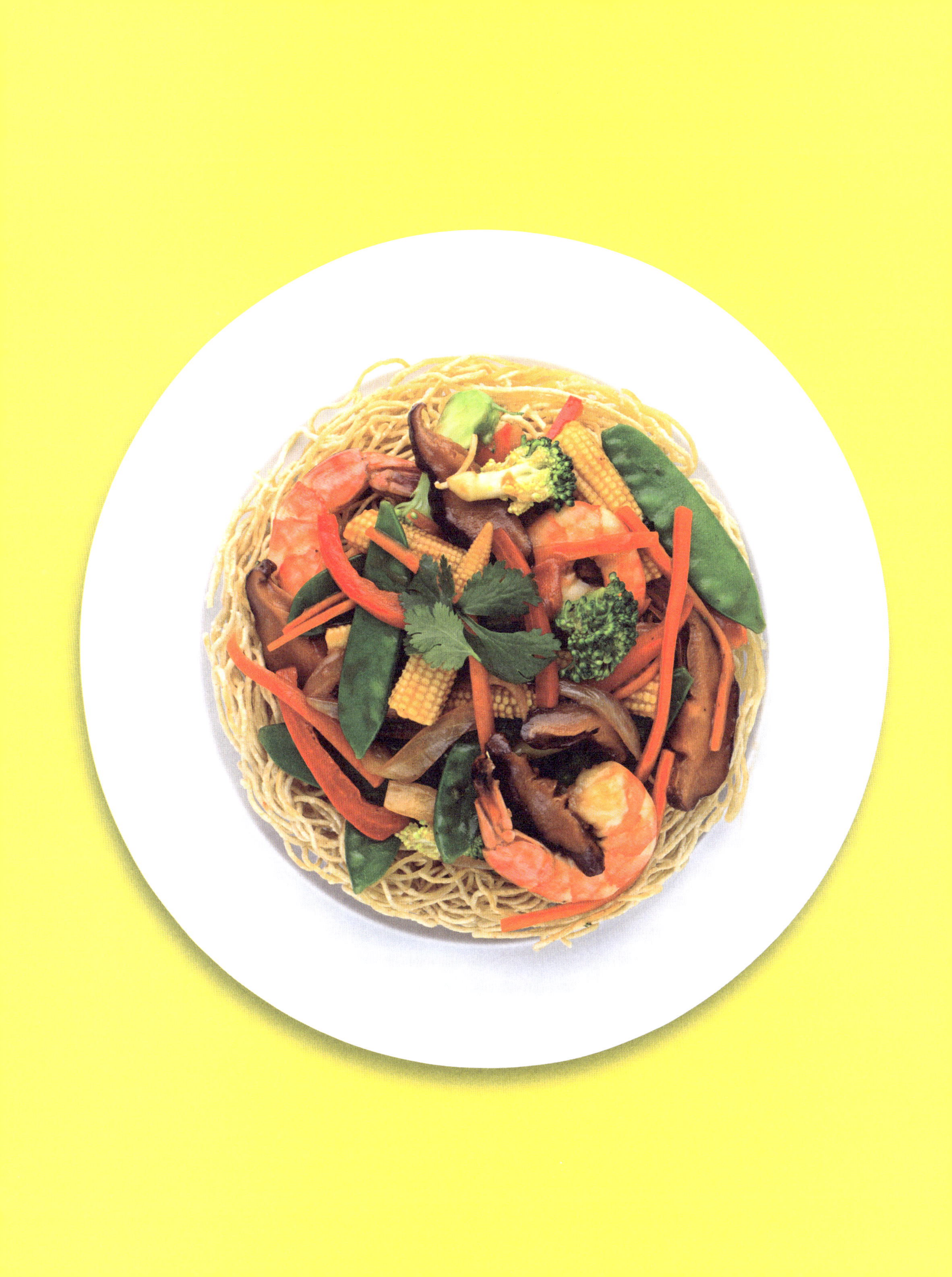

FEN SI MIT MÖHREN

胡萝卜粉丝

FÜR 2 PERSONEN
Vorbereitung: 15 Minuten
Einweichen: 20 Minuten
Garzeit: 10 Minuten

100 g Glasnudeln aus Mungbohnenstärke
300 g Möhren
3 Knoblauchzehen
5 Stängel Koriandergrün
2 EL neutrales Speiseöl
2 EL helle chinesische Sojasauce
1 EL schwarzer chinesischer Reisessig
1 TL Zucker
½ TL Salz

Die Glasnudeln 20 Minuten in lauwarmem Wasser einweichen. Die Möhren schälen und in feine Streifen schneiden. Den Knoblauch schälen und hacken. Das Koriandergrün abzupfen und grob hacken.

Das Öl in einem Wok bei mittlerer Temperatur erhitzen und die Hälfte des Knoblauchs anschwitzen. Die Möhren und 1 EL der Sojasauce hinzufügen und 4–5 Minuten garen. Die Möhren sollten anschließend weich sein.

Die Nudeln abtropfen lassen, mit der Küchenschere grob klein schneiden und mit 5 EL Wasser und dem Rest der Sojasauce unter die Möhren mengen. Alles weitere 4 Minuten garen, dann den restlichen Knoblauch sowie den Essig, den Zucker und das Salz unterrühren. Mit dem Koriandergrün bestreuen.

Margot: Dieses Rezept stammt von meiner Großmutter mütterlicherseits und ist gewissermaßen meine persönliche Proustsche Madeleine. In China serviert man dazu grundsätzlich eine Schüssel Reis oder Dampfbrötchen. Man kann das Gericht aber auch ohne genießen, sollte die Salzmenge jedoch etwas reduzieren.

十七岁老画翁

画家徐立铨的履历表：上海书画院浦东分院院长，国家一级美术师，中国美协会员，上海市美术家协会市政协特邀委员。他的同龄人中，也是佼佼者。

承海派艺术传统，为活人做点工作，是我的份内事，全如是说。担任上海书画院院长5年来，尽管分编制的工作人员，上级分拨的资金，徐立铨硬凭人脉和坚强的毅力，界的支持，每年都要组织书画展。

东出生的徐立铨，14岁著名画家王个簃的高足，领入门。他知道，艺术有止境的，唯有突破前人走自己的路，才能画出他师法自然，跋涉千捉美的瞬间。在新疆吐鲁番过美玉葡萄；在内蒙古，他惊喜地观察到多头向日葵；在西双版纳，他记录着奇花异草；上海植物园更是他经常写生收集素材的地方。他不满足自己的画"形似"，追求"超以像外"；体现立意高，墨彩足，气势足，富有境界时代感。徐立铨经常画牡丹、紫藤、莲荷、秋菊、石榴、向日葵、三角梅、木棉花……那都是喜气洋洋、欣欣向荣的美好景象。难能可贵的是，经过长期的探索，他掌握了用墨用色用水的诀窍，运笔随机中，画面呈现出墨色淋漓、灵动多姿的感觉，酣畅中透出清韵的风姿和飒爽之气。

近40年的学习、摸索和实践，徐立铨深得吴派精髓。尤其是大写意花卉，在笔墨的挥洒间透出的豪迈之气和磅礴之势，直承缶庐之神韵。吴昌硕的后继者不计其数，有大成就的皆为泸······

■ 徐立铨画《似锦如霞》

国后首次大展，并出版《伏文彦书画集》，图录收集他1930-1940年代在上海学艺时期画作20幅，1970-1980年代画作50幅，和1990年之后旧金山时期书画作品82幅，比较全面展示了伏老一生悠游书画的记录和探索。展览作品是75件，100岁高龄的侯北人先生题《风云一顾盼》，蕴含了伏老在汪亚尘"云隐楼"和张大千"大风堂"门下的难得经历。

伏文彦，字子美，1920年生于上海，原籍河北任丘。父亲是海军军官，家境优裕，1938年入上海新华艺术专科学校攻读中西绘画和音乐，得到校长汪亚尘器重，招为入室弟子，让其放弃西画，专攻国画。1946年汪亚尘移居美国前，见伏文彦倾慕张大千，将其引荐······又成为大风堂入室弟······是张大千精······过四······

照片，一张是黑白的，1946年大千居士布袍长髯，目如点漆，精光四射，照片边上是大千先生的手书"文彦贤弟存念"。另一张是大千居士和夫人徐雯波在台湾摩耶精舍赏梅的合影，边上也是大千先生的亲笔题跋。

伏先生语气缓缓，唯独在提到大千先生的时候，每次都变得激动，在大千先生面前一定要加"我的老师"，不会有任何省略。在大风堂弟子中，他是最受大千先生器重的，可以在老师的内室细细观赏大千先生新得的重宝《韩熙载夜宴图》。"那天群客散毕，我的老师大千先生单独留我下来，带我去里边的小书房，展开《韩熙载夜宴图》让我仔细看，并特别点醒我，'你看画里边内室的锦被是凌乱的，说明主人的放佚不羁'"。1949年初，大千居士离开上海时，特意把伏文彦和陈从周找来，郑重地把"大风堂同门会"印和"大风堂同门录"交给他们保······"在"文革"中，伏文彦被成"反革······受凌虐，藏品被劫掠，那方······印信及"同门录"，为了防止······毁掉了。每每想起，······"。伏文彦说："我······和张先生的入······风云楼"，有······风云人物，叫······从汪老师······大风堂"各······

■ 伏文彦《山水》

韩天衡 张炜羽

承旧启新西泠社长沙孟海

"天下第一社"之称的西泠印社自清末创社以来，荣辱沉衰。尤其是经历了"文革"沉寂后，于1979年12月在杭州隆重召开了建社七十周年社员大会，成为新时期下正常活动的标志。之后的印社在广大新老社员的共同努力下迅速走向繁荣兴盛的领军人物，就是备受尊崇的西泠祭酒沙孟海。

沙孟海（1900—1992），名文若，字沙邨，别署兰沙馆、若榴等，浙江鄞县人。自幼即嗜刻书法篆法。及长曾应邻村人之请，有工具书可参考的情况下书写了一千余字的《李氏宗谱》，无一舛讹，令人惊叹。稍长，富同游著名学者冯君

年，意气风发的沙孟海在同里名士张美翊与冯师的推荐下，赴上海拜谒赵叔孺、吴昌硕，并列其门墙，又虚心向名宿章太炎、马一浮、钱罕、张原炜等请教。因学问渊博、善于辞章翰墨，沙孟海曾先后担任南京中央大学与国民政府教育部、交通部、浙江省政府等机构秘书。建国后在浙江省博物馆、浙江美术学院等从事文博考古研究和书学教育工作。至1979年，寿登大耋的沙孟海实至名归，被公推为西泠印社社长，并在1981年中国书法家协会第一次全国代表大会上出任副主席，走向了其艺术事业的顶峰。

会与新旧文化与艺术发展、交替阶段，既上承优秀传统文化的熏染，又下启现代印学研究与学校艺术人才培养的全新模式。在上世纪七十年代末，他与陆维钊联袂，领风气之先，在浙江美术学院首招书法篆刻专业硕士研究生，构建起当代高等院校书法篆刻艺术尖端人才教育的机制，为现代浙江乃至全国书坛，造就、输送了一支骨干队伍。

沙孟海治学严谨，早年即以创作、学术双栖的形象跻身于印坛。《印学史》一书，全面系统地论述了我国印章发展史，包括历代印章制度与著名篆刻流派、名家等，集其

在西泠印社八十周年社庆大会上，沙孟海对长期混淆的"金石"与"篆刻"概念进行梳理、剥离，进一步确立了印学的独立艺术与学术价值，也彰显出沙孟海作为一代学术泰斗的胆识与睿智。

沙孟海不仅渊博精鉴，著述宏富，道德文章，为人师表，还擅长四体书。晚年尤以行草书和气势如虹的擘窠榜书称雄书坛。篆刻创作不囿于赵、吴二师，上溯金文、古玺，博涉两汉官私印与封泥，间师皖派与赵之谦，取法多样，卓尔不群。赵、吴二师对其早年印作赞赏有加，缶翁题诗称其："浙人不学赵撝······

岁后治印较罕，又自谦为"才短手蒙，所就殆无全称。七十以后病躯不任琢画，秀而不实，每愧虚名"。其印名不免为书名掩盖，但沙孟海生前曾提出要将西泠印社建设成"国际印学研究中心"的宏伟目标已成为当今印社同人为之奋斗的动力。

■ 沙孟海"无限风在险峰"

MIAN MIT SOJASAUCE

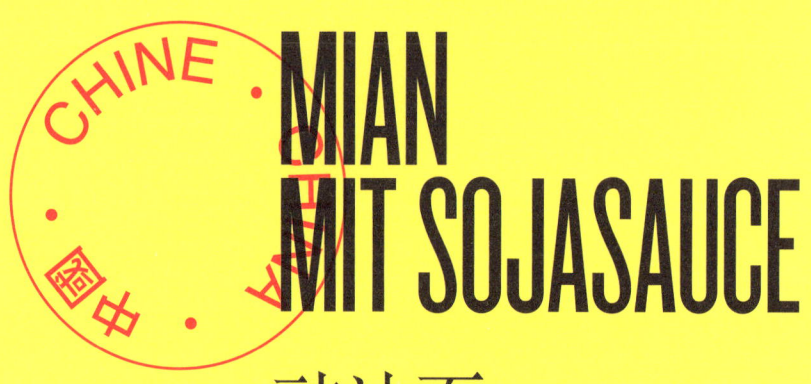

豉油面

FÜR 3 PERSONEN
Vorbereitung: 15 Minuten
Garzeit: 15 Minuten

300 g Dan-Mian-Nudeln
5 g Ingwer
50 g Schnittknoblauch
2 EL helle chinesische Sojasauce
2 EL dunkle chinesische Sojasauce
1 EL Austernsauce
2 EL brauner Zucker
2 EL neutrales Speiseöl
150 g Mungbohnensprossen
1 TL Sesamöl

Die Nudeln nach der Anleitung auf Seite 26 garen. Den Ingwer ungeschält in feine Streifen schneiden. Den Schnittknoblauch in 4 cm lange Stücke schneiden. Die Sojasaucen und die Austernsauce mit 3 EL Wasser und dem braunen Zucker verrühren. In einem Wok 1 EL Öl kräftig erhitzen. Schnittknoblauch und Mungbohnensprossen darin 1 Minute anschwitzen und beiseitelegen. Das restliche Öl in dem Wok erhitzen, den Ingwer bei mittlerer Hitze anschwitzen und die Nudeln dazugeben. Nach und nach am Pfannenrand in kleinen Mengen die Sojamischung in den Wok gießen, die Nudeln dabei beständig umrühren. Mungbohnensprossen und Schnittknoblauch wieder hineingeben, rasch untermischen und den Wok vom Herd nehmen. Das Sesamöl untermengen und servieren.

Gut zu wissen: Dies ist eine Spezialität aus der kantonesischen Küche, auch zu erkennen an der Verwendung der aus dieser Region stammenden dunklen Sojasauce.

MIAN MIT HUHN

鸡肉炒面

FÜR 4 PERSONEN
Vorbereitung: 15 Minuten
Garzeit: 20 Minuten

400 g Hähnchenbrustfilet
4 EL helle chinesische Sojasauce
50 g rote Paprikaschote
50 g grüne Paprikaschote
2 Frühlingszwiebeln
5 g Ingwer
320 g Dan-Mian-Nudeln
3 EL neutrales Speiseöl
½ TL Salz
schwarze Sesamsamen
(nach Belieben)

Die Hähnchenbrust in 2 mm dünne Scheibchen schneiden, mit 2 EL Sojasauce vermengen und kalt stellen.
Die rote und die grüne Paprika in dünne Streifen, die Frühlingszwiebeln in Ringe schneiden. Den ungeschälten Ingwer hacken.
Die Nudeln nach der Anleitung auf Seite 26 garen.
Das Öl in einem Wok kräftig erhitzen und den Ingwer darin 15 Sekunden anschwitzen. Das Hähnchenfleisch zugeben und 3 Minuten pfannenrühren, bis es goldbraun ist.
Die Paprika unterrühren und nach 1 Minute die Nudeln, die restliche Sojasauce, die Frühlingszwiebeln und das Salz untermengen. Nach Belieben mit schwarzem Sesam bestreuen und servieren.

MIAN MIT SHIITAKE-PILZEN

香菇炒面

FÜR 2 PERSONEN
Vorbereitung: 10 Minuten
Einweichen: 30 Minuten
Garzeit: 10 Minuten

40 g getrocknete Shiitake-Pilze
1 Frühlingszwiebel
5 g Ingwer
4 Blätter Pak-Choi
200 g Dan-Mian-Nudeln
1 EL neutrales Speiseöl
1 EL Austernsauce
2 EL helle chinesische Sojasauce
1 Prise Zucker

Die Shiitake 30 Minuten in 90 °C heißem Wasser einweichen. Die Frühlingszwiebel und den ungeschälten Ingwer hacken. Die Shiitake abtropfen lassen, von den Stielen befreien und in 5 mm dicke Scheibchen schneiden.

Die grünen Blätter des Pak-Choi von den hellen Blattrippen und den Stielen abtrennen; nur der helle Teil wird verwendet (die Blätter kann man für Mi Xian »überqueren die Brücke«, siehe Seite 110, verwerten). Blattrippen und Stiele quer in 1 cm breite Streifen schneiden.

Die Nudeln nach der Anleitung auf Seite 26 garen. Kalt abschrecken und abtropfen lassen.

Das Öl in einem Wok kräftig erhitzen und die Shiitake darin 1 Minute anschwitzen. Den Ingwer und die Frühlingszwiebel zugeben und weitere 30 Sekunden garen. Den Pak-Choi unterrühren und 1 Minute unter Rühren garen. Die Nudeln untermengen und mit der Austernsauce, der Sojasauce und 1 Prise Zucker würzen. Alles noch einmal gründlich verrühren und servieren.

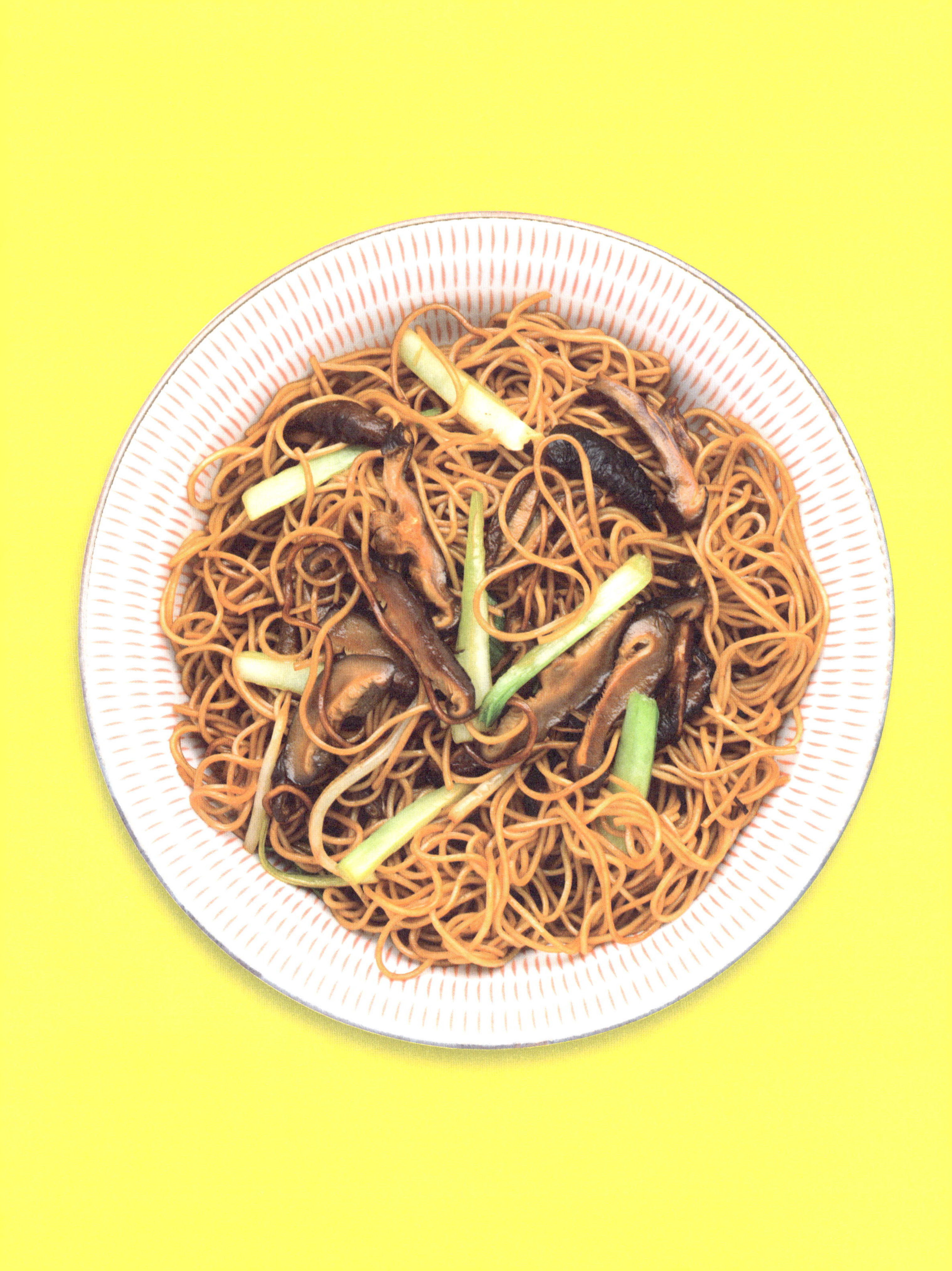

HE FEN AUF KANTONESISCHE ART

干炒牛河

FÜR 2 PERSONEN
Vorbereitung: 20 Minuten
Marinieren: 15 Minuten
Garzeit: 10 Minuten

50 g zartes Rindfleisch (Filet oder Roastbeef)
3 EL helle chinesische Sojasauce
2 TL dunkle chinesische Sojasauce
1 TL Kartoffelstärke
70 g Möhren
5 g Ingwer
1 Zwiebel, geschält
50 g Schnittknoblauch
2 EL neutrales Speiseöl
100 g Mungbohnensprossen
½ TL Salz
100 g Sha-He-Fen-Nudeln
1 TL Sesamöl

Das Rindfleisch in 2 mm dünne Scheibchen schneiden, mit 1 EL heller Sojasauce, 1 TL dunkler Sojasauce und der Stärke vermengen und 15 Minuten im Kühlschrank marinieren.

Die Möhren, den ungeschälten Ingwer und die Zwiebel in dünne Streifen schneiden. Den Schnittknoblauch in 4 cm lange Stücke schneiden. Den Rest der Sojasaucen mit 2 EL Wasser verrühren.

In einem Wok ½ EL Öl kräftig erhitzen, Zwiebeln und Ingwer hineingeben und 30 Sekunden anschwitzen. Die Möhren und die Mungbohnensprossen hinzufügen und erneut 30 Sekunden pfannenrühren. Den Schnittknoblauch unterrühren, nach weiteren 30 Sekunden leicht salzen. Das Gemüse aus der Pfanne nehmen und beiseitestellen.

In dem Wok 1 weiteren EL Öl kräftig erhitzen und das Fleisch darin ohne zu rühren 20 Sekunden anbraten. Anschließend behutsam umrühren, bis es rundherum etwas Farbe angenommen hat. Aus der Pfanne nehmen und beiseitestellen.

Das restliche Öl kräftig erhitzen und die Nudeln ohne zu rühren 30 Sekunden anbraten. Die verdünnte Sojasauce zugießen, umrühren und die Hitze ein wenig herunterstellen. Das Fleisch und das Gemüse wieder in den Wok geben und dabei beständig rühren. Vom Herd nehmen, das Sesamöl zugeben und servieren.

廚神譜／今古奇觀

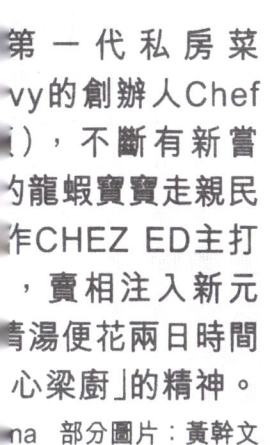

2016年7月18日 星期一

銅鑼灣新法現
星光閃爍美饌

第一代私房菜Ivy的創辦人Chef（），不斷有新嘗為龍蝦寶寶走親民作CHEZ ED主打，賣相注入新元清湯便花兩日時間心梁廚」的精神。

na 部分圖片：黃幹文

滋味

第一時間想起他的私房宋仲基和宋慧喬訪港；f Eddy的叫座力，怪不麟和曾志偉等已是座上Ivy位於銅鑼灣，C'字為「Reborn of式，不少以慢asting Mer華麗，Chebi Tartare他變奏版海膽，更omato ras這法式菜和香草肉和雜菜，難怪Che菜！清湯入

以龍蝦濃湯烹煮頓龍蝦肉刺身以飯煮配以Parmesan芝士，

●餐廳設有半露天私人廂Spinach, Aged Parmesan,

o, Baby Botan Ebi Tartare, Aloe Tomato and Pig Vera, Hokkaido Uni Consomme, Steamed Gras

北海道海膽配以牡丹蝦和蘆薈。

用上兩天時間烹煮的法湯。

ddy的新店設有開放式廚房，增添餐廳

同區推介

貨的多更可直廳推出Sturged小蔥鮮奶地區的鱈魚薄揀、花生果等甜品此

有現場氣球送定的即食客有吞拿魚

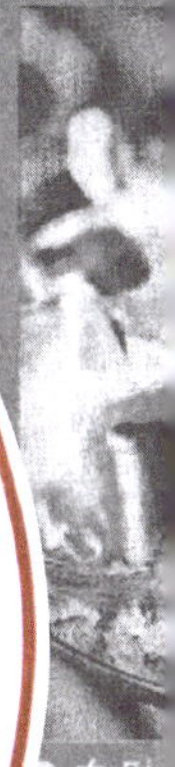

●自助三文魚

●餐廳品嘗新鮮

有著

港富及8月助晚餐包括燒

小貼士

菜

質感幼，為食麻香，菇類尤

GEZUPFTE MIAN NACH ART DER UIGUREN
新疆炒面片

GESCHMORTE MIAN MIT GRÜNEN BOHNEN

扁豆焖面

GEZUPFTE MIAN NACH ART DER UIGUREN

新疆炒面片

FÜR 3 PERSONEN
Vorbereitung: 15 Minuten
Einweichen: 30 Minuten
Garzeit: 10 Minuten

300 g Gezupfte Mian (siehe Seite 37)
3 EL neutrales Speiseöl
5–6 Sichuan-Pfefferkörner
5 g Ingwer
100 g Rinderfilet
½ TL Salz
1 TL Shaoxing-Wein
1 TL Kartoffelstärke
50 g rote Zwiebeln, geschält
50 g grüne Paprikaschote
50 g Chinakohl
1 Tomate
50 g Stangensellerie
2 Knoblauchzehen, geschält
1 EL helle Sojasauce
1 EL Ketchup
1 TL Zucker

Die Gezupften Mian etwa 2 Minuten in kochendem Wasser garen, unter kaltem Wasser abschrecken, abtropfen lassen und 1 EL Öl untermengen. Beiseitestellen.
Den Sichuan-Pfeffer 30 Minuten in 2 EL warmem Wasser (70 °C) einweichen. In ein Sieb abgießen und die Flüssigkeit beiseitestellen.

Den ungeschälten Ingwer fein hacken. Das Rinderfilet in 2 mm dünne Scheibchen schneiden, mit dem Ingwer, 1 Prise Salz, dem Shaoxing-Wein, dem Pfeffer-Wasser und der Kartoffelstärke vermengen und 10 Minuten bei Raumtemperatur durchziehen lassen.

Die Zwiebeln, die Paprikaschoten und den Chinakohl in viereckige Stücke, die Tomate in Spalten und den Sellerie in Stifte schneiden. Den Knoblauch in feine Scheibchen schneiden.
In einem Wok 1 EL Öl bei mittlerer Temperatur erhitzen und das marinierte Fleisch darin unter ständigem Rühren 1 Minute anbraten. Herausnehmen und beiseitestellen.

Das restliche Öl erhitzen, den Knoblauch und die Zwiebeln 1 Minute anschwitzen. Die Tomate dazugeben und garen, bis sie etwas weicher geworden ist. Die Hitzezufuhr erhöhen, das restliche Gemüse und die Sojasauce hinzufügen und sorgfältig umrühren.
Die Nudeln untermischen und alles noch einmal 1 Minute erhitzen. Mit dem Ketchup und dem restlichen Salz würzen, das Fleisch unterziehen und servieren.

Gut zu wissen: Die frisch gezupften Mian können Sie auch durch ein getrocknetes Produkt oder durch Gua Mian ersetzen.

GESCHMORTE MIAN MIT GRÜNEN BOHNEN

扁豆焖面

FÜR 2 PERSONEN
Vorbereitung: 10 Minuten
Garzeit: 25 Minuten

250 g grüne Bohnen
1 Frühlingszwiebel
5 g Ingwer
1 Knoblauchzehe
100 g Schweinefilet
2 EL neutrales Speiseöl
1 Sternanis
2 EL helle chinesische Sojasauce
2 TL dunkle chinesische Sojasauce
200 g Qie-Mian-Nudeln
½ TL Salz
1 EL schwarzer chinesischer Reisessig

Die grünen Bohnen putzen. Die Frühlingszwiebel und den ungeschälten Ingwer hacken. Den Knoblauch schälen und in feine Scheibchen schneiden. Das Schweinefilet in 2 mm dünne Scheiben schneiden.

Das Öl in einem Wok kräftig erhitzen. Die Frühlingszwiebel und den Ingwer darin 30 Sekunden anschwitzen. Das Schweinefleisch zugeben und 2 Minuten unter Rühren garen. Die grünen Bohnen und den Sternanis hinzufügen, die Hitze ein wenig herunterstellen und weitere 2 Minuten pfannenrühren. Die Sojasaucen unterrühren und nach weiteren 2 Minuten 150 ml heißes Wasser und die Nudeln dazugeben. Zugedeckt zum Kochen bringen und bei mittlerer Hitze garen, bis die Flüssigkeit fast verkocht ist.

Die Hitzezufuhr wieder leicht erhöhen, damit die Sauce weiter einkocht. Den Knoblauch und das Salz zugeben und rasch unterrühren. Zuletzt noch den Essig untermischen und servieren.

Gut zu wissen: Dieses Gericht erfordert frische chinesische Nudeln, die man aber durch frische italienische Pasta ersetzen kann.

GEWÜRFELTE MIAN MIT GEMÜSE

炒疙瘩

FÜR 2 PERSONEN
Vorbereitung: 30 Minuten
Ruhen: 30 Minuten
Garzeit: 20 Minuten

200 g Weizenmehl Type 405
1 Prise Salz
25 g getrocknete Shiitake-Pilze
80 g Möhren
2 Knoblauchzehen
1 Frühlingszwiebel
100 g Edamame
1 EL neutrales Speiseöl
4 EL helle chinesische Sojasauce
1 EL Shaoxing-Wein
½ TL frisch gemahlener Pfeffer

Das Mehl und das Salz vermengen. Nach und nach 120 ml lauwarmes Wasser unterrühren und alles 5 Minuten zu einem glatten, geschmeidigen Teig verkneten. Den Teig zu einem Kloß formen, mit einem feuchten Tuch zudecken und bei Raumtemperatur 30 Minuten ruhen lassen.

Die Shiitake 30 Minuten in 90 °C heißem Wasser einweichen. Abtropfen lassen und gut ausdrücken.
Die Möhren und die Pilze in kleine Würfel schneiden. Den Knoblauch schälen und mit der Frühlingszwiebel hacken. Die Edamame enthülsen. Das Öl in einem Wok kräftig erhitzen, den Knoblauch und die Frühlingszwiebel hineingeben und 30 Sekunden anschwitzen. Die Möhren unterrühren und nach 2 weiteren Minuten die Shiitake, die Edamame und 1 EL Sojasauce hinzufügen. Alles gut verrühren und in dem Wok beiseitestellen.

Den Teig mit einem Wellholz zu einem 8 mm dicken Fladen ausrollen und diesen zuerst in 8 mm breite Streifen, dann in Würfel von 8 mm Kantenlänge schneiden. Die Würfel mit etwas Mehl bestauben, damit sie nicht kleben. Die Mian-Würfel 2 Minuten in kochendem Wasser garen und abtropfen lassen.

Das Gemüse in dem Wok bei mittlerer Temperatur wieder erhitzen und die Mian-Würfel zugeben. Die restliche Sojasauce, den Shaoxing-Wein und den Pfeffer unterrühren und noch 1 Minute erhitzen, dann servieren.

《茶经》原文

● 一之源

　　茶者，南方之嘉木也。一尺、二尺乃至数十尺。其巴山峡川，有两人合抱者，伐而掇之。其树如瓜芦，叶如栀子，花如白蔷薇，实如栟榈，茎如丁香，根如胡桃。（瓜芦木出广州，似茶，至苦涩。栟榈，蒲葵之属，其子似茶。胡桃与茶，根皆下孕，兆至瓦砾，苗木上抽。）其字，或从草，或从木，或草木并。（从草，当作茶，其字出《开元文字音义》；从木，当作搽，其字出《本草》；草木并，作茶，其字出《尔雅》。）

　　其名，一曰茶，二曰槚，三曰蔎，四曰茗，五曰荈。（周公云：槚，苦茶。扬执戟云：蜀西南人谓茶曰蔎。郭弘农云：早取为茶，晚取为茗，或一曰荈耳。）其地，上者生烂石，中者生砾壤，下者生黄土。凡艺而不实，植而罕茂，法如种瓜，三岁可采。野者上，园者次；阳崖阴林，紫者上，绿者次；笋者上，牙者次；叶卷上，叶舒次。阴山坡谷者，不堪采掇，性凝滞，结瘕疾。茶之为用，味至寒，为饮最宜精行俭德之人。若热渴、凝闷、脑疼、目涩、四肢烦、百节不舒，聊四五啜，与醍醐、甘露抗衡也。采不时，造不精，杂以卉莽，饮之成疾。茶为累也，亦犹人参。上者生上党，中者生百济、新罗，下者生高丽。有生泽州、易州、幽州、檀州者，为药无效，况非此者！设服荠苨，使六疾不瘳。知人参为累，则茶累尽矣。

● 二之具

　　籯，一曰篮，一曰笼，一曰筥。以竹织之，受五升，或一斗、二斗、三斗者，茶人负以采茶也。

　　灶，无用突者，釜，用唇口者。

　　甑，或木或瓦，匪腰而泥，篮以箄之，篾以系之。始其蒸也，入乎箄，既其熟也，出乎箄。釜涸注于甑中，又以谷木枝三亚者制之，散所蒸牙笋并叶，畏流其膏。

　　杵臼，一曰碓，唯恒用者佳。

　　规，一曰模，一曰棬。以铁制之，或圆或方或花。

　　承，一曰台，一曰砧。以石为之，不然以槐、桑木半埋地中，遣无所摇动。

　　襜，一曰衣。以油绢或雨衫单服败者为之，以襜置承上，又以规置襜上，以造茶

MI FEN NACH ART VON TAIWAN

台式炒米粉

FÜR 2 PERSONEN
Vorbereitung: 15 Minuten
Einweichen: 30 Minuten
Garzeit: 10 Minuten

30 g getrocknete Shiitake-Pilze
160 g Mi-Fen-Nudeln
50 g Schweinenacken
2 TL helle chinesische Sojasauce
1 TL Kartoffelstärke
2 Knoblauchzehen
150 g Weißkohl
2 EL neutrales Speiseöl
10 g getrocknete Garnelen
1 EL Shaoxing-Wein
½ TL Salz
1 TL frisch gemahlener weißer Pfeffer
1 TL Asia-Röstzwiebeln

Die Shiitake 30 Minuten in 90 °C heißem Wasser, die Nudeln 30 Minuten in kaltem Wasser einweichen. Das Schweinefleisch in 2 mm dünne Scheibchen schneiden, mit 1 TL Sojasauce und der Kartoffelstärke vermengen und kalt stellen.

Den Knoblauch schälen und hacken. Die Shiitake ausdrücken, von den Stielen befreien und vierteln. Den Kohl in 5 mm breite Streifen schneiden.

In einem Wok 1 EL Öl bei mittlerer Temperatur erhitzen und das Schweinefleisch darin 2 Minuten anbraten. Herausnehmen und beiseitestellen. Das restliche Öl erhitzen, die getrockneten Garnelen, die Pilze, den Knoblauch, den Shaoxing-Wein und die restliche Sojasauce hineingeben und bei mittlerer Hitze 2 Minuten garen.

Die Hitzezufuhr erhöhen und 300 ml heißes Wasser in den Wok gießen. Die Nudeln, den Kohl, das Fleisch und das Salz hinzufügen und zugedeckt garen, bis das Wasser verkocht ist. Regelmäßig umrühren. Den Wok von der Kochstelle nehmen und das Gericht mit dem Pfeffer würzen. Mit den Röstzwiebeln bestreuen und servieren.

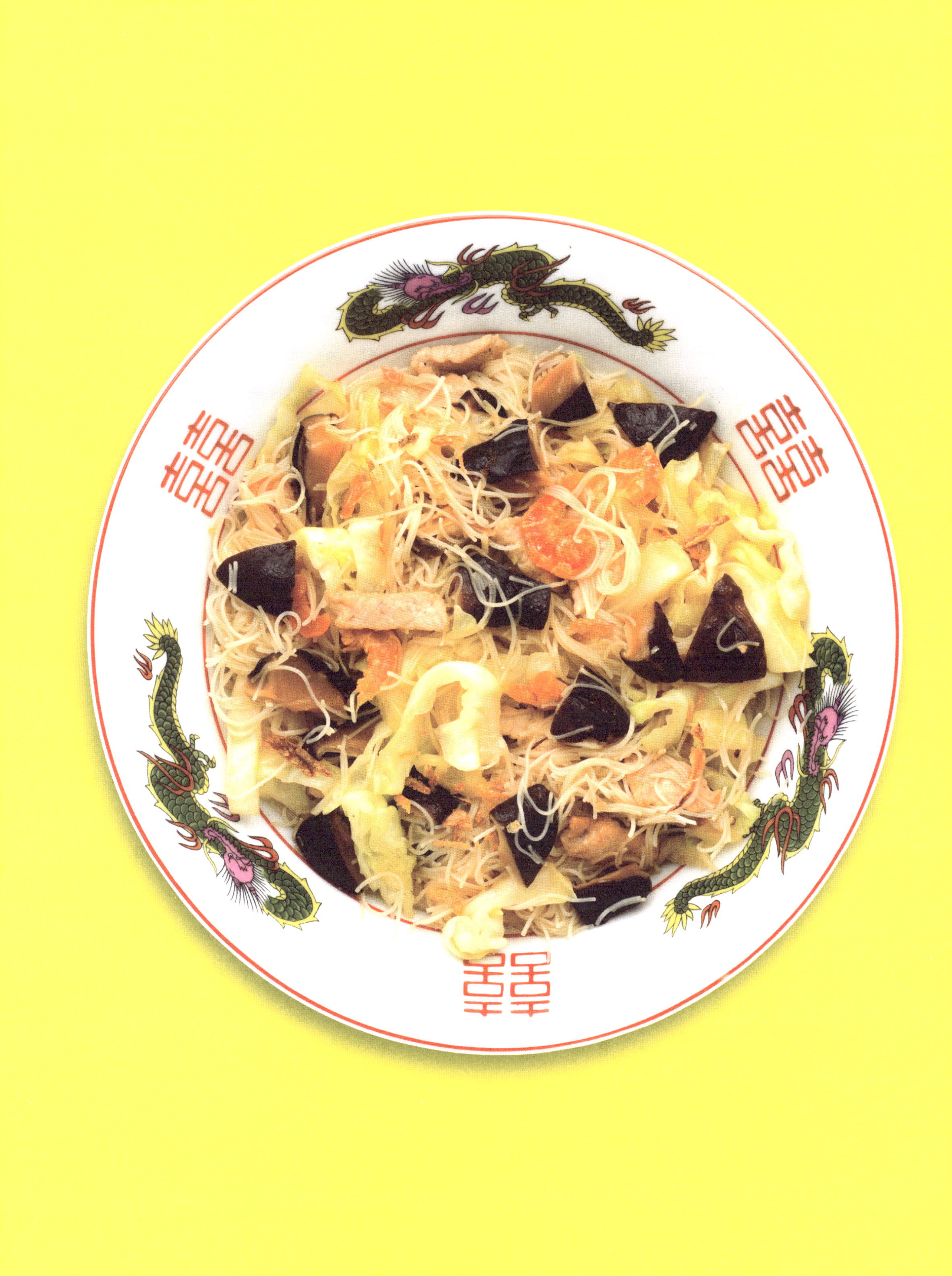

MI FEN NACH ART VON SINGAPUR

SINGAPORE RICE NOODLES

FÜR 2 PERSONEN
Vorbereitung: 20 Minuten
Einweichen: 15–20 Minuten
Garzeit: 15 Minuten

160 g Mi-Fen-Nudeln
¼ grüne Paprikaschote
1 frische Chilischote
2 Knoblauchzehen
1 Schalotte
2 EL neutrales Speiseöl
8 rohe geschälte Garnelen
1 EL helle chinesische Sojasauce
1 EL Austernsauce
80 g Mungbohnensprossen
1 EL Currypulver
½ TL Salz

Die Nudeln 15–20 Minuten in lauwarmem Wasser einweichen. Die Paprika und die Chilischote in feine Streifen schneiden. Den Knoblauch und die Schalotte schälen und hacken.

In einem Wok 1 EL Öl kräftig erhitzen und die Hälfte der Schalotte und des Knoblauchs darin leicht Farbe annehmen lassen. Die Garnelen sowie die Paprika- und Chilistreifen zugeben und 1 Minute pfannenrühren. Mit der Sojasauce und der Austernsauce würzen und weitere 30 Sekunden garen. Aus der Pfanne nehmen und beiseitestellen.

Das restliche Öl in dem Wok erhitzen und den Rest Schalotten und Knoblauch sowie die Mungbohnensprossen darin 30 Sekunden anschwitzen. Die abgetropften Nudeln und das Currypulver untermischen und alles bei starker Hitze unter ständigem Rühren noch einmal 30 Sekunden erhitzen. Leicht salzen.
Das Gemüse und die Garnelen unterrühren und servieren.

Gut zu wissen: Ein Rezept der chinesischen Gemeinde in Singapur, das auch hinduistische und malaysische Anklänge verrät.

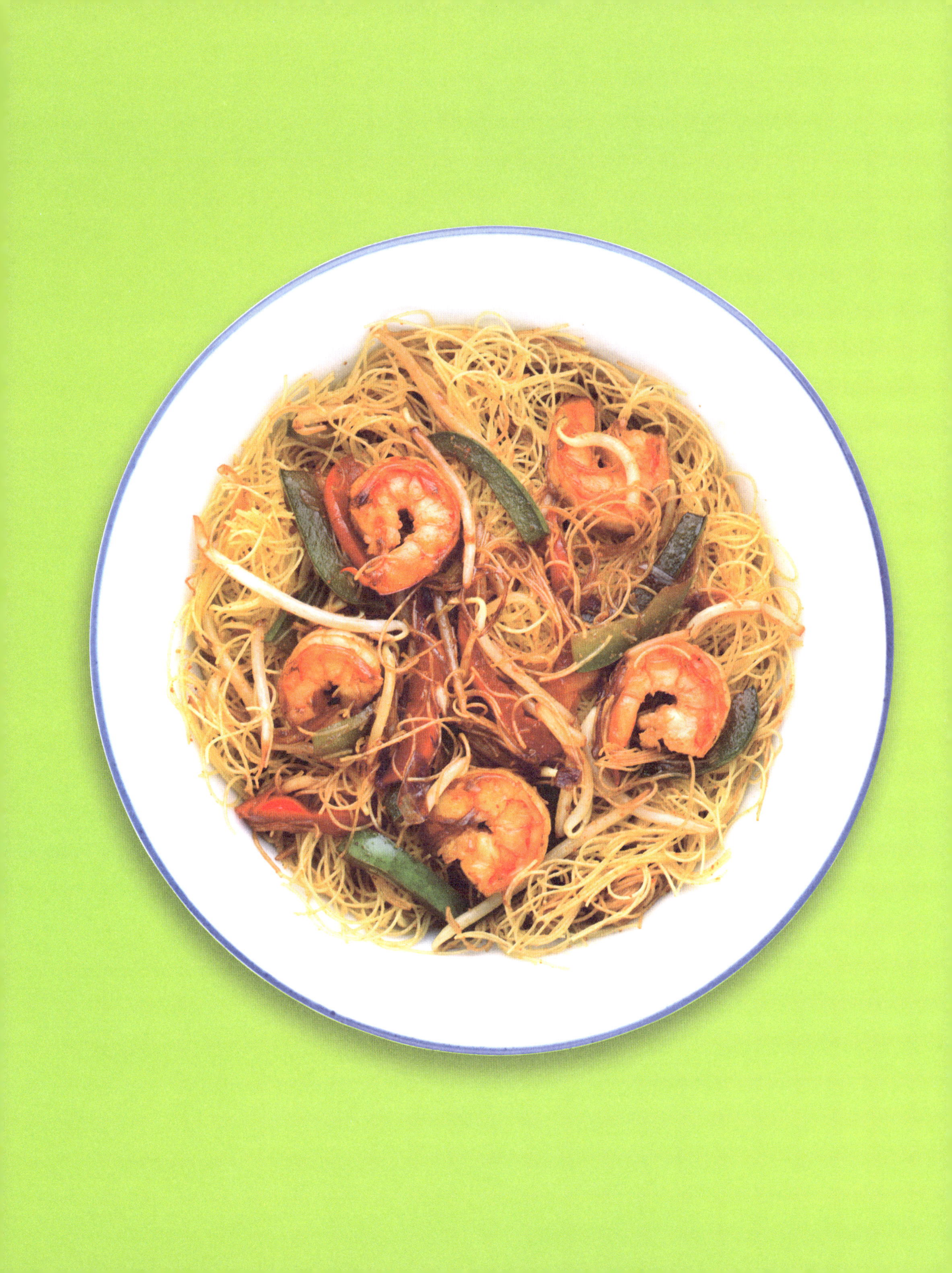

GEBRATENE MIAN NACH ART VON SHANGHAI

两面黄

FÜR 4 PERSONEN
Vorbereitung: 15 Minuten
Garzeit: 25 Minuten

100 g chinesischer gelber Schnittknoblauch
50 g gewöhnlicher Schnittknoblauch
150 g Schweinefilet
5 g Ingwer
5 EL neutrales Speiseöl
1 EL helle chinesische Sojasauce
½ TL Salz
1 TL Kartoffelstärke
150 g Longxu-Mian-Nudeln

Sämtlichen Schnittknoblauch in 5 cm lange Stücke schneiden. Das Schweinefilet in 3 mm breite Streifen schneiden. Den ungeschälten Ingwer hacken.

In einem Wok 1 EL Öl bei mittlerer Temperatur erhitzen und das Schweinefleisch 2 Minuten rundherum anbraten. Den Ingwer, die Sojasauce und das Salz zugeben und gut umrühren. Den Schnittknoblauch unterrühren und bei starker Hitze 1 Minute garen. Die Stärke in 80 ml kaltem Wasser auflösen, in den Wok gießen und unterrühren. Die Sauce dickt innerhalb weniger Sekunden ein. Den Garprozess sofort stoppen und den Pfanneninhalt warm stellen.

Die Nudeln nach der Anleitung auf Seite 26 garen. In einer beschichteten Pfanne 3 EL Öl bei hoher Temperatur erhitzen. Die Nudeln darin gleichmäßig zu einem runden Fladen ausbreiten und 4–5 Minuten goldbraun braten. Den Fladen umdrehen, das restliche Öl hinzugeben und 1 weitere Minute braten. Nun 50 ml Wasser zugießen, die Pfanne sofort zudecken und die Nudeln noch einmal 2–3 Minuten garen, bis die Flüssigkeit vollständig verkocht ist.

Den Nudelfladen auf einer Platte anrichten, mit dem Fleisch und dem Gemüse aus dem Wok garnieren und sofort servieren.

Gut zu wissen: Diese gebratenen Nudeln werden von weiteren Speisen wie Reis, Dampfbrötchen, Suppe und Ähnlichem begleitet, daher die vergleichsweise geringen Mengen.

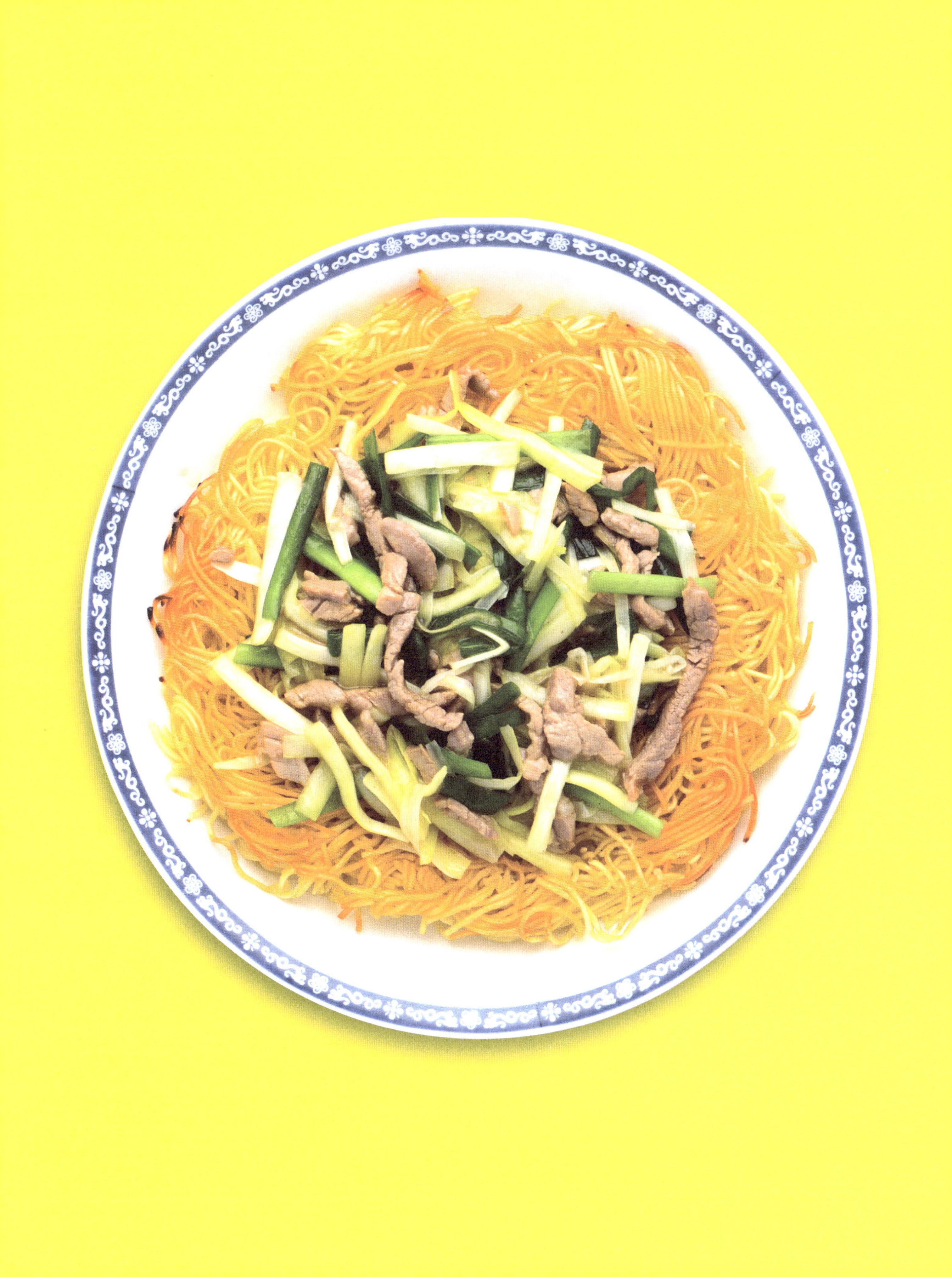

FEN TIAO MIT SCHWEINEFLEISCH

猪肉炖粉条

FÜR 4 PERSONEN
Vorbereitung: 10 Minuten
Einweichen: 30 Minuten
Garzeit: 1 Stunde 50 Minuten

500 g Schweinebauch
10 g Ingwer
3 Frühlingszwiebeln
1 EL dunkle chinesische Sojasauce
2 EL helle chinesische Sojasauce
100 ml Shaoxing-Wein
2 Sternanis
30 g Kandiszucker
100 g Fen-Tiao-Nudeln
1 TL Salz

Den Schweinebauch der Länge nach durchschneiden und dann in 4 cm große Würfel schneiden.
Den ungeschälten Ingwer in Scheiben, die Frühlingszwiebeln in 5 cm lange Stücke schneiden.

In einem Topf Wasser zum Kochen bringen, die Schweinebauchstücke hineingeben und 2 Minuten blanchieren. Gründlich abspülen und abtropfen lassen. Einen Wok ohne Zugabe von Öl kräftig erhitzen und das Fleisch darin von allen Seiten bräunen. Beide Sojasaucen, den Shaoxing-Wein und so viel Wasser zugießen, das alles eben bedeckt ist. Ingwer, Frühlingszwiebeln, Sternanis und den Kandiszucker hinzufügen und zugedeckt 1 Stunde garen, bis das Fleisch zart ist. Regelmäßig umrühren.

Die Nudeln 30 Minuten in 90 °C heißem Wasser einweichen. Anschließend unter das Fleisch mengen, salzen und alles weitere 40–50 Minuten garen. Bei Bedarf verkochtes Wasser ergänzen, sodass die Zutaten immer bedeckt sind.

Die Hitze auf maximale Stufe erhöhen und die Sauce auf die Hälfte einkochen lassen. Ab und zu sanft umrühren. Ingwer und Frühlingszwiebeln entfernen und das Gericht in tiefen Schalen servieren.

Gut zu wissen: Wie bei dem vorherigen Rezept serviert man auch zu diesen Fen-Tiao-Nudeln Reis oder gedämpfte Hefebrrötchen.

»KRABBELNDE AMEISEN«

蚂蚁上树

FÜR 4 PERSONEN
Vorbereitung: 10 Minuten
Einweichen: 20 Minuten
Garzeit: 10 Minuten

200 g Glasnudeln aus Mungbohnenstärke
2 Knoblauchzehen, geschält
5 g Ingwer
2 Frühlingszwiebeln
2 EL Doubanjiang (grobe Würzpaste)
160 ml Chinesische Hühnerbrühe (siehe Seite 294) oder Wasser
3 EL neutrales Speiseöl
100 g Schweinehack
1 EL Douchi (fermentierte Sojabohnen)
2 EL Shaoxing-Wein
1 TL Zucker

Die Glasnudeln 20 Minuten in lauwarmem Wasser einweichen. Abtropfen lassen und mit der Küchenschere in etwa 20 cm lange Fäden schneiden.

Den Knoblauch, den ungeschälten Ingwer und die Frühlingszwiebeln hacken.
Die Doubanjiang-Paste hacken, um die darin enthaltenen Sojabohnen und Chilis weiter zu zerkleinern.
Die Brühe oder das Wasser erhitzen.

Das Öl in einem Wok bei hoher Temperatur erhitzen und die Doubanjiang-Paste zugeben. Die Hitze ein wenig herunterstellen und die Mischung garen, bis sich das Öl rot gefärbt hat. Das Hackfleisch, das Douchi und den Wein hinzufügen und 1 weitere Minute pfannenrühren. Den Knoblauch, den Ingwer und die Frühlingszwiebeln unterrühren und alles noch 1 Minute garen.

Die Hühnerbrühe oder das Wasser zugießen, sofort die Glasnudeln zugeben und rasch unterrühren. Den Deckel auflegen und alles bei mittlerer Hitze 2 Minuten garen. Zuletzt den Zucker unterrühren und eventuell einen Schuss Wasser zugeben, falls die Angelegenheit etwas trocken erscheint.

Gut zu wissen: Bei diesem Gericht mit dem Namen »Krabbelnde Ameisen« oder »Ameisen krabbeln auf den Baum« symbolisiert das Hackfleisch die Ameisen und die Glasnudeln den Baum. Man serviert es nie solo als Einzelportion, sondern immer für mehrere Esser und in Gesellschaft von Reis oder gedämpften Hefebrötchen, darum wird es recht salzig und kräftig abgeschmeckt.

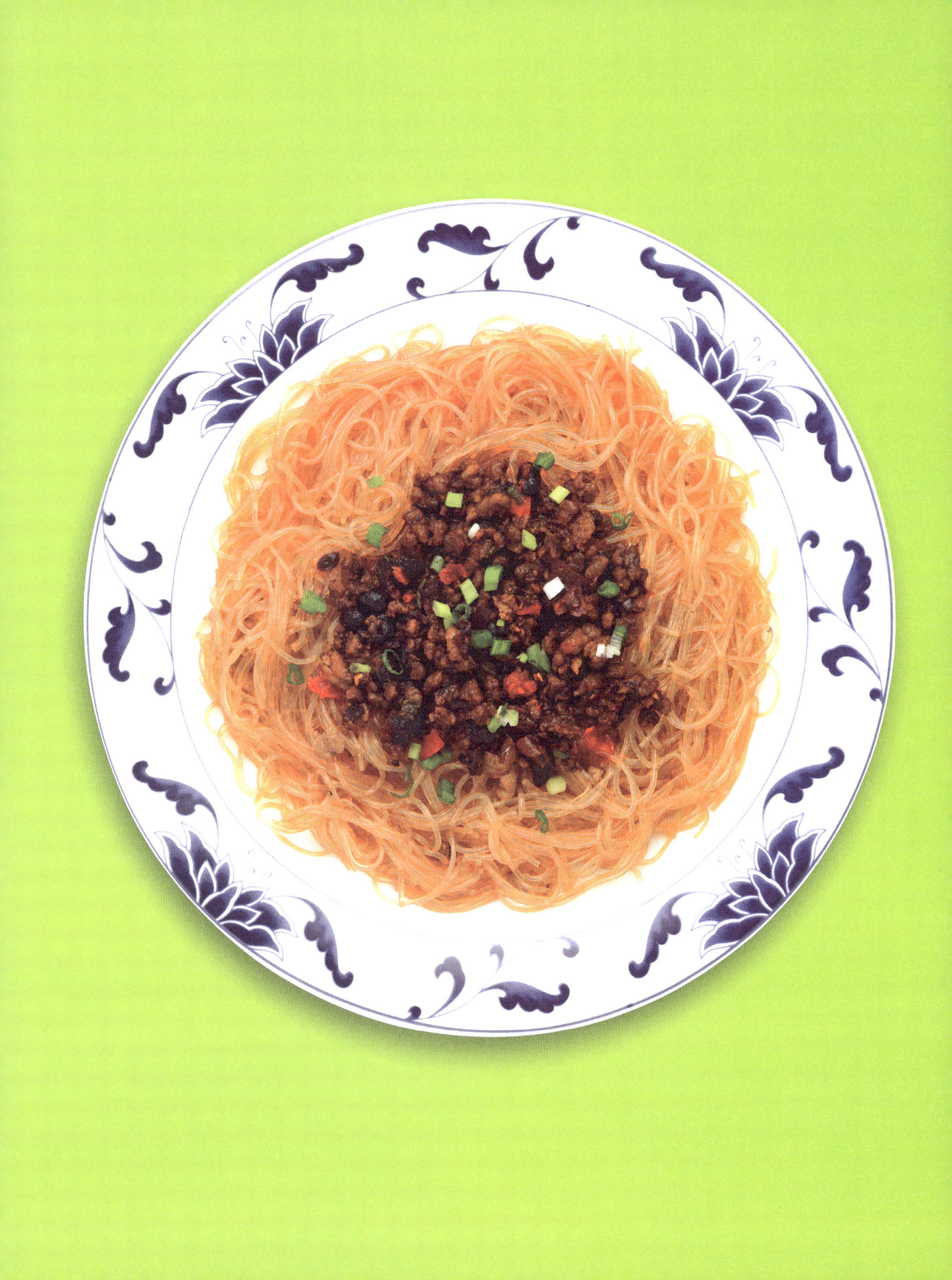

UDON MIT GEMÜSE

野菜焼きうどん

FÜR 4 PERSONEN
Vorbereitung: 10 Minuten
Garzeit: 5 Minuten

800 g frische Udon-Nudeln oder
400 g getrocknete Nudeln
1 Möhre
3 Kohlblätter (Weiß- oder Chinakohl)
2 EL neutrales Speiseöl
1 EL Sake + 1 EL dunkle japanische Sojasauce oder 2 EL Tonkatsu-Sauce
1 EL roter eingelegter Ingwer (Beni Shoga)

Die Nudeln nach der Anleitung auf Seite 26 garen. Die Möhre schälen, die Kohlblätter waschen und alles in feine Streifen schneiden.

Das Öl in einem Topf bei hoher Temperatur erhitzen und zuerst das Gemüse, dann die Nudeln darin anschwitzen. Den Sake und die Sojasauce (oder Tonkatsu-Sauce) zugießen und gut verrühren. Die Nudeln und das Gemüse auf Tellern anrichten, mit dem roten Ingwer garnieren und sofort servieren.

Gut zu wissen: Mit Sake und Sojasauce erzielen Sie bei diesem Gericht ein feineres, delikateres Ergebnis, während eine mit der süßsalzigen Tonkatsu-Sauce gewürzte Version größeren Anklang bei Kindern findet.

ベスト オブ 蕎麦

戸開拓四百年奉祝
麺'S CLUB編
コノグラフィオ（序に代へて）．．．2

もり・せいろの特徴はしなめらか汁濃いめ

もりそば 神田須田町 神田まつや	24
せいろ 西荻南 鞍馬	25
もりそば 西新宿 生粉打ち亭	26
せいろ 東池袋 ほしの	26
盛りそば 築地 田無	27
せいろ 浅草 利庵	28
天ぷらそば（並） 白金台 小川町	28
もりそば 春月	29
せいろ 登喜吉	29
鶴見 無動庵増音	30
せいろ 巴町砂場	30
せいろ やぶそば	31
平井 雷門	31

生誕二百年 そばは種物の王者である

天ぷらそば（上） 西早稲田 一乃屋	
天ぷらそば 国分寺 金城庵本館	
天ぷらそば 西新宿 渡邊	
伊勢海老の天ぷらそば さらしな乃里	
天ぷらそば（並） 浅草 日本橋浜町	
天ぷらそば 栄町 藪そば	
天ぷらそば 西麻布 日本橋室町	
天ぷらそば 甲子 千利庵	
かき揚げ天ぷらそば 西荻南 つる家	

(page numbers 31 31 30 30 29 29 28 28 27 26 26 25 24)

名古屋篇 出石篇 松江篇 徳島篇 福岡篇 福岡篇 福岡篇 熊本篇	74 73 72 71 70 69 68 67 66

おろしそば えび天そば ごぼう大そば 丸天そば 生そば（一桁） せいろ 割子そば 天神 店屋町 英多 紺屋町	65 64 63 62 61

千変万化！ 東京の種物大

小柱あられそば 銀座 浅野屋	111
白魚そば 神田淡路町 かんだやぶそば	112
古典 若竹そば 神田淡路町	113
古典 かつおそば 奥沢	114
古典 かき南ばん 上野	115
古典 穴子そば 巴町砂場	116
古典 穴子のせ 京橋	117
古典 あなご天そば 美寿庵	118
柳かけ 千両	119
鯛のせ 中野	120
イクラ 神田保町 出雲そば	121
馬肉のせ 竜泉	122
豚肉のせ 角萬	123
鶏肉使用 浅草 よし田	124
牛肉使用 十和田	125
トンカツそば 銀座	126
コロッケそば 神楽坂 翁庵そば	127
かつとじ 神楽坂 翁庵そば	128
かつそば 神楽坂 翁庵そば	129
冷しかつそば 神楽坂 翁庵そば	130
肉五日（上） 神楽坂 翁庵そば	131

吉野そば 日本橋室町	
揚げもちそば 江戸屋	
聖天そば 十六文そば	
田無 夢境庵	
奴そば 岩本町 利久庵	
権現そば 弥生 泰明庵	
納豆そば 田信神井 やぶそば	
いそゆき 砂場総本	
カレーそば 湯島 上荻	
おかめそば 銀座 泰明庵	
熱とろ（山かけ） あずみ 信州一番町	
山芋そば 松翁	
わさびそば 猿楽町 新橋	
おろしそば 蓮玉庵 福生	
けんちんそば 石神井 上荻	
錦そば 寺島町吉田 蕎麦屋	
梅じそそば 喜多平 太子堂	
しいたけそば 安曇野 吾平	
芽かぶそば 西日暮里 川むら	
玉子とじ 京橋 藪伊豆総	
月見そば 神田藪伊豆総	

掲載店地図

"いい蕎麦"求めて幾千里（跋に代へて）
『上野藪そば』が教える東京流汁の作り方
『美々卯』が教える大阪流汁の作り方
蕎麦粉字入門
「あゝでもないこうでもない」蕎麦のウンチク傑作選

ブックデザイン 柴永事務所
柴永文夫・島崎哲雄・川畑博哉
前田眞吉・岡崎さゆり・仲林優

FESTTAGS-YAKISOBA

ソース焼きそば

JAPON · JAPAN · 日本

FÜR 4 PERSONEN
Vorbereitung: 15 Minuten
Garzeit: 5 Minuten

120 g zartes Schweinefleisch (zum Beispiel Filet)
200 g Weiß- oder Chinakohl
4–8 EL Sonnenblumen- oder Erdnussöl
4 Portionen frische Nudeln für Yakisoba oder 400 g Dan-Mian-Nudeln
4 EL Yakisoba- oder Tonkatsu-Sauce
4 EL roter eingelegter Ingwer (nach Belieben)
4 EL Aonori (nach Belieben)

Das Schweinefleisch in Streifen schneiden. Den Kohl grob hacken.

In einer Pfanne oder einem beschichteten Wok etwas Öl erhitzen und das Fleisch darin bei mittlerer Hitze unter ständigem Rühren anbraten. Den Kohl zugeben und pfannenrühren, bis das Gemüse leicht glasig geworden ist. Aus der Pfanne nehmen und beiseitestellen.

Erneut etwas Öl in der Pfanne bei hoher Temperatur erhitzen und die Nudeln darin unter ständigem Rühren etwas Farbe annehmen lassen. Damit sich die Nudeln voneinander lösen, 1–2 EL Wasser unterrühren. Das Fleisch und den Kohl wieder hineingeben und unterrühren.

Die Yakisoba- oder Tonkatsu-Sauce zugießen und sorgfältig unterrühren. Nach Belieben mit rotem Ingwer und Aonori garnieren und sofort servieren.

Gut zu wissen: Yakisoba wird anders als der Name vermuten lässt nicht mit Soba-Nudeln, sondern mit Weizennudeln zubereitet, da es sich um eine Spielart der chinesischen gebratenen Mian-Nudeln handelt. Sie finden frische Nudeln für Yakisoba im Vakuumpack im japanischen Lebensmittelhandel. Ersatzweise können Sie auch zu getrockneten chinesischen Dan Mian greifen.
Die Yakisoba- oder Tonkatsu-Sauce lässt sich durch eine Mischung aus 2 TL Sojasauce, 2 TL Sake, 1 TL Austernsauce und 20 ml Wasser ersetzen.
Jedes Gemüse, das sich in ähnlicher Weise zuschneiden lässt – Möhren, Sojabohnensprossen, Stangensellerie, Paprika, grüne Bohnen … – ist für dieses Rezept geeignet, ebenso wie Rindfleisch, Huhn, Tintenfisch, Garnelen u. v. m.

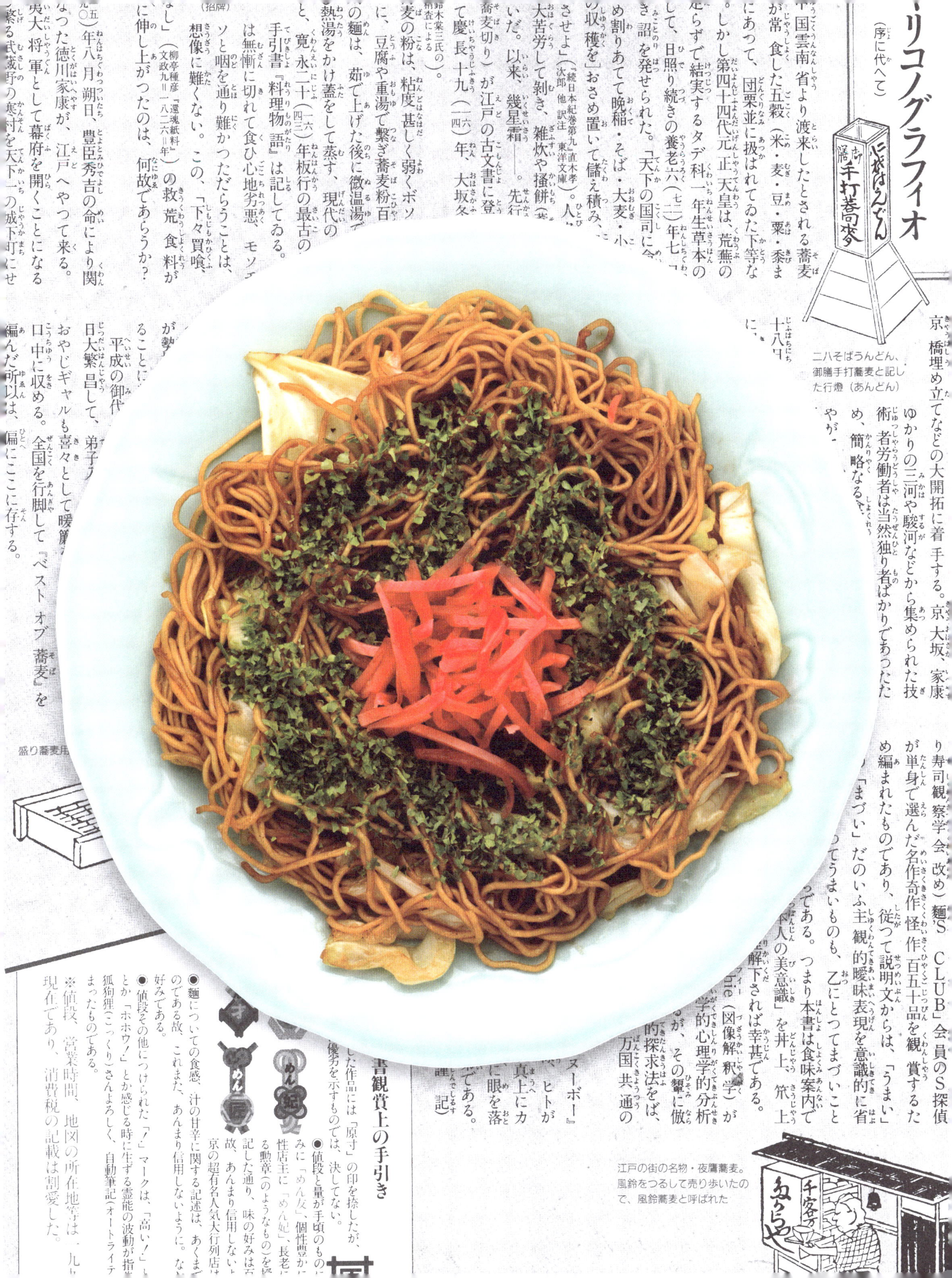

SPAGHETTI MIT NORI UND PARMESAN
和風スパゲティ

SPAGHETTI AUF JAPANISCHE ART

えのきスパゲティ

SPAGHETTI MIT NORI UND PARMESAN

和風スパゲティ

FÜR 4 PERSONEN
Vorbereitung: 10 Minuten
Garzeit: 10 Minuten

1 Knoblauchzehe (nach Belieben)
320 g Spaghetti
3 EL Olivenöl
1 TL dunkle japanische Sojasauce oder 1 Prise Salz
frisch gemahlener Pfeffer
2 EL geriebener Parmesan
4 große Handvoll Nori-Streifen (Kizami Nori)

Die Knoblauchzehe schälen und zerstoßen.
Die Spaghetti nach der Packungsanleitung garen.

Das Olivenöl in einem Topf bei hoher Temperatur erhitzen. Den Knoblauch und die abgetropften Spaghetti hineingeben und mit Stäbchen oder einer Gabel einige Male umrühren, um das Öl gleichmäßig zu verteilen. Mit der Sojasauce und etwas frisch gemahlenem Pfeffer würzen und erneut umrühren.

Die Spaghetti vom Herd nehmen, den Parmesan unterrühren und auf Tellern anrichten.
Je eine große Handvoll Nori-Streifen auf den Spaghetti verteilen und sofort servieren.

Chihiro: Wie Sie natürlich wissen, sind Spaghetti nichts Japanisches, nichtsdestotrotz essen wir Japaner sie genauso gern wie unsere eigenen Nudeln. Mit Tomatensauce *(alla napoletana)*, Fleischsauce *(alla bolognese)* und mit Venusmuscheln *(vongole)* mögen wir sie am liebsten, wenngleich wir sie auch auf vielerlei Weise »auf japanisch« trimmen.
Nori harmoniert bemerkenswert gut mit Parmesan und Olivenöl. Den bereits in feine Streifen geschnittenen Kizami Nori finden Sie im japanischen Lebensmittelhandel. Sie können die Nori-Blätter natürlich auch mit der Schere selbst zuschneiden.

SPAGHETTI AUF JAPANISCHE ART

えのきスパゲティ

FÜR 4 PERSONEN
Vorbereitung: 10 Minuten
Garzeit: 10 Minuten

1 Knoblauchzehe (nach Belieben)
½ Dose Thunfisch im eigenen Aufguss
1 Paket Shimeji-Pilze (200 g)
320 g Spaghetti
3 EL Olivenöl
1 TL dunkle japanische Sojasauce oder 1 Prise Salz
frisch gemahlener Pfeffer
einige Stängel Dill

Die Knoblauchzehe schälen und zerstoßen. Den Thunfisch abtropfen lassen und zerpflücken. Die Pilze waschen, die Stiele gegebenenfalls etwas kürzen.
Die Spaghetti nach der Packungsanleitung garen.

Das Öl in einem Topf bei hoher Temperatur erhitzen, den Knoblauch und die Pilze darin anschwitzen. Sobald sie ein wenig weicher geworden, jedoch nicht zerkocht sind, zuerst den Thunfisch und dann die abgetropften Spaghetti zugeben. Mit Stäbchen oder einer Gabel einige Male umrühren, um alles möglichst gleichmäßig zu verteilen, und mit der Sojasauce und frisch gemahlenem Pfeffer würzen.

Die Spaghetti auf Tellern anrichten, mit frischem Dill garnieren und servieren.

Gut zu wissen: Shimeji und Spaghetti sind eine häufige Kombination, man kann die Pilze aber auch durch frische, in Scheibchen geschnittene Shiitake oder Enoki u. v. m. ersetzen. Sie können auch Basilikum, grünen oder roten Shiso oder Minze ins Spiel bringen. Oder warum nicht gleich mit gehackten vietnamesischen Kräutern ein echtes Fusion-Gericht kreieren?

KOREANISCHE GLASNUDELPFANNE

JAPCHAE

FÜR 2 PERSONEN
Vorbereitung: 15 Minuten
Einweichen: 30 Minuten
Garzeit: 15 Minuten

160 g Hongshu-Fen-Si-Nudeln
1 Knoblauchzehe
50 g zartes Rindfleisch (Filet oder Roastbeef)
2 EL dunkle japanische Sojasauce
2 TL Sesamöl
2 TL Zucker
½ rote Paprikaschote
½ grüne Paprikaschote
100 g Möhre
1 Zwiebel
50 g Schnittknoblauch
100 g Shjimeji-Pilze
5 TL neutrales Speiseöl
½ TL Salz
1 Prise weiße Sesamsamen

Die Nudeln 30 Minuten in 90 °C heißem Wasser einweichen. Den Knoblauch schälen und hacken.

Das Rindfleisch in 2 mm dünne Scheibchen schneiden. Mit 1 EL Sojasauce, dem Knoblauch, 1 TL Sesamöl und 1 TL Zucker vermengen und beiseitestellen.

Die Paprika in feine Streifen schneiden. Die Möhren und die Zwiebel schälen und in Streifen schneiden. Den Schnittknoblauch in 4 cm lange Stücke schneiden. Die Stielenden der Shimeji kappen und die Pilze mit der Hand voneinander trennen.

In einer Pfanne 1 TL Öl kräftig erhitzen, die Paprika- und Möhrenstreifen darin 1 Minute anschwitzen und beiseitelegen. In der Pfanne 1 weiteren TL Öl erhitzen, die Zwiebel 1 Minute anschwitzen und beiseitelegen. In gleicher Weise die Shimeji-Pilze 1 Minute, den Schnittknoblauch 30 Sekunden anschwitzen.

Das restliche Öl in der Pfanne kräftig erhitzen und das Rindfleisch darin 1 Minute von allen Seiten bräunen. Beiseitelegen.

Die Nudeln abtropfen lassen, in die Pfanne geben, 1 EL Sojasauce unterrühren und 2 Minuten unter ständigem Rühren garen.

Sämtliche gegarten Zutaten in einer Schüssel vermengen, 1 TL Sesamöl, 1 TL Zucker und das Salz zugeben und durchheben. Mit dem Sesam bestreuen und servieren.

Gut zu wissen: Japchae ist ein koreanisches Gericht, sein Name bedeutet so viel wie »Gemischtes Gemüse«.

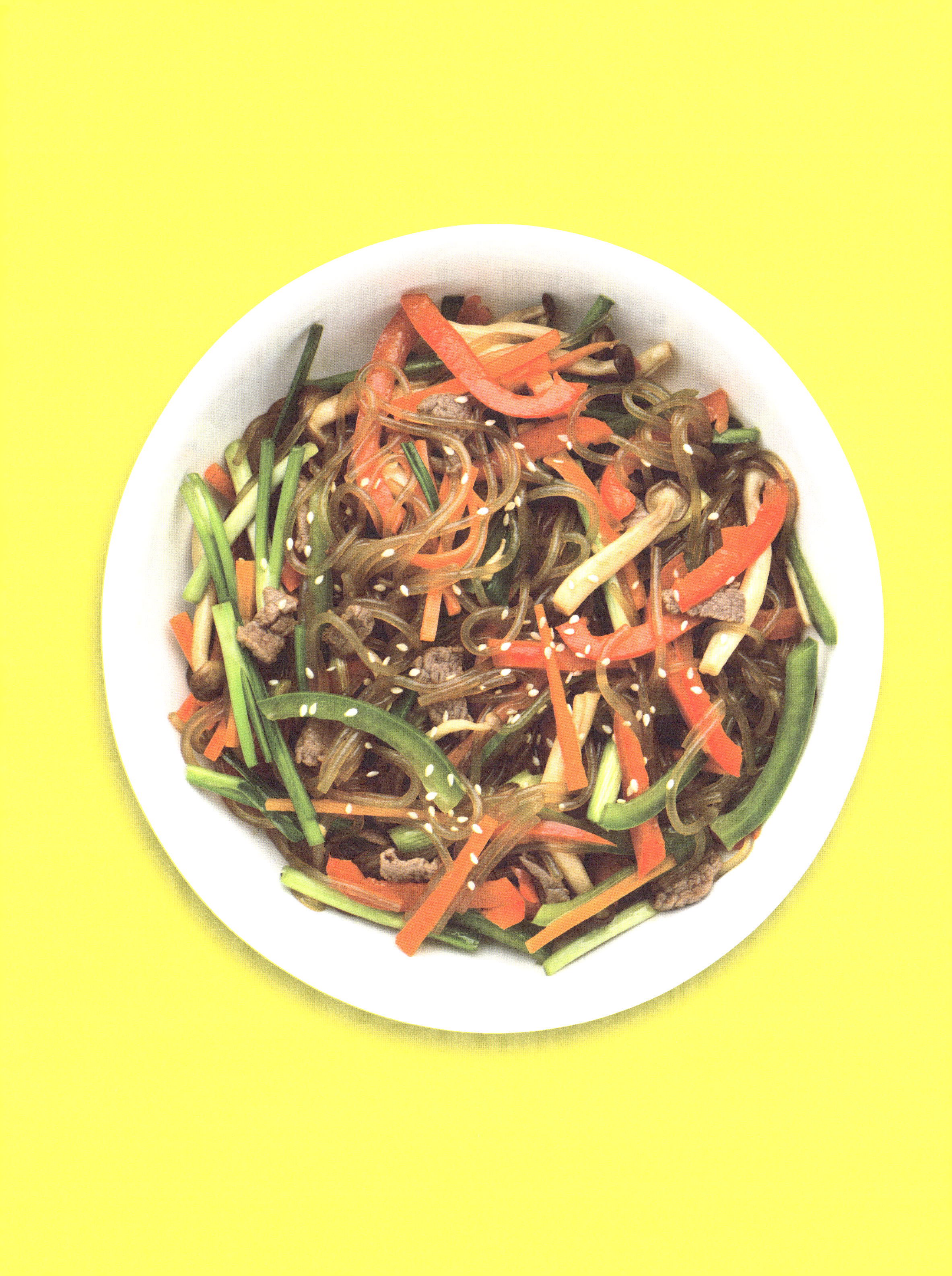

THAI-NUDELN MIT ERDNUSSSAUCE

THAI PEANUT NOODLES

FÜR 4 PERSONEN
Vorbereitung: 30 Minuten
Einweichen: 15 Minuten
Marinieren: 15 Minuten
Garzeit: 10 Minuten

200 g Banh-Pho-Nudeln
4 Frühlingszwiebeln
4 Stängel Thai-Basilikum
200 g fester Tofu
2 EL helle chinesische Sojasauce
5 EL neutrales Speiseöl
200 g Mungbohnensprossen
2 EL Sesamöl
1 EL weiße Sesamsamen

ERDNUSSSAUCE
1 EL Tamarindenpaste
2 Knoblauchzehen, geschält
1 frische Chilischote (oder 1 TL getrockneter Chili)
3 EL brauner Zucker
2 EL Erdnusspaste
1 EL helle chinesische Sojasauce
2 EL Nuoc-Mam

Die Nudeln 15 Minuten in lauwarmem Wasser einweichen. Anschließend 2 Minuten in kochendem Wasser garen, kalt abschrecken und abtropfen lassen.

Die Frühlingszwiebeln in Ringe schneiden. Das Thai-Basilikum abzupfen.

Die Tamarindenpaste 15 Minuten in 150 ml kochend heißem Wasser einweichen. Den Saft durch ein feines Sieb passieren. Den Knoblauch und die Chilischote fein hacken. Sämtliche Zutaten für die Sauce miteinander verrühren.

Den Tofu in 1 cm kleine Würfel schneiden und 15 Minuten in der Sojasauce marinieren.

In einer Pfanne (oder einem Wok) 2 EL Öl erhitzen und den Tofu darin goldbraun braten. Beiseitelegen.

In derselben Pfanne 3 weitere EL Öl bei hoher Temperatur erhitzen und die abgetropften Nudeln darin 30 Sekunden anbraten. Die Sauce und die Tofu-Würfel dazugeben und sorgfältig unterrühren. Die Mungbohnensprossen hinzufügen und 1 weitere Minute garen. Falls nötig, mit weiterem Nuoc-Mam abschmecken und das Sesamöl untermischen. Mit den Frühlingszwiebeln und den Basilikumblättern garnieren, mit dem Sesam bestreuen und servieren.

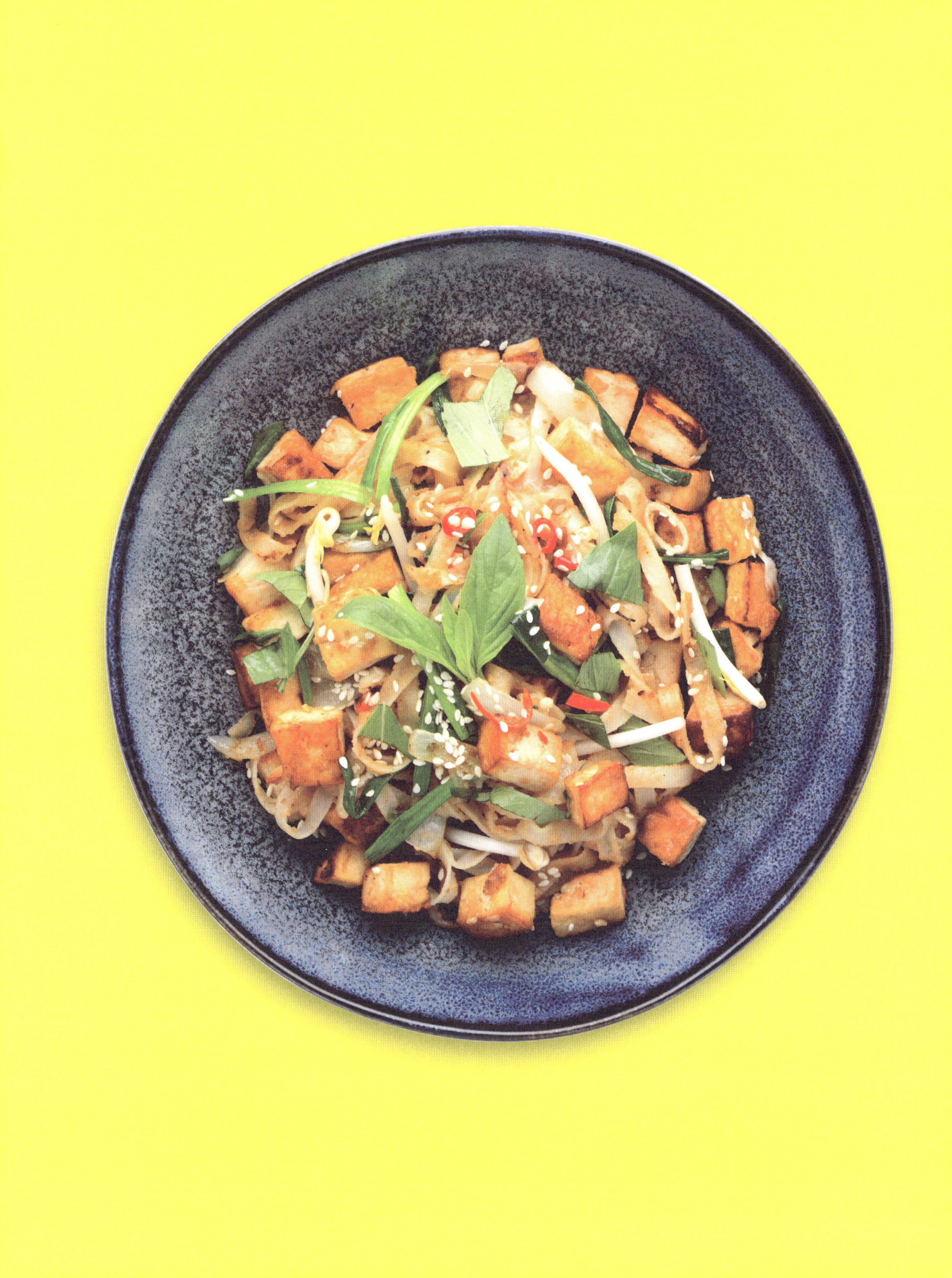

GEBRATENE THAI-REISNUDELN

PAD THAI

FÜR 2 PERSONEN
Vorbereitung: 20 Minuten
Einweichen: 20 Minuten
Garzeit: 10 Minuten

140 g Banh-Pho-Nudeln
2 EL Tamarindenpaste
2 EL Nuoc-Mam
2 EL Austernsauce
2 EL brauner Zucker
25 g rohe Erdnusskerne
100 g Hähnchenbrustfilet
50 g fester Tofu
2 Knoblauchzehen
½ Schalotte
2 EL neutrales Speiseöl
2 Eier
120 g Mungbohnensprossen
70 g Schnittknoblauch
½ Limette
2 TL rotes Chilipulver
4 frische Chilischoten

Die Nudeln 20 Minuten in lauwarmem Wasser einweichen. Die Tamarindenpaste 15 Minuten in 50 ml warmem Wasser weichen lassen. Den Saft durch ein feines Sieb passieren und beiseitestellen.

Das Nuoc-Mam und die Austernsauce mit dem braunen Zucker und dem passierten Tamarindensaft verrühren.
Die Erdnusskerne in einer Pfanne ohne Fettzugabe bei mittlerer Hitze 10 Minuten rösten. Abkühlen lassen und grob hacken. Das Hähnchenfilet in 2 mm dünne Scheiben, den Tofu in 1 cm kleine Würfel schneiden.

Den Knoblauch und die Schalotte schälen und hacken. In einem Wok 1 EL Öl bei mittlerer Temperatur erhitzen, beides darin anschwitzen, den Tofu zugeben und alles 1 weitere Minute anbraten. Die Nudeln abtropfen lassen, mit der Hälfte der Sauce zu dem Tofu in den Wok geben und sorgfältig verrühren. Aus der Pfanne nehmen und beiseitestellen.

In dem Wok 1 weiteren EL Öl erhitzen, die Eier hineinschlagen und unter ständigem Rühren garen. Nudeln und Tofu wieder zugeben und energisch umrühren. Weitere 2 EL der Sauce untermengen. Die Mischung aus dem Wok nehmen und warm stellen.

Das restliche Öl erhitzen und das Hähnchenfleisch darin bei starker Hitze 1 Minute bräunen. Den Rest der Sauce sowie 100 g der Mungbohnensprossen und 50 g des Schnittknoblauchs hinzufügen und bei starker Hitze 30 Sekunden pfannenrühren. Die anderen Zutaten wieder untermengen.
Mit den gerösteten Erdnüssen, den Limettenspalten, Chilipulver, dem Rest Mungbohnensprossen, Schnittknoblauch und Chilischoten auf Teller verteilen und servieren.

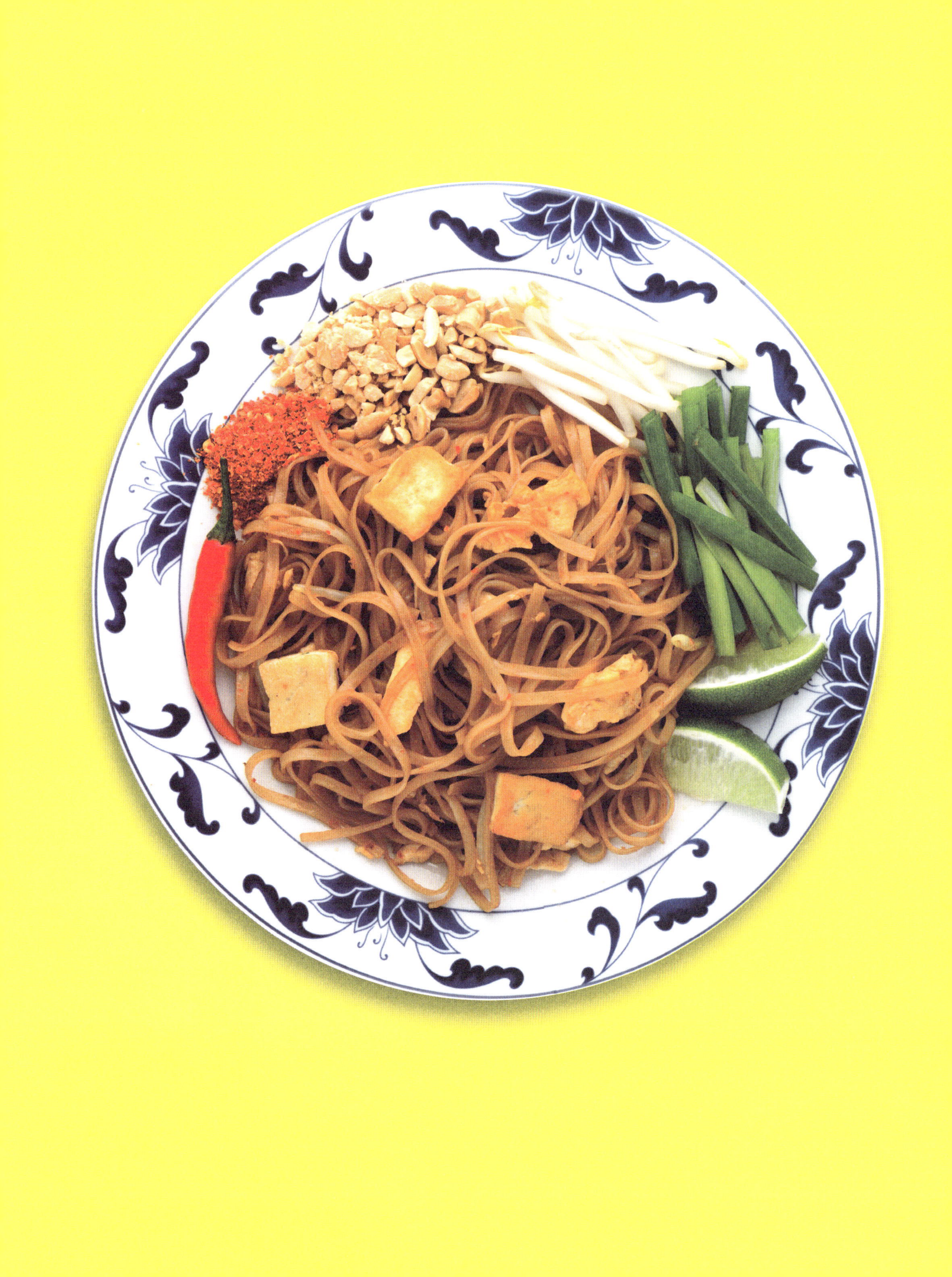

UMWICKELTE GARNELEN

TÔM CUỐN MÌ SỢI CHIÊN

FÜR 4 PERSONEN
Vorbereitung: 30 Minuten
Einweichen: 1 Stunde
Garzeit: 2–3 Minuten

12 TK-Garnelen
½ TL Salz
¼ TL frisch gemahlener Pfeffer
½ TL Knoblauchpulver
200 g Mi-Tuoi-Nudeln
500 ml Öl zum Frittieren
4 TL Sriracha-Sauce
4 EL Mayonnaise

Die Garnelen zum Auftauen 1 Stunde in kaltes Wasser legen. Anschließend bis auf das Schwanzsegment schälen und mit Küchenpapier sorgfältig abtrocknen.

Das Salz, den Pfeffer und das Knoblauchpulver vermischen und die Garnelen mit der Mischung würzen.
Die Nudeln vorsichtig voneinander trennen, sodass sie nicht reißen. Jeweils drei Nudeln aufnehmen und vom Schwanz zum Kopfende um die Garnelen wickeln. Die umwickelten Garnelen auf einen Teller legen. In dieser Weise sämtliche Garnelen in Nudeln einwickeln.

Einen kleinen Topf 3 cm hoch mit Öl füllen (Sie können auch mit einem größeren Topf arbeiten, müssen ihn aber entsprechend hoch mit Öl füllen) und bei mittlerer Temperatur erhitzen. Sobald es heiß ist, jeweils zwei Garnelen gleichzeitig hineingeben und 2–3 Minuten frittieren, bis sie goldbraun und knusprig sind. Herausnehmen und zuerst auf einem Gitter, dann auf Küchenpapier abtropfen lassen.

Die Garnelen auf Tellern anrichten und mit einem Schälchen Sriracha-Sauce und Mayonnaise zum Eintunken servieren.

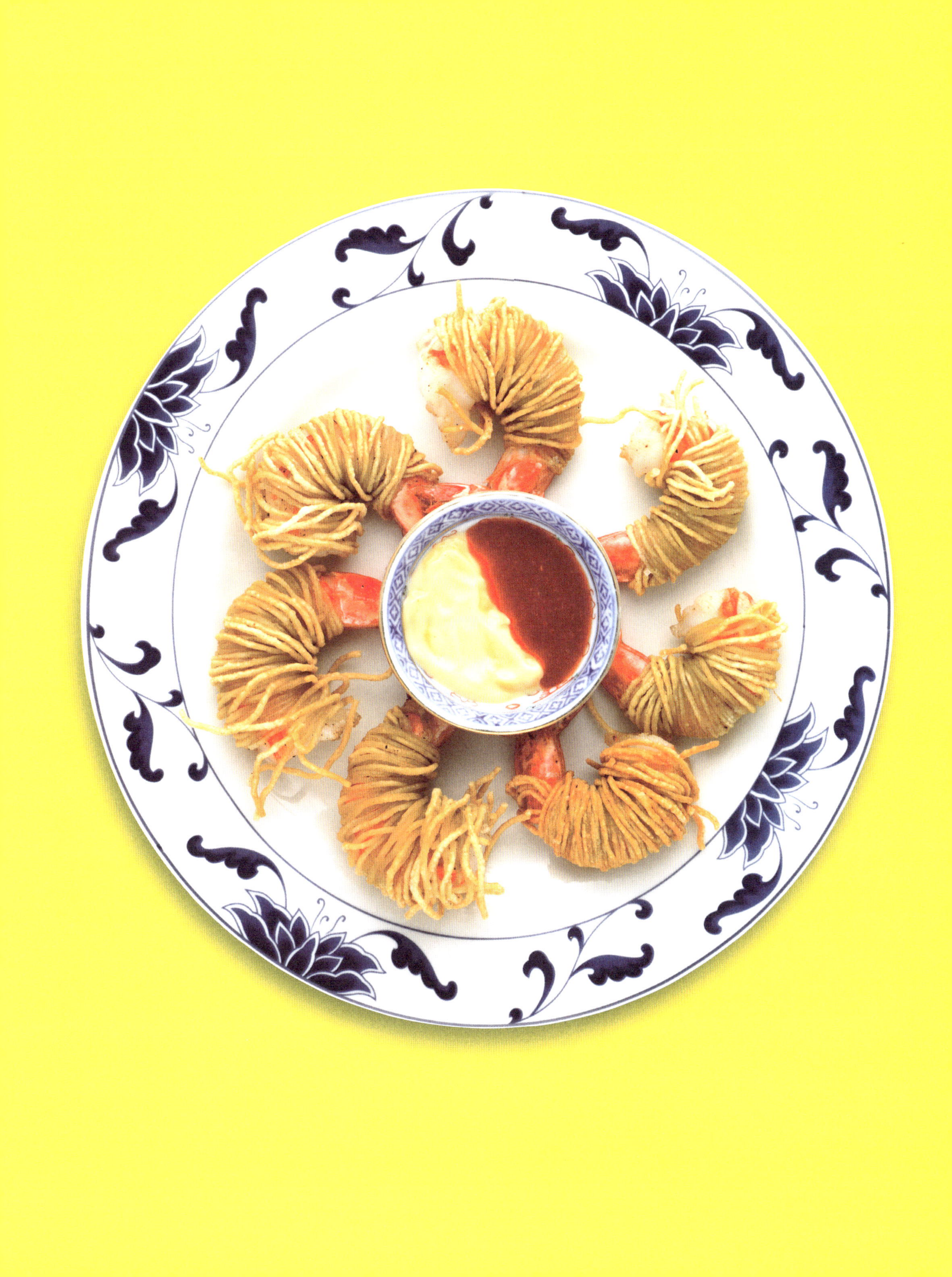

SPEISEKAMMER ASIENS

1

2

3

4

5

6

7

8

9

ASIENS SPEISEKAMMER

1. FRÜHLINGSZWIEBEL *(Allium fistulosum)*
Auch Lauchzwiebel oder Winterzwiebel genannt. In der asiatischen Küche bevorzugt man sie möglichst jung und dünn.

2. SCHNITTKNOBLAUCH *(Allium tuberosum)*
Ein Kraut mit langen schmalen flachen Blättern, auch als Chinesischer Schnittlauch oder Knoblauch-Schnittlauch bekannt. Verwendet wird es für Pfannengerichte, Suppen und für die Zubereitung von Farcen.

3. KORIANDER *(Coriandrum sativum)*
In der chinesischen und der südostasiatischen Küche sehr verbreitetes aromatisches Kraut. Sämtliche Teile (Blätter, Stängel und Wurzeln) werden in der Küche eingesetzt.

4. RAU RAM *(Polygonum odoratum)*
Auch Vietnamesischer Koriander genannt. Aromatisches Kraut mit länglichen, zugespitzten Blättern, das in der vietnamesischen Küche für Salate und verschiedene Nudelsuppen verwendet wird. Sein leicht pfeffrig-scharfer Geschmack erinnert an Koriander.

5. CULANTRO ODER NGO GAI *(Eryngium foetidum)*
Ein auch als Langer Koriander bekanntes Kraut, das geschmacklich an herkömmliches Koriandergrün erinnert, jedoch deutlich intensiver ist. Es kommt hauptsächlich für Suppen wie Pho zum Einsatz sowie zunehmend auch für vietnamesische Salate.

6. MINZE *(Mentha)*
Sie wird wegen ihres frischen belebenden Aromas geschätzt. In Asien bevorzugt man die etwas mildere, aromatisch duftende Wasserminze.

7. THAI-BASILIKUM *(Ocimum basilicum var. thyrsiflora)*
Diese Varietät aus der Basilikumfamilie wird in der Thai-Küche für Suppen und gelegentlich für Salate oder als Beigabe zu Grillgerichten verwendet. Thai-Basilikum hat ein ausgeprägtes Anisaroma, ähnlich Estragon.

8. GELBER SCHNITTKNOBLAUCH *(Allium tuberosum)*
Unter Ausschluss des Sonnenlichts kultivierter Schnittknoblauch, der sich infolge des Lichtmangels hellgelb färbt. Er schmeckt milder als grüner Schnittknoblauch.

9. CHINESISCHER SELLERIE *(Apium graveolens L.)*
Chinesischer Stangensellerie. Seine Stangen sind deutlich dünner als hiesiger Bleichsellerie, außerdem ist der Geschmack weniger intensiv.

10

11

12

13

14

15

16

17

18

10. SHISO *(Perilla frutescens)*
Ein auch als Perilla bekanntes würziges Kraut von herb-säuerlichem, leicht minzigem Geschmack. Es gibt grün- und rotblättrigen Shiso. Die grüne Variante ist in Japan verbreitet, wo sie besonders aromatisch und zart ausfällt. Verwendet werden neben den Blättern auch die Stiele und Blüten. Roter Shiso ist in Vietnam gebräuchlich, wo er für zahlreiche Gerichte zum Einsatz kommt.

11. JUNGE ROTE SHISO-TRIEBE *(Perilla frutescens)*
Shiso-Triebe werden hauptsächlich für dekorative Zwecke verwendet, in der japanischen Küche schätzt man sie auch wegen ihres angenehm milden Aromas.

12. ZITRONENGRAS *(Cymbopogon citratus)*
Gewürzpflanze von frischem zitronigem Geschmack, die zum Aromatisieren verwendet wird.

13. GALGANTWURZEL ODER KLEINER GALGANT
(Alpinia officinarium)
Dem Ingwer verwandtes Rhizom von harzigem, leicht pfeffrig-zitronigem Geschmack. Wird frisch und als Pulver zum Würzen eingesetzt.

14. KURKUMA *(Curcuma longa)*
Auch als Gelbwurz bekannte orangefarbene Wurzel, die frisch oder getrocknet und zu einem Pulver zermahlen als Gewürz verwendet wird.

15. SHIITAKE *(Lentinula edodes)*
Frisch oder getrocknet unter seinem japanischen Namen angebotener Speisepilz. Frisch lässt er sich wie jeder andere Speisepilz verarbeiten. Getrocknet muss er vor der Zubereitung in Wasser eingeweicht werden, was das Aroma erheblich intensiviert. Das Einweichwasser lässt sich als eine Art Dashi-Brühe verwenden (siehe Seite 292).

16. ENOKI *(Flammulina velupites)*
Dieser in Asien kultivierte Speisepilz ist unter seinem japanischen Namen weit besser bekannt als unter seiner deutschen Bezeichnung – Samtfuß oder Samtfußrübling. Seine kleinen weißen bis beigefarbenen kugelförmigen Kappen sitzen auf bis zu 10 cm langen dünnen Stielen. Enoki-Pilze sind von mild-süßlichem, fast fruchtigem Geschmack. Wegen ihres festen Fleischs werden die Pilze gern für Salate oder als Garnitur für gegarte Zubereitungen verwendet, vor allem für Suppen.

17. SHIMEJI *(Hypsizygus tessellatus)*
Speisepilz, der in Korea, vor allem aber in Japan gern gegessen wird, wo er seit den 1970er-Jahren kultiviert wird. Die kleinen runden, bräunlich gesprenkelten Kappen der in Büscheln wachsenden Pilze sitzen an langen weißen Stielen. Es gibt auch eine reinweiße Variante (Bunapi-Shimeji). Shimeji erinnern im Geschmack an Wal- oder Haselnüsse. Japanische Shimeji gelten als aromatischer als ihre koreanischen Verwandten. Doch wird der Pilz auch wegen seiner Umami-Note geschätzt. Tatsächlich ist er reich an Glutaminsäure, eine der Komponenten der »fünften Geschmacksqualität«. Roh sind Shimeji bitter und schwer bekömmlich. Ihr Fleisch bewahrt beim Garen seine feste, knackige Beschaffenheit.

18. LOTOSWURZEL
In China und Japan ist die Lotoswurzel ein durchaus gängiges Nahrungsmittel. Frisch zeigt sie sich in Gestalt einer Kette eiförmiger Früchte, die vor dem Verzehr geschält werden müssen. Ihr festes Fruchtfleisch erinnert in der Konsistenz an Kartoffeln. In dekorative Scheiben geschnitten werden die charakteristischen rosettenartig angeordneten Röhren sichtbar. Das faserige, feste Fruchtfleisch wird als Gemüse genossen. Da es recht stärkereich ist, kann es zur Bindung einer Suppe beitragen. Die Japaner nennen die Wurzel »Renkon« und verarbeiten sie zu säuerlich abgeschmeckten Salaten. Sie ist traditioneller Bestandteil des japanischen Neujahrsessens – sie gilt als Glücksbringer, da ihre Röhren angeblich einen Blick in die Zukunft gewähren.

19

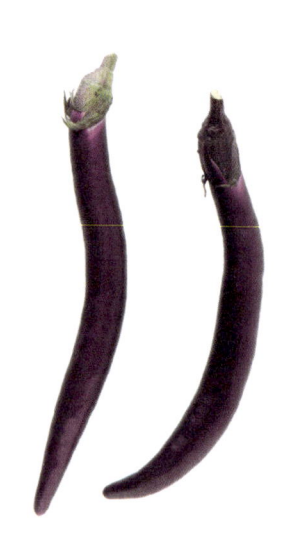

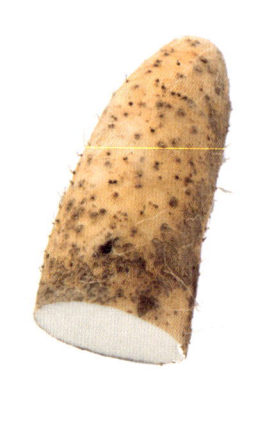

20

21

22

23

24

25

26

27

19. PAK-CHOI *(Brassica campestris L.)*
Der auch als Chinesischer Senfkohl bekannte Pak-Choi gehört zur artenreichen Gattung der Kohlgewächse, der zum Beispiel auch der Raps oder Herbstrüben angehören. Gegessen werden sowohl die Blätter als auch die Blattrippen. Senfkohl ist besonders im kontinentalen Asien beliebt, allen voran in China.

20. EDAMAME *(Soja hispida)*
Edamame sind noch unreif geerntete grüne Sojabohnen. In Japan isst man sie nur kurz blanchiert und leicht gesalzen, in China mit etwas Salz und Gewürzen bestreut.

21. BANANENBLÜTEN
Die malvenfarbenen, wie Knospen geformten Bananenblüten erfordern eine sorgsame Vorbereitung. Gegessen wird nur das Herz, das in feine Streifen geschnitten für Salate und als Suppengarnitur verwendet wird.

22. MUNGBOHNENSPROSSEN *(Vigna radiata)*
Die jungen Keimlinge der Mungbohne, fälschlicherweise oft auch als »Sojasprossen« bezeichnet.

23. MINI-MAISKOLBEN *(Zea mays)*
Junger Mais, der geerntet wird, sobald die Kolben 10 cm Länge erreichen und noch zart sind.

24. JAPANISCHE SÜSSKARTOFFEL *(Ipomoea batatas)*
Es gibt weltweit eine Vielzahl an Süßkartoffelsorten. Ihre Schale ist meist von violetter Farbe, doch das Fruchtfleisch variiert von Rot über Gelb bis zu Orange, Rosa und Weiß. Die japanische Variante hat weißes Fruchtfleisch und ist mehliger als die orangefleischigen Sorten, die man in Europa bekommt. Es gibt in Japan auch eine Süßkartoffelsorte mit leuchtend violettem Fruchtfleisch, allerdings ist sie rar, sogar im Land selbst.

25. LANGE AUBERGINE *(Solanum melongena L.)*
Lange dünne Aubergine von hellvioletter Farbe. Ihre Schale ist dünner als die herkömmlicher Auberginen, das Fruchtfleisch zarter und saftiger.

26. DAIKON-RETTICH *(Raphanus sativus* var. *longipinnatus)*
Sein deutscher Name lautet Winterrettich, doch gehandelt wird er meist unter der japanischen Bezeichnung »Daikon«. Er ähnelt dem Schwarzen Winterrettich, nur dass seine Schale eben weiß und das Fruchtfleisch zarter, milder und weniger scharf ist. Japanischer Daikon ist insgesamt dicker, rundlicher, lieblicher und weniger faserig, er eignet sich auch für den Rohverzehr.

27. YAMS ODER JAPANISCHER YAMS *(Dioscorea japonica)*
Die Bezeichnung »Yams« ist ungenau bzw. mehrdeutig, weil sie eine Vielzahl von Arten aus der Familie der Yamswurzelgewächse *(Dioscoreaceae)* bezeichnen kann. Die Wurzel der in Asien verbreiteten Varietät *japonica* ist weißfleischig und von leimartiger Oberflächenstruktur. In Japan verwendet man Yams oft roh, in China leicht gegart. Die afrikanischen Yams-Arten sind völlig anders. Ihr süßliches mehliges Fruchtfleisch erinnert entfernt an Esskastanien.

28

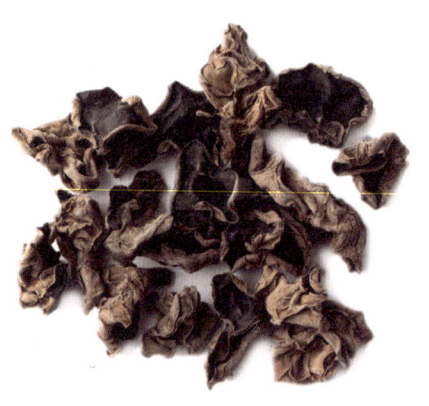

29

30

31

32

33

34

35

36

28. NORI
Japanischer Oberbegriff für eine ganze Reihe von essbaren Meeresalgen aus der *Pyropia*-Familie, überwiegend handelt es sich um Rotalgen wie *P. yezoensis* und *P. tenera* – Purpurtang oder Meerlattich. Nori lässt sich einlegen, sanft garen oder direkt trocknen, doch am bekanntesten ist er in Form der etwa 21 x 19 cm großen rechteckigen Blätter. Nori-Blätter reagieren extrem empfindlich auf Feuchtigkeit, daher müssen sie mit einem Trockensäckchen luftdicht verschlossen aufbewahrt werden. In Japan röstet man die Blätter vor dem Gebrauch kurz über der offenen Flamme. Außer für Sushi-Rollen kommt Nori in Japan als Beigabe zu Reis und als Garnitur für verschiedene Gerichte zum Einsatz.

29. AONORI
Wörtlich »Grünalgen«. Bezeichnet mehrere Algenarten der Gattungen *Monostroma* und *Enteromorpha*. Sie werden im Ganzen getrocknet und im Allgemeinen mehr oder weniger grob zermahlen verkauft und zum Bestreuen und Würzen verschiedener Gerichte verwendet.

30. KOMBU
Kombu ist die Bezeichnung für eine ganze Reihe essbarer Meeralgen, zu den wichtigsten zählen *Laminara saccharina*, auch *Saccharina japonica* (Japanischer Blatttang bzw. Seekohl) und *Phyllariella ochotensis*. Kombu ist ein unverzichtbarer Bestandteil der japanischen Küche und wird für die Zubereitung von Dashi benötigt, einer Brühe, die als Basis sämtlicher Suppen und als Würzmittel dient.

31. WAKAME, GETROCKNET ODER GESALZEN
(Undaria pinnatifida)
In Japan in Salaten und Suppen häufig konsumierte Braunalgenart, die frisch, in Salz konserviert oder getrocknet angeboten wird. Getrocknete Wakame muss in Wasser eingeweicht werden, wodurch sich ihr Volumen um das Zwölffache vergrößert.

32. KATSUOBUSHI
Eine weitere unerlässliche Zutat in der japanischen Küche. Bei Katsuobushi handelt es sich um über einen langen Zeitraum getrockneten und geräucherten Bonito, der am Ende einem auch in der Härte holzähnlichen Block ähnelt. Er wird mit einem eigens für diesen Zweck bestimmten Speisehobel geraspelt, häufig kommt er in dieser Form als »Bonitoflocken« bereits küchenfertig in den Handel. Versuchen Sie gar nicht erst, Katsuobushi auf der Küchen- oder Käsereibe zu raspeln. Er ist so hart, dass Sie Gefahr laufen, das Werkzeug zu ruinieren oder sich selbst zu verletzen.

33. GETROCKNETER RETTICH
Gesalzener, getrockneter und leicht fermentierter Rettich, der in der chinesischen Küche als Würzmittel genutzt wird.

34. VIETNAMESISCHER GETROCKNETER RETTICH
In der vietnamesischen Küche verbreiteter gesalzener und getrockneter Rettich.

35. JUDASOHREN *(Auricularia auricula-judae)*
Auf Chinesisch Mu-Err (»Holzohr«) genannt und hierzulande auch als Wolkenohrpilz bekannter Speisepilz, der an Baumstämmen wächst und beim Garen seine festfleischige Struktur bewahrt. Kaufen Sie möglichst dunkle und nicht zu dicke Pilze.

36. GETROCKNETE BLÜTENKNOSPEN DER ZITRONEN-TAGLILIE *(Hemerocallis citrina)*
Sie werden in der chinesischen Küche sparsam dosiert zum Würzen von Farcen, Suppen/Eintöpfen, Wok-Gerichten und anderem mehr verwendet.

37

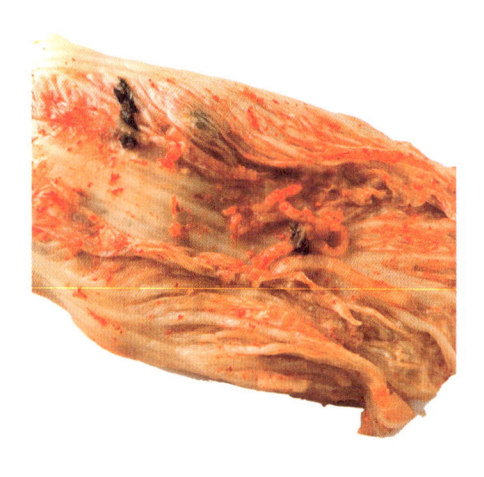

38

39

40

41

42

43

44

45

37. ROSA INGWER
In Essig, Zucker und Salz eingelegter Ingwer. Japanischer Ingwer färbt sich in Verbindung mit Essig auf natürliche Weise rosa. Man serviert ihn oft zu Sushi.

38. ROTER INGWER
Ingwer, der zunächst gesalzen und dann in Umeboshi-Saft (Lake, die beim Marinieren von Umeboshi-Pflaumen zurückbleibt) eingelegt und anschließend in dünne Streifen geschnitten wird. Für die rote Farbe, die eigentlich auf natürliche Weise durch die in dem Saft enthaltene Säure entsteht, sorgt heute ein Lebensmittelfarbstoff.

39. TSA TSAI – EINGELEGTER SENF *(Brassica juncea)*
Eine Unterart des Braunen Senfs, der in China eingesalzen, mit getrockneten und gemahlenen roten Chilis und Sichuan-Pfeffer gewürzt und leicht gesäuert wird. Gehandelt wird Tsa Tsai auch unter der Bezeichnung »Sichuan-Gemüse« (bzw. »Szechuan-Gemüse«).

40. KIMCHI
Durch Milchsäuerung fermentierter und pikant gewürzter koreanischer Kohl.

41. UMEBOSHI
Japanische Pflaume der Varietät *Prunus mume* – eigentlich die Frucht der japanischen Aprikose –, im deutschen auch Salzpflaume genannt, die getrocknet, gesalzen und eingelegt und häufig mithilfe von rotem Shiso eingefärbt wird. Umeboshi-Pflaumen schmecken sehr salzig und sauer, man serviert sie häufig als Beigabe zu Reis.

42. NATTO
Fermentierte Sojabohnen aus Japan.

43. GETROCKNETE GARNELEN
Kleine gesalzene und getrocknete Garnelen, die im Ganzen für vietnamesische Schweine- oder Fischbrühe verwendet oder zerstoßen als Garnitur über Suppen gestreut werden.

44. GETROCKNETE KALMARE
Kleine Kalmare, die gesalzen und getrocknet in der vietnamesischen Küche für die Zubereitung von Schweinebrühe verwendet werden.

45. ASIA-RÖSTZWIEBELN
Asiens »Röstzwiebeln«, hausgemacht oder, wer es bequemer bevorzugt, im Handel fertig zu kaufen. Man verwendet sie als Würzmittel für Suppen und andere Gerichte.

46

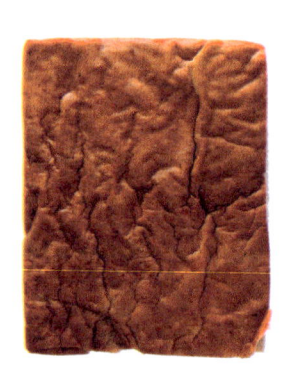

47

48

49

50

51

52

53

54

46. TENKASU
Küchenfertig zu Bröseln zerkleinerter frittierter Tempurateig.

47. REISWAFFELN MIT SESAM
Sie werden in Zentral- und Nordvietnam ausschließlich geröstet als Garnitur für verschiedene Nudelgerichte verwendet.

48. ABURAAGE
Frittierter japanischer Tofu.

49. MOCHI
Klebreis, der gedämpft und dann zu einer glatten, klebrigen Masse zerstoßen wird. Diese wird nun zu einer dicken Schicht ausgewalzt und in Stücke geschnitten frisch genossen oder im Handel in Form von rechteckigen, gelegentlich auch runden getrockneten Blöcken zum Garen angeboten. Mochi wird heiß serviert (da er beim Abkühlen rasch wieder aushärtet), meist in salzigen, bisweilen aber auch in süßen Zubereitungen. Im Westen wird Mochi oft mit den süßen japanischen Reiskuchen auf Reismehlbasis verwechselt, die im Japanischen das Suffix »-mochi« tragen, das als eigenständiges Wort jedoch etwas anderes meint.

50. GIO LUA
Wurstähnliche vietnamesische Fleischpastete aus gebrühtem oder gekochtem Schweinefleisch, auch als »vietnamesische Mortadella« bekannt.

51. CHA QUE
Vietnamesische Wurstspezialität aus Schweinefleisch und Zimt.

52. NARUTOMAKI (rosa Spiralrolle)
Rolle aus Surimi (japanische Bezeichnung für jede Art von Fischpastete oder -masse), die in dekorative Scheiben geschnitten als Garnitur für Nudelsuppen verwendet wird. Die rosa Spirale symbolisiert den berühmten Naruto-Strudel in der Meerenge vor der Insel Shikoku, daher der Name.

53. KAMABOKO (weiß und rosa)
Eine weitere Art von Surimi, bei der die Masse aus püriertem Fischfleisch in Laibform auf ein Holzbrett aufgetragen und im Dampf gegart wird. Die Oberfläche kann weiß oder rosa sein. Rot und Weiß gelten in Japan als glücksverheißende Farben. Mit der Zeit hat das Rosa das Rot ersetzt.

54. MENMA
Ursprünglich aus Taiwan stammender fermentierter und gewürzter Bambus. In Japan wird er in dicke Streifen geschnitten und in Öl eingelegt angeboten und ausschließlich als Garnitur für Ramen verwendet.

55

56

57

58

59

60

61

62

63

55. DUNKLE JAPANISCHE SOJASAUCE
Japanische Sojasauce wird aus Sojabohnen und Weizen hergestellt und grundsätzlich nicht gesüßt. Dunkle Sojasauce ist die mit Abstand am meisten verwendete Variante, man findet sie heute auf der ganzen Welt. Eingesetzt wird sie als Würzmittel sowohl in der Küche als auch auf dem Tisch.

56. HELLE JAPANISCHE SOJASAUCE
Helle Sojasauce ist weniger stark fermentiert und salziger. Sie kommt ausschließlich in der Küche zum Einsatz, vor allem um Brühen und feine Gerichte ohne Färbung zu würzen.

57. HELLE CHINESISCHE SOJASAUCE
Sojasauce von dunkelbrauner Farbe, die in der chinesischen Küche ständig verwendet wird. Die Allzwecksojasauce schlechthin.

58. DUNKLE CHINESISCHE SOJASAUCE
Sie ist weniger salzig als die helle Variante, von zähflüssiger Konsistenz und sehr dunkel. Man nutzt sie, um Speisen eine dunkle karamellähnliche Tönung zu verleihen.

59. NUOC-MAM (Fischsauce)
Durch Fermentation eingesalzener Sardellen gewonnener flüssiger Extrakt, der in der vietnamesischen Küche als Würzmittel eingesetzt wird, gelegentlich auch als Salzersatz. Fischsauce ist Bestandteil vieler Saucen und Brühen.

60. SCHWARZER CHINESISCHER REISESSIG
Essig aus fermentiertem Klebreis, der von mild-süßlichem Charakter und reich an Aroma ist.

61. WEISSER CHINESISCHER REISESSIG
Essig auf Basis von Klebreis und Alkohol.

62. JAPANISCHER REISESSIG
Der honigfarbene japanische Reisessig wird aus Reis und Alkohol hergestellt. Mit einem Essigsäuregehalt von 4 bis 5 Prozent ist er deutlich milder als andere Essigsorten. Darum lässt er sich ohne Zugabe von Öl als Würzmittel verwenden.

63. REINER JAPANISCHER REISESSIG
Dieser japanische Essig wird ausschließlich aus Reis ohne Zugabe von Alkohol hergestellt. Es gibt auch eine dunkle Variante, für die der Reis fermentiert wird.

64

65

66

67

68

69

70

71

72

64. YAKISOBA- ODER TONKATSU-SAUCE
Von der englischen Worcestersauce abgeleitete Würzsauce. Yakisoba-Sauce ist leicht säuerlich und süßsalzig und wird in Japan zum Würzen des gleichnamigen Gerichts – Yakisoba (»Bratnudeln«) – verwendet. Ihr ähnlich ist die Tonkatsu-Sauce, in Japan ebenso unverzichtbar zu paniertem Schweineschnitzel (Tonkatsu) wie der Ketchup zum Hamburger. Sie ist überall im Handel zu finden, und kann auch Yakisoba ersetzen.

65. CHAR-SIU-SAUCE
Fertige Würzsauce, die in der kantonesischen Küche vor allem für Char Siu, gegrilltes Schweinefleisch, verwendet wird.

66. HOISIN-SAUCE
Sehr dickflüssige süßsalzige Sauce aus fermentiertem Soja, Zucker, Knoblauch und Essig. Man nennt sie auch »chinesische Barbecue-Sauce«.

67. AUSTERNSAUCE
Dickflüssige dunkelbraune Würzsauce, die traditionell aus karamellisiertem Austernextrakt hergestellt wird.

68. SRIRACHA-SAUCE
Scharfe thailändische Würzsauce aus Chilis, Möhren, Knoblauch, Essig, Salz und Zucker, benannt nach der Küstenstadt Si Racha.

69. SHAOXING-REISWEIN
Alkoholisches Getränk von goldbrauner Farbe aus der chinesischen Provinz Shaoxing, das durch Verzuckerung und Fermentation von Klebreis hergestellt wird und im Geschmack an Sherry erinnert. Shaoxing-Reiswein wird leicht angewärmt getrunken, kommt in der Küche aber auch als Würzmittel zum Einsatz.

70. SAKE
Japanischer Reiswein mit einem Alkoholgehalt von 14 bis 18 Volumenprozent. Es gibt höchst unterschiedliche Sorten und Güteklassen von Sake. Verwendet wird er in der japanischen Küche oft wie Wein in Frankreich. Nicht zu verwechseln mit dem viel stärkeren Reiswein, der in chinesischen Restaurants serviert wird.

71. MIRIN
Japanischer Reiswein mit 14 Volumenprozent Alkohol, der zum Süßen von Speisen eingesetzt wird. Man unterschiedet das »Würzmittel auf Mirin-Basis« aus verdünntem Mirin und zahlreichen Zusätzen und Echten Mirin oder »Hon Mirin«.

72. HELLES SESAMÖL
Dieses helle, im Aroma sehr milde Öl aus ungerösteten Sesam wird nur in der japanischen Hochküche verwendet.

73

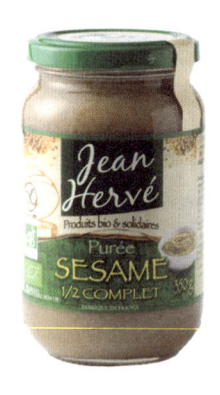

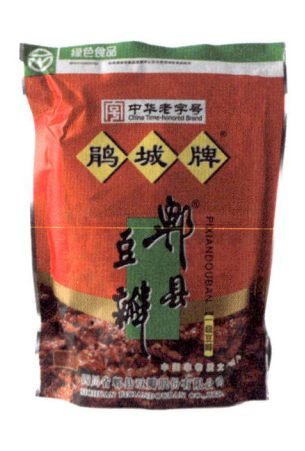

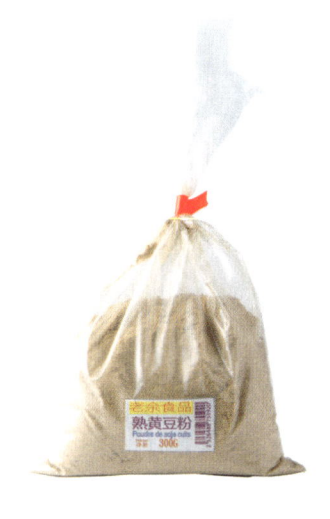

74

75

76

77

78

79

80

81

73. DUNKLES SESAMÖL
Speiseöl, das aus gerösteten weißen Sesamsamen gewonnen wird und von ausgesprochen kräftigem Aroma ist, darum sollte man es sparsam einsetzen.

74. GOCHUJANG
In Korea sehr beliebte Gewürzpaste aus Sojabohnen, roten Chilis, Klebreismehl und Weizenkeimen.

75. SESAMPASTE (TAHIN)
Paste aus weißem oder schwarzem Sesam, der geröstet und anschließend fein gemahlen wird.

76. DAJIANG
Chinesische Gewürzpaste aus zermahlenen fermentierten Sojabohnen, Salz und Weizen.

77. WEISSER MISO
Japanische Paste mit uralten chinesischen Wurzeln, die aus Sojabohnen, häufig unter Zusatz von anderem Getreide und Reis, hergestellt und hauptsächlich für die Zubereitung von Miso-Suppe verwendet wird. Es gibt so viele verschiedene Miso-Sorten in Japan wie Regionen und Städte. Er kann weiß, rot, schwarz oder braun, glatt oder körnig sein. Auch Varianten aus reiner Gerste, ohne Weizen und Reis, sind darunter. Unter den vielen hellen Miso-Sorten zählen zu den berühmtesten der Shinshu-Miso, der salzig, aber insgesamt milder ist als roter Miso, und der sehr milde, fast süßliche Saikyo-Miso aus der Region Kyoto.

78. DOUBANJIANG
Dicke rotbraune Würzpaste aus fermentierten Dicken Bohnen, Soja und roten Chilis.

79. SOJAMEHL
Mehl aus gerösteten und geschälten Sojabohnen.

80. MAM TOM
Paste von grau-rosa Farbe aus gesalzenen und fermentierten Garnelen, die in der vietnamesischen Küche als Würzmittel dient.

81. MAM RUOC
Violette Paste aus kleinen Garnelen (Krill), die gesalzen und fermentiert werden, in der vietnamesischen Küche setzt man sie zum Würzen ein. Einen besonders guten Ruf genießt Mam Ruoc aus der Stadt Hue.

82

83

84

85

86

87

88

89

90

82. GETROCKNETE TAMARINDENPASTE
Das von Samen befreite und getrocknete Fruchtmark der Tamarinde, der schotenähnlichen Frucht des Tamarindenbaums, ist ausgesprochen sauer. Mit heißem Wasser verrührt und anschließend filtriert entsteht ein Saft, der zum Aromatisieren von Brühen und Saucen verwendet wird.

83. GETROCKNETE ROTE CHILISCHOTEN
Frische rote Chilis, die in der Sonne getrocknet werden, um ihr Aroma zu konzentrieren. In der chinesischen Küche dienen sie oft geröstet oder frittiert als Würzmittel.

84. SCHWARZER KARDAMOM (oder Brauner Kardamom)
Bräunliche Kapseln von der Größe einer Muskatnuss, deren Samen einen herben, leicht pfeffrigen Geschmack haben. Man verwendet sie für Brühen und verschiedene Schmorgerichte

85. STERNANIS *(Illicium verum)*
Er würzt alles Mögliche – Schweinefleisch, Rindfleisch, Huhn, Ente, Gemüse ... – und ist Bestandteil des chinesischen Fünf-Gewürze-Pulvers.

86. ANNATTOSAMEN
Die Samen des Annattostrauchs, die in der Lebensmittelindustrie als natürlicher Farbstoff (E 160b) eingesetzt werden. In der Küche werden sie mit heißem oder kaltem Öl verrührt ebenfalls zum Färben von Speisen verwendet.

87. SICHUAN-PFEFFER *(Zanthoxylum piperitum)*
Dieses Gewürz gehört zur Familie der Zitrusgewächse, ist also ein entfernter Verwandter der Zitrone. In der chinesischen Küche werden die rötlichen Beeren vor der eigentlichen Verwendung häufig frittiert oder geröstet, um ihre pikante Note etwas zu zähmen.

88. SCHWARZER SESAM *(Semen sesami nigrum)*
Etwas bitterer als weißer Sesam, aber weniger ölig als jener.

WEISSER SESAM *(Sesamum indicum)*
Winzige Samen, die im rohen Zustand cremefarben sind und sich beim Rösten bräunlich färben.

89. GERÖSTETE SOJAKERNE
Frittierte und gepuffte Sojabohnen, die man zum Aperitif reicht oder als Garnitur für Suppen verwendet. Man findet sie im Bio-Handel.

90. KORIANDERSAMEN
Sie werden zum Aromatisieren von Brühen verwendet.

91

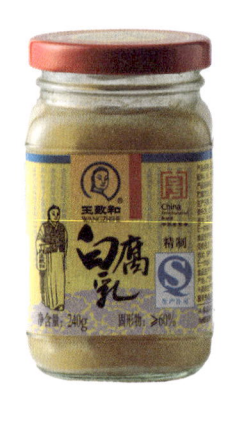

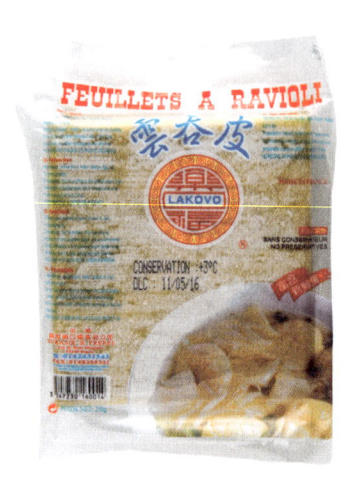

92

93

94

95

96

97

98

91. ZIMTSTANGEN
Sie verwendet man zum Würzen von Brühen und verschiedenen Schmorgerichten.

92. SHICHIMI TOGARASHI (Japanisches Sieben-Gewürz)
Japanische Gewürzmischung aus sieben Zutaten, die gern zu Suppen mit Nudeleinlage (Soba, Udon und ihre Abwandlungen) serviert wird. Je nach Marke und Region kann die Mischung – wörtlich übersetzt heißt sie »Sieben-Gewürze-Chilipfeffer« – in der Zusammensetzung variieren. Immer enthalten ist roter Chili, hinzu kommen meist Sesam, Sansho, Nori, Ingwer, geriebene Schale der japanischen Klementine und Mohn.

93. SAMBAL OELEK
Dicke Würzsauce oder Paste auf Chili-Basis aus Indonesien.

94. FERMENTIERTER TOFU (DOUFURU)
Produkt aus Sojasaft, der mit Salz, Reiswein, Hefe und Gewürzen fermentiert und in Form von kleinen Würfeln (etwa so groß wie ein Stückchen Schokolade) verkauft wird. In der Konsistenz erinnern sie an Frischkäse.

95. DOUCHI
Gesalzene und fermentierte schwarze oder gelbe Sojabohnen.

96. KREBSPASTE MIT SOJAÖL
Paste aus Krebsfleisch, Gewürzen und Geschmacksverstärkern, die in der vietnamesischen Küche für die Zubereitung von Krebsbrühe eingesetzt wird.

97. GEWÜRZTES KREBSFLEISCH
Gehacktes und mit Gewürzen und Geschmacksverstärkern versetztes Krebsfleisch, das zum Würzen von Krebsbrühe verwendet wird und als Zusatz bei der Herstellung von Krebspaste in Sojaöl dient.

98. WAN-TAN-BLÄTTER
Quadratische Teigblätter aus Weizenteig für die Zubereitung von gefüllten Teigtaschen – die chinesischen Ravioli –, die man meist als Suppeneinlage genießt.

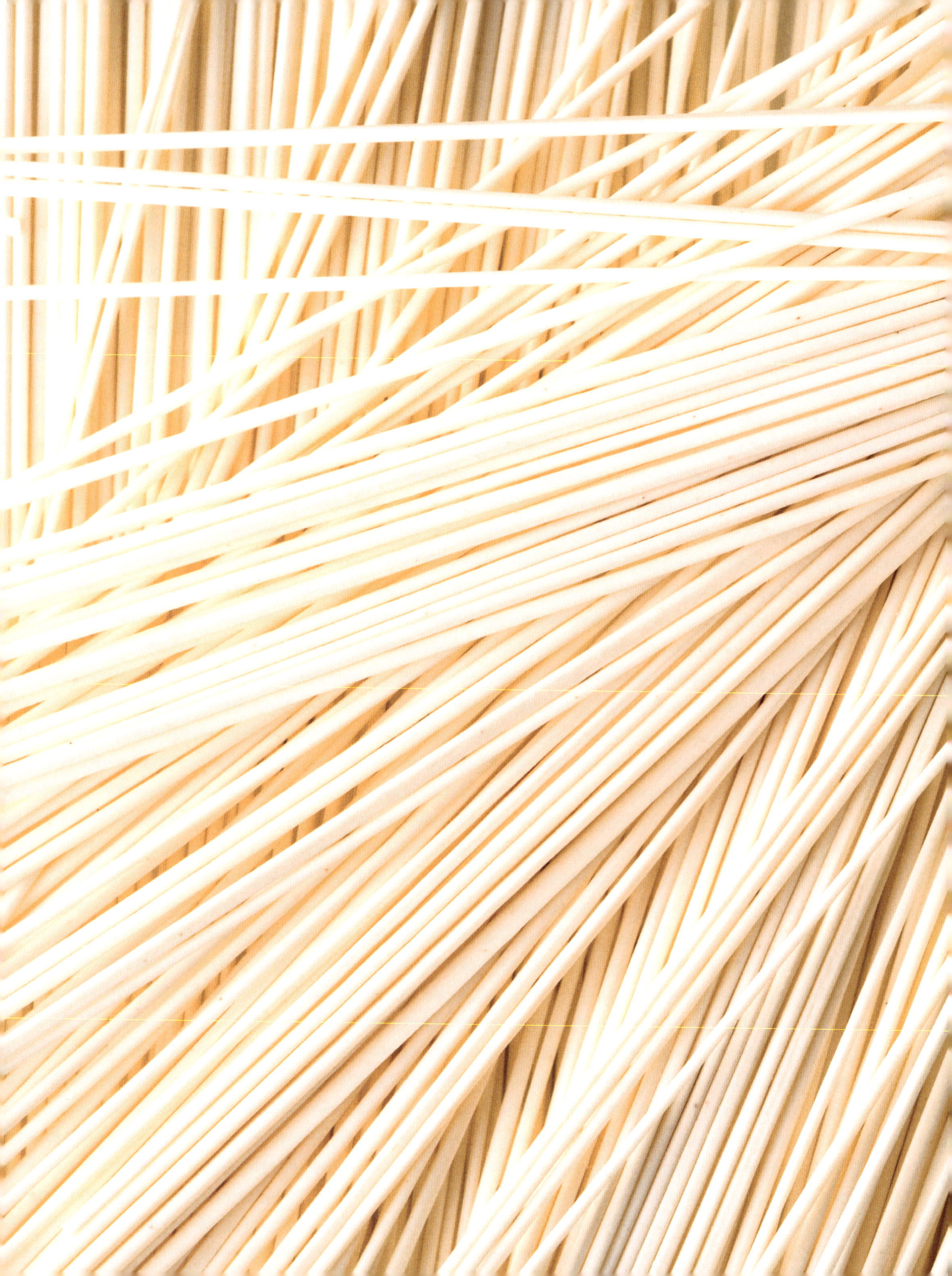

GRUNDREZEPTE & BRÜHEN

JAPANISCHE DASHI

Dashi ist eine Grundbrühe aus der japanischen Küche, die aus Kombu, Katsuobushi, Shiitake-Pilzen, Schalentieren und vielem mehr zubereitet werden kann. Dies ist die gängigste Version, die man auch Ichiban-Dashi, »Erste Dashi«, nennt.

ERGIBT 1 L DASHI
10 g Kombu (1 Blatt von etwa 10 x 10 cm Größe)
20 g Katsuobushi (Bonitoflocken; etwa 1 Handvoll)

1. Den Kombu mit einem Tuch abwischen (nicht waschen!) und mit 1 l Wasser in einen Topf geben.

2. Den Kombu mindestens 1 Stunde einweichen. Man kann ihn auch kalt stellen und über Nacht weichen lassen.

3. Nach dem Einweichen hat er sein Volumen beträchtlich vergrößert.

4. Das Wasser nur ganz leicht zum Sieden bringen. Auf keinen Fall sprudelnd aufkochen.

5. Den Kombu herausnehmen.

6. Das Katsuobushi hineingeben.

7. Den Herd sofort ausschalten und die Flocken in der Brühe ziehen lassen, bis sie auf den Topfboden gesunken sind …

8. … wie hier zu sehen.

9. Ein Sieb mit Küchenpapier auslegen und die Brühe behutsam in eine Schüssel passieren.

10. Die im Sieb verbliebenen Flocken nicht ausdrücken, sonst bekommt die Dashi eine bittere Note.

11. Die passierte Brühe sollte klar sein. Nach dem Abkühlen kann man sie in eine Flasche abfüllen und im Kühlschrank bis zu 5 Tage aufbewahren.

Gut zu wissen: Aus dem verwendeten Kombu und Katsuobushi kann man eine zweite Dashi (Niban-Dashi) zubereiten, die im Geschmack kräftiger ist als der erste Aufguss.
Dazu 500 ml Wasser mit dem Kombu und dem Katsuobushi aufkochen und 5 Minuten köcheln lassen. Dann 10 g frischen Katsuobushi zugeben und weitere 2 Minuten garen; anschließend wie beschrieben passieren.

Ichiban-Dashi verwendet man für klare Suppen und feinere Zubereitungen, während Niban-Dashi in der häuslichen Alltagsküche für jede Art von Speise eingesetzt wird. Beide Varianten sind ideal für die Zubereitung japanischer Nudelsuppen geeignet.

KAESHI

Kaeshi ist eine Art Konzentrat, das als Basis für die Zubereitung von Tsuyu-Brühe dient und mit Dashi verdünnt wird. Gekühlt ist Kaeshi eine halbe Ewigkeit haltbar. Je nach Geschmack kann man den Anteil an Zucker oder Mirin für eine süßere Variante etwas erhöhen, für ein würzigeres Kaeshi gibt man einfach ein wenig mehr Sojasauce hinzu.

ERGIBT 500 ML KAESHI
50–100 ml Mirin
80–90 g Zucker
500 ml dunkle japanische Sojasauce

1. In einem Topf den Mirin mit dem Zucker zum Kochen bringen. Die Sojasauce hinzugeben und die Mischung bei mittlerer Temperatur erhitzen, jedoch nicht aufkochen.

2. Sobald sich kleine Bläschen an der Oberfläche zeigen, den Topf vom Herd nehmen und die Mischung abkühlen lassen.

TSUYU-BRÜHE

Tsuyu ist eine Brühe, die zu allen traditionellen japanischen Nudelgerichten gereicht wird. Sie entsteht gewissermaßen im Handumdrehen, indem man einfach Kaeshi mit Dashi verrührt.

Je nach Geschmack und Verwendung der Tsuyu-Brühe kann man Dashi und Kaeshi unterschiedlich dosieren. Hier zur Orientierung einige Mischungsverhältnisse.

Für heiße Tsuyu-Brühe (japanische Nudeln in einer Suppe, Seite 42–54 und 76–84)
100 ml Kaeshi + 700 ml Dashi

Für kalte Tsuyu-Brühe zum Dippen (kalte japanische Nudeln, Seite 114–147)
100 ml Kaeshi + 300 ml Dashi

Für kalte Tsuyu-Brühe in Form einer Suppe (kalte Somen auf chinesische Art, Seite 56–57)
100 ml Kaeshi + 400 ml Dashi

VEGETARISCHE DASHI AUS KOMBU

Ergibt 1 l Dashi

30–50 g Kombu (je nach Sorte und Qualität)

1. Den Kombu mit einem leicht befeuchteten Tuch abwischen, jedoch nicht den weißen Belag auf der Oberfläche entfernen.

2. Den Kombu in 1 l Wasser kalt stellen und 12 Stunden einweichen.

3. Für eine etwas kräftigere Dashi das Wasser leicht zum Sieden bringen und nach dem Rezept für Ichiban-Dashi (Seite 286) verfahren. Den Kombu anschließend herausnehmen.

Gut zu wissen: Der Kombu kann anschließend eingelegt oder für eine andere Zubereitung weiterverwendet werden.

VEGETARISCHE DASHI AUS SHIITAKE

Dashi aus Shiitake-Pilzen ist sehr würzig im Geschmack. Man verwendet sie gewöhnlich mit anderer Dashi gemischt. Für eine rein vegetarische Dashi kann man sie pur einsetzen oder mit Kombu-Dashi vermengen.

Ergibt 1 l Dashi

50 g Shiitake-Pilze

Bei sonnigem Wetter die Shiitake-Pilze mindestens 1 Stunde der Sonne aussetzen. Das konzentriert ihr Aroma.
Die Pilze unter fließendem Wasser abspülen oder 10 Minuten ins Wasser legen, um Verunreinigungen zu entfernen. Anschließend mit den Hüten nach oben in 1 l Wasser legen, in den Kühlschrank stellen und 24 Stunden einweichen. Die Pilze herausnehmen, die Flüssigkeit durch ein feines Sieb in einen Topf passieren, zum Kochen bringen und abschäumen. Die Dashi hält sich im Kühlschrank 2–3 Tage.

TONKOTSU-BRÜHE FÜR RAMEN

Für die Zubereitung von Ramen mischt man diese Brühe mit einem der Basisrezepte auf Seite 293. Rechnen Sie pro Basis etwa die achtfache Volumenmenge Tonkotsu-Brühe.

Sie können die Tonkotsu-Brühe mit Salz, Pfeffer und Sojasauce Ihrem persönlichen Geschmack anpassen.

ERGIBT 1,5 L BRÜHE
Vorbereitung: 30 Minuten
Einweichen: 12 Stunden
Garzeit: 4–7 Stunden

2 kg Schweineknochen aus der Hachse
1 Schweinsfuß, vom Fleischer längs gespalten (nach Belieben)
1 Hühnerkarkasse
100–200 g Schweineschmalz (am besten aus dem Rückenspeck)
4 Stangen Lauch
5 Knoblauchzehen
Abschnitte von Stangensellerie, Zwiebeln und Möhren (nach Belieben)

Die Knochen eine ganze Nacht lang in kaltes Wasser legen und das Wasser mehrmals wechseln.

Die Knochen in einem großen Topf großzügig mit frischem Wasser bedecken, zum Kochen bringen und bei mittlerer Hitze 30 Minuten köcheln lassen; regelmäßig abschäumen. Abgießen und die Knochen unter kaltem Wasser gründlich abspülen. Nehmen Sie am besten eine Bürste zu Hilfe, um alle Verunreinigungen wirklich restlos zu entfernen. Anschließend die Knochen in einen Plastikbeutel füllen und mit einem Hammer grob zerkleinern (nicht ganz einfach und darum auch nicht unbedingt ein Muss!).

Den Schweinsfuß blanchieren: In einem großen Topf reichlich Wasser zum Kochen bringen, den Schweinsfuß hineingeben und 30 Minuten garen. Anschließend abtropfen lassen und unter kaltem Wasser gründlich abspülen.

Für Baitan-Brühe – hell und milchig:
Sämtliche Zutaten in einem großen Topf mit reichlich Wasser bedecken. Unbedeckt zum Sieden bringen und mindestens 6 Stunden sprudelnd kochen lassen. Verkochtes Wasser ab und zu ersetzen, sodass die Knochen immer bedeckt sind. In der ersten Phase alle 30 Minuten abschäumen, später reicht gelegentliches Abschäumen.

Idealerweise lässt man diese Brühe volle 24 Stunden kochen und füllt das Wasser regelmäßig auf. Am Ende sollten etwa 1,5 l Flüssigkeit verblieben sein. Wer eine besonders kräftige Brühe möchte, passiert sie durch ein Sieb und wiederholt den kompletten Vorgang mit frischen Knochen.

Für Chintan-Brühe – nahezu klar:
Sämtliche Zutaten in einem großen Topf mit Wasser bedecken, auf 80 °C oder bis knapp unter dem Siedepunkt erhitzen, jedoch nicht sprudelnd aufkochen, und 3 Stunden bei dieser Temperatur ziehen lassen. Nicht rütteln oder umrühren, sonst wird die Brühe trüb; etwa alle 15 Minuten sorgfältig abschäumen. Die Brühe mithilfe einer Kelle behutsam durch ein feines Sieb passieren. Das Ergebnis ist eine klare Brühe von goldgelber Farbe.

Gut zu wissen: Es sind das Knorpelgewebe und das Knochenmark, die für den Geschmack in der Brühe sorgen, darum sind die dicken Knochen der Schweinshachse ganz besonders gut für diesen Zweck geeignet. Manche Restaurants verwenden alle Arten von Schweineknochen und Geflügelkarkassen für eine sehr konzentrierte Brühe, die über mehrere Tage unter wiederholter Zugabe frischer Knochen zubereitet wird.

Die in den 1990er-Jahren berühmt gewordene Tonkotsu-Brühe ist die Baitan, die man gewöhnlich mit dem Tonkotsu-Ramen verbindet. Allerdings ist sie nicht unbedingt die beste Brühe ihrer Art, da sie sehr dick und fettig ist. Immerhin kann man sie entfetten, indem man sie über Nacht in den Kühlschrank stellt, sodass sich das erstarrte Fett am nächsten Tag ganz einfach von der Oberfläche abnehmen lässt.

Die Zugabe von Gemüse wie Zwiebeln, Sellerie und Möhre ist eine Sache des persönlichen Geschmacks. Viele bevorzugen eine reine Schweinebrühe ohne den »Beigeschmack« von Gemüse.

DASHI FÜR RAMEN

Für Ramen mischen Sie diese Dashi-Brühe mit einem der Basisrezepte auf Seite 293. Rechnen Sie pro Basisrezept etwa die achtfache Volumenmenge an Dashi.

ERGIBT 1,5 L DASHI
Einweichen: 12 Stunden
Vorbereitung: 30 Minuten
Garzeit: 5–8 Stunden

10 g Niboshi (getrocknete kleine Sardinen)
5 g Kombu
5 g Katsuobushi
1 Hühnerkarkasse
1 Stange Lauch, nur der grüne Teil
3 Knoblauchzehen
einige Scheiben frischer Ingwer
Gemüseabschnitte: 20 g Stangensellerie, 20 g Möhren, ¼ Zwiebel

Die Niboshi von den Köpfen befreien und sorgfältig ausnehmen. Die Fische in einer Pfanne ohne Fettzugabe bei mittlerer Hitze 3 Minuten rösten; dabei ständig rühren.

Niboshi, Kombu und Katsuobushi über Nacht in 1 l Wasser einweichen.
Die Hühnerkarkasse 1 Stunde in lauwarmes Wasser legen. In zwei Stücke zerbrechen und von blutigen Partien befreien. In einem Topf Wasser zum Kochen bringen und die Karkasse darin 1 Minute blanchieren.

Die Hühnerkarkasse in einem großen Topf mit reichlich Wasser bedecken. Lauch, Knoblauch, Ingwer und die Gemüseabschnitte dazugeben und auf 80 °C erhitzen (also nicht zum Kochen bringen). In dieser Weise 5–8 Stunden ziehen lassen und regelmäßig abschäumen. Etwa 30 Minuten vor Ende der Garzeit Niboshi, Kombu und Katsuobushi samt Einweichwasser hinzufügen und die Brühe reduzieren, bis noch etwa 1,5 l Flüssigkeit verblieben ist.

Gut zu wissen: Niboshi sind japanische getrocknete Sardinen, die auf dem hiesigen Markt sehr schwer zu finden sind. In Ermangelung kann man sie durch Katsuobushi ersetzen.

BASIS FÜR RAMEN MIT SOJASAUCE 1

Lösen Sie pro 100 ml Ramen-Brühe 1 EL dieser Basis darin auf.

90 ml dunkle japanische Sojasauce
270 ml helle japanische Sojasauce
1 EL Mirin
2 EL Sake
1 EL japanischer Reisessig
50 g Salz
20 g Niboshi
20 g Katsuobushi
10 g Kombu
10 g Knoblauch
10 g Ingwer

Die flüssigen Zutaten in einem Topf erhitzen. Die festen Zutaten dazugeben, aufkochen und bei geringer Hitze 30 Minuten leise köcheln lassen.

BASIS FÜR RAMEN MIT SOJASAUCE 3

Lösen Sie pro 100 ml Ramen-Brühe 1 EL dieser Basis darin auf.

500 ml dunkle japanische Sojasauce
15 ml Mirin
35 g Zucker
80 g Salz
150 g Schweinehack

Sämtliche Zutaten, außer dem Schweinehack, 20 Minuten auf ganz kleiner Flamme erhitzen, jedoch nicht einkochen. Das Schweinehack hineingeben und, sobald es durchgegart ist, die Mischung durch ein Sieb passieren.

BASIS FÜR RAMEN MIT SOJASAUCE 2

Lösen Sie pro 100 ml Ramen-Brühe 1 EL dieser Basis darin auf.

100 ml dunkle japanische Sojasauce
100 ml Sake
1 EL Zucker
10 g Ingwer

Sämtliche Zutaten mit 400 ml Wasser bei ganz geringer Temperatur langsam erhitzen und kurz vor dem Siedepunkt vom Herd nehmen.

BASIS FÜR RAMEN MIT SALZ

Lösen Sie pro 100 ml Ramen-Brühe 1 EL dieser Basis darin auf.

25 g Salz
3 EL Sake
2 EL Mirin
3 TL dunkle japanische Sojasauce
200 ml Dashi aus Kombu (siehe Seite 286)

Sämtliche Zutaten auf ganz kleiner Flamme erhitzen, ohne die Flüssigkeit zu reduzieren. Kurz bevor sie zu sieden beginnt, vom Herd nehmen.

CHINESISCHE HÜHNERBRÜHE

Hühnerbrühe wird gewöhnlich für die Zubereitung von Suppen verwendet oder um Wokgerichte durch Zugabe einer geringen Menge abzurunden.

Gut zu wissen: Für eine leichtere Brühe nehmen Sie 1 Hühnerkarkasse, 15 g Ingwer, 2 Frühlingszwiebeln, 1 Sternanis, 1 TL Sichuan-Pfeffer und 25 ml Shaoxing-Wein.

ERGIBT 1,5 L BRÜHE
1 Huhn
2 Frühlingszwiebeln
20 g Ingwer
50 ml Shaoxing-Wein
2 Sternanis
2 TL Sichuan-Pfeffer

1. Das Huhn in einem großen Topf mit Wasser bedecken und zum Kochen bringen.

2. Die Frühlingszwiebeln von den Wurzelansätzen befreien und quer halbieren.

3. Den ungeschälten Ingwer in Scheiben schneiden.

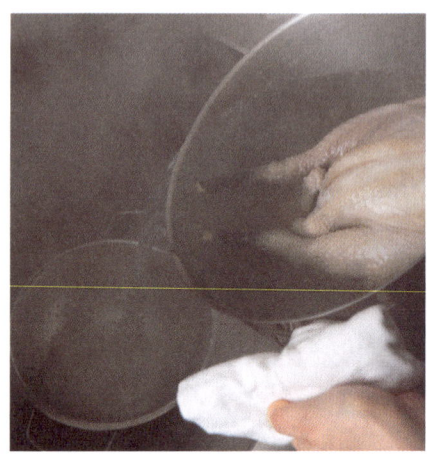

4. Das Wasser, sobald es sprudelnd kocht, weggießen.

5. Den Topf ausspülen, das Huhn wieder hineinsetzen und mit warmem Wasser bedecken.

6. Bei starker Hitze auf den Herd stellen und den Shaoxing-Wein zugießen.

7. Den Ingwer hineingeben.

8. Die Frühlingszwiebeln einlegen.

9. Die Gewürze hinzufügen.

10. Leicht zum Sieden bringen und dann bei milder Hitze unbedeckt 1 Stunde und 30 Minuten garen.

11. Mit einer Schaumkelle Gemüse und Gewürze herausfischen oder die Brühe durch ein Sieb passieren.

12. Um die Brühe zu entfetten, kann man sie zusätzlich durch ein mit Küchenpapier ausgelegtes Sieb passieren.

CHINESISCHE RINDERBRÜHE

ERGIBT 1 L BRÜHE
Vorbereitung: 30 Minuten
Einweichen: 5 Stunden
Garzeit: 4 Stunden

1 kg Rinderknochen
500 g Rinderbeinscheibe
1 Muskatnuss
1 schwarze Kardamomkapsel
1 TL Fenchelsamen
1 Sternanis
2 TL Sichuan-Pfeffer
20 g frischer Ingwer
3 Frühlingszwiebeln
5 g getrocknete Klementinenschale
3 Lorbeerblätter
1 TL Salz

Die Rinderknochen und die Beinscheibe mindestens 5 Stunden in kaltem Wasser einweichen. Das Wasser alle 90 Minuten wechseln, um Blutreste und sonstige Verunreinigungen auszuwaschen.

Knochen und Beinscheibe in einen großen Topf legen und mit frischem Wasser bedecken. Zum Kochen bringen und regelmäßig abschäumen. Muskatnuss, Kardamom, Fenchelsamen, Sternanis und Sichuan-Pfeffer in ein kleines Stoffsäckchen (Gaze oder Passiertuch) einschlagen und verschnüren. Sobald sich kein Schaum mehr an der Oberfläche absetzt, das Säckchen in die Brühe geben.

Den Ingwer ungeschält in Stücke schneiden und mit den Frühlingszwiebeln in die Brühe geben. Die Klementinenschale und die Lorbeerblätter hinzufügen.

Die Brühe bei geringer Hitze 2 Stunden leise köcheln lassen. Die Beinscheibe herausnehmen und die Brühe weitere 2 Stunden köcheln lassen. Die Brühe salzen, abkühlen lassen und durch ein feines Sieb passieren.

CHINESISCHE SCHWEINEBRÜHE

ERGIBT 1,5 L BRÜHE
Vorbereitung: 5 Minuten
Garzeit: 2 Stunden

20 g frischer Ingwer
3 Frühlingszwiebeln
1 kg Schweineknochen
2 EL Shaoxing-Wein
1 TL weiße Pfefferkörner
½ TL Salz

Den ungeschälten Ingwer in Stücke, die Frühlingszwiebeln in 5 cm lange Stäbchen schneiden.

Die Knochen in einem Topf mit kaltem Wasser bedecken, den Shaoxing-Wein zugießen und zum Kochen bringen. Die Knochen 5 Minuten blanchieren, anschließend kalt abspülen, das Kochwasser weggießen.

Die Knochen wieder in den Topf legen und mit warmem Wasser bedecken. Die restlichen Zutaten dazugeben, außer dem Salz, und zugedeckt bei geringer Hitze 1 Stunde und 30 Minuten garen.

Die Brühe zweimal passieren, zuerst durch ein Sieb, dann noch einmal durch ein Passiertuch. Salzen.

VIETNAMESISCHE SCHWEINEBRÜHE

ERGIBT 1,5 L BRÜHE
30 g getrocknete Garnelen
1,3 kg Schweineknochen
1 TL Salz + 1 EL grobes Salz

1 Schalotte
50 g ungeschälter Ingwer
3 Zwiebeln
30 g Kandiszucker

1. Die getrockneten Garnelen 30 Minuten in lauwarmem Wasser einweichen. Abtropfen lassen.

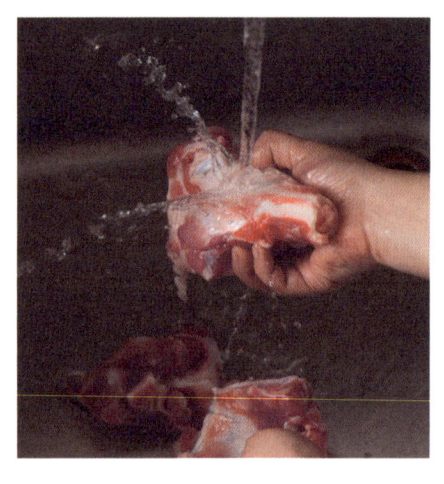

2. Die Schweineknochen waschen.

3. In einem Topf Wasser zum Kochen bringen und den Teelöffel Salz hineingeben.

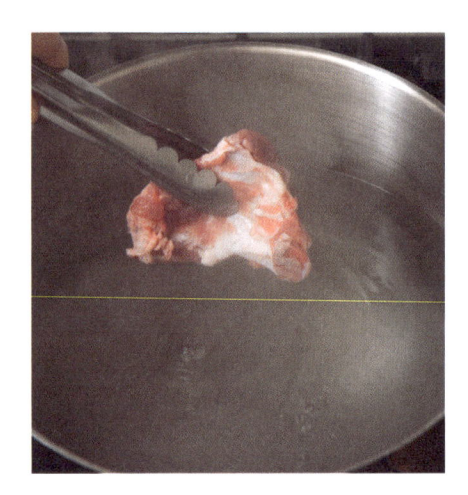

4. Die Knochen in das Wasser geben und blanchieren, bis es wieder aufkocht. Das Wasser weggießen.

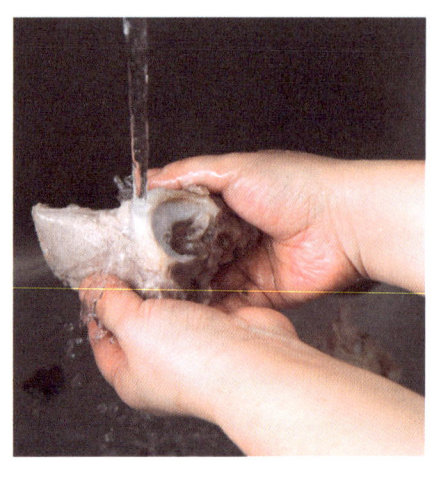

5. Die Knochen unter kaltem Wasser abspülen. Den Topf ausspülen.

6. Die geschälte und grob zerkleinerte Schalotte und die Garnelen in einer Pfanne ohne Fettzugabe bei starker Hitze 3 Minuten rösten.

7. Den Ingwer und die geschälten Zwiebeln direkt über der offenen Flamme oder unter dem Backofengrill (240 °C) 5 Minuten rösten.

8. Die Knochen in den Topf geben und mit kaltem Wasser bedecken (4–5 l). Bei starker Hitze auf den Herd stellen, Zwiebeln und Ingwer hineingeben.

9. Die Schalotten und Garnelen hinzufügen, anschließend den Kandis und das grobe Salz einrühren.

10. Sobald die Brühe kocht, regelmäßig abschäumen und unbedeckt 3 Stunden leise köcheln lassen. Nach dem Ende der Kochzeit die Brühe durch ein feines Sieb oder ein Mulltuch seihen.

VIETNAMESISCHE RINDERBRÜHE

ERGIBT 3 L BRÜHE
Vorbereitung: 30 Minuten
Garzeit: 6 Stunden

1 TL Salz
1 kg Ochsenschwanz
500 g Querrippe
500 g Markknochen
3 Zwiebeln
300 g Daikon
1 Stückchen Ingwer (5 cm)
1 EL grobes Salz
30 g Kandiszucker
4 EL Nuoc-Mam

In einem großen Topf 4 l Wasser mit dem Teelöffel Salz zum Kochen bringen. Ochsenschwanz, Querrippe und Markknochen hineingeben und 10 Minuten blanchieren. Abgießen, Fleisch und Knochen kalt abspülen. Den Topf ausspülen, Fleisch und Knochen wieder hineinlegen und mit 4 ½ l kaltem Wasser bedecken. Zum Kochen bringen und die Hitze so regulieren, dass das Wasser nur ganz leicht siedet. In dieser Weise 1 Stunde garen und regelmäßig abschäumen.

Die Zwiebeln und den Daikon schälen, den Rettich der Länge nach vierteln.

Die Zwiebeln und den Ingwer direkt über einer offenen Flamme oder unter dem Backofengrill (250 °C) 10 Minuten rösten; falls nötig, anschließend die stark verbrannten Partien wegschneiden. Den Ingwer längs durchschneiden.

Die Brühe durch 1 ½ l kochendes Wasser ergänzen. Zwiebeln, Ingwer, Daikon, das grobe Salz und den Kandis dazugeben und weitere 3 Stunden garen. Die Querrippe herausnehmen und anderweitig verarbeiten, Markknochen und Ochsenschwanz bleiben in der Brühe. Zwiebeln und Ingwer herausfischen und wegwerfen. Noch 1 l kochendes Wasser zugießen und die Brühe bei geringer Hitze weitere 2 Stunden köcheln lassen. Das sich oben absetzende Fett regelmäßig abschöpfen.

Das Nuoc-Mam unterrühren und die Brühe abschmecken. Den Ochsenschwanz für einen anderen Zweck weiterverwenden, die Markknochen wegwerfen.

Gut zu wissen: Zum Entfetten die Brühe über Nacht kalt stellen, das erstarrte Fett lässt sich anschließend ganz einfach von der Oberfläche entfernen.

VIETNAMESISCHE HÜHNERBRÜHE

ERGIBT 3 L BRÜHE
Vorbereitung: 30 Minuten
Garzeit: 3 Stunden

1 Huhn (oder 1 Poularde) von 1,2 kg oder 2 Hühnerkarkassen
1 Zwiebel
1 Stückchen ungeschälter Ingwer (5 cm)
1 EL grobes Salz
30 g Kandiszucker
2 EL Nuoc-Mam

Das Huhn in einem großen Topf mit 4 ½ l kaltem Wasser bedecken, bei starker Hitze zum Kochen bringen und abschäumen. Die Hitze herunterstellen und das Huhn zugedeckt 1 Stunde garen.

Das Geflügel aus der Brühe nehmen und in einer Schüssel mit kaltem Wasser abschrecken. Anschließend das Fleisch vollständig auslösen (und für eine andere Verwendung zurücklegen). Die Karkasse und die Knochen von Keulen und Flügeln wieder in die heiße Brühe geben.

Die Zwiebel schälen und mit dem ungeschälten Ingwer direkt über einer offenen Flamme oder unter dem Backofengrill (250 °C) 5 Minuten rösten. Verbrannte Stellen anschließend wegschneiden, falls nötig. Den Ingwer längs in zwei Hälften schneiden.
Den Ingwer und die Zwiebel in den Topf geben und die Brühe mit dem Salz und dem Kandis würzen. Bei geringer Hitze nicht ganz zugedeckt, damit der Dampf entweichen kann, 1 weitere Stunde und 30 Minuten köcheln lassen. Regelmäßig abschäumen.

Die Brühe durch ein Sieb passieren, Knochen, Zwiebel und Ingwer wegwerfen. Das Nuoc-Mam unterrühren. Abschließend wird die Brühe erst abhängig von dem jeweiligen Rezept gewürzt, für das sie verwendet wird.

KAKIAGE MIT GARNELEN, ZWIEBELN UND FRÜHLINGSZWIEBELN

Kakiage ist eine äußerst praktische Methode Tempura-Teig zu verbrauchen und damit alle möglichen Reste zu verwerten. Erbsen, Zwiebeln, Garnelen, in kleine Stücke geschnittener Tintenfisch – die Kakiage-Klassiker –, ebenso in feine Streifen geschnittene Möhren, grüne Bohnen oder Lauch, die man in kleinen Bündeln zusammenfasst, bevor man sie in den Tempura-Teig taucht.

ERGIBT 6 KAKIAGE-NESTER
4 mittelgroße Garnelen
½ Zwiebel, geschält
3 Frühlingszwiebeln
Öl zum Frittieren

Tempura-Teig siehe Seite 80.

1. Die Garnelen schälen, säubern und in kleine Stücke schneiden. Die Zwiebel und die Frühlingszwiebeln grob hacken und alles rasch unter den Teig mischen.

2. Das Frittieröl auf 170 °C erhitzen. Die Tempura-Mischung esslöffelweise aufnehmen und mithilfe eines weiteren Löffels vorsichtig in das heiße Öl gleiten lassen.

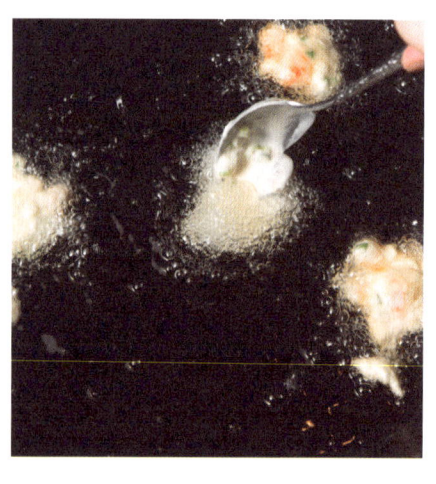

3. In dieser Weise fortfahren.

4. Die Kakiage-Nester von Zeit zu Zeit wenden.

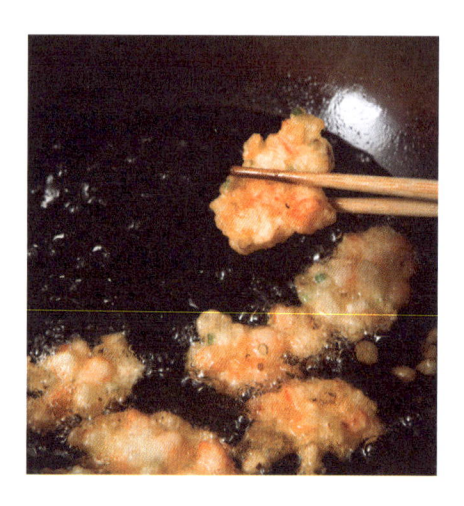

5. Sobald sie rundherum goldbraun sind, herausnehmen und auf Küchenpapier abtropfen lassen.

6. Die Kakiage-Nester sind jetzt genussfertig.

FRITTIERTE MI-NUDELN

1. Einen Topf 5 cm hoch mit Öl füllen, erhitzen und 200 g Mi-Nudeln hineingeben.

2. Die Nudeln mit zwei Bambusstäbchen gleichmäßig auf dem Boden des Topfs verteilen, um die gesamte Fläche auszufüllen.

3. Die Nudeln mit kreisenden Bewegungen umrühren, sodass sie sich zu einer Art Pfannkuchen verbinden, und 5 Minuten frittieren.

4. Den »Nudelfladen« aus dem Öl heben.

5. Die frittierten Nudeln auf Küchenpapier abtropfen lassen. Jetzt können sie serviert werden.

EINGELEGTE SOJA-EIER

Für 4 Soja-Eier
Vorbereitung: 5 Minuten
Garzeit: 30 Minuten
Marinieren: 10 Stunden

4 Eier
1 Sternanis
1 Zimtstange
2 Lorbeerblätter
1 TL Salz
15 g Kandiszucker
1 EL dunkle chinesische Sojasauce

Die Eier 5 Minuten in kochendem Wasser garen, in kaltem Wasser abschrecken und schälen.
In einem schmalen hohen Topf 600 ml Wasser mit Sternanis, Zimt, Lorbeer, Salz, Zucker und Sojasauce zum Kochen bringen. Die Hitze herunterstellen, die geschälten Eier hineinlegen und 20 Minuten bei milder Hitze garen.
Den Topf vom Herd nehmen, die Eier herausnehmen und die Brühe vollständig abkühlen lassen. Anschließend die Eier wieder einlegen und bei Raumtemperatur 4–10 Stunden in der Flüssigkeit marinieren. Anschließend sind sie verzehrfertig. Die Soja-Eier halten sich 3–5 Tage.

EINGELEGTE EIER FÜR RAMEN

Für 5 Eier
Vorbereitung: 10 Minuten
Garzeit: 10 Minuten
Marinieren: 12 Stunden

5 raumtemperierte Eier

Marinade
1 TL Dashi (siehe Seite 286)
2 EL Mirin
2 EL dunkle japanische Sojasauce
1 EL Zucker

Sämtliche Zutaten für die Marinade erhitzen, jedoch nicht aufkochen. Vollständig abkühlen lassen. In einem Topf Wasser zum Kochen bringen. Sobald es aufwallt, vorsichtig die Eier hineinlegen. Rechnen Sie 6 Minuten Garzeit ab dem Wiederaufkochen für wachsweiche Eier. Herausnehmen und unter fließendem Wasser kalt abschrecken. Die Eier schälen, in einem verschließbaren Plastikbeutel mit der Marinade vermengen und über Nacht marinieren.

SÜSSSAUER EINGELEGTE MÖHREN

Ergibt 200 g Essigmöhren
Vorbereitung: 10 Minuten
Marinieren: 1 Stunde

200 g Möhren
½ TL Salz
2 EL Zucker
4 EL weißer chinesischer Reisessig

Die Möhren schälen und raspeln oder in feine Streifen schneiden. In einem Gefäß mit dem Salz bestreuen und das Salz etwas einwirken lassen; anschließend nicht abspülen. Den Zucker und den Essig zugeben, alles sorgfältig vermengen und 1 Stunde durchziehen lassen. Regelmäßig umrühren.

Abwandlung: Für Bun Cha auf Seite 196 grüne Papaya in dünne Scheiben schneiden und wie im obigen Rezept beschrieben verfahren.

RINDFLEISCHBÄLLCHEN

Für 4 Personen
Vorbereitung: 30 Minuten
Durchziehen: 30 Minuten
Garzeit: 10 Minuten

400 g Rinderhack
2 EL Nuoc-Mam
1 gehäufter TL Zucker
½ TL Salz
¼ TL frisch gemahlener weißer Pfeffer
1 gestrichener TL Backpulver (4 g)
2 EL Kartoffelstärke
2 EL Eiswasser
1 ½ l Rinderbrühe (oder Wasser)

Das Hackfleisch mit Nuoc-Mam, Zucker, Salz, Pfeffer, Backpulver und der in etwas Wasser aufgelösten Kartoffelstärke vermengen. Die Masse im Mixer 5 Minuten zermahlen, 1 EL Eiswasser zugeben und erneut 5 Minuten mixen. Diesen Vorgang mit dem zweiten EL Eiswasser wiederholen. Die Masse sollte am Ende ganz glatt und hellrosa sein. Mit Frischhaltefolie zudecken und 30 Minuten kalt stellen. Einen Teller mit etwas Wasser benetzen, damit die Fleischbällchen nicht kleben, Öl ist dann nicht nötig. Eine Schüssel mit kaltem Wasser für die Hände bereitstellen.

Die Hackmasse in einen Gefrierbeutel füllen, fest verschließen und eine Ecke abschneiden, sodass ein Spritzbeutel entsteht. Vorsichtig walnussgroße Stücke der Masse herauspressen, mit befeuchteten Händen zu Bällchen rollen und auf den Teller legen. In dieser Weise die gesamte Masse zu Bällchen formen. Die Brühe (oder das Wasser) zum Kochen bringen und die Rindfleischbällchen darin etwa 10 Minuten garziehen lassen. Sobald sie an die Oberfläche steigen, sind sie fertig.

Tipp: Schneiden Sie zur Garprobe ein Bällchen in der Mitte durch. Ist es im Kern noch rosa, benötigt es ein wenig länger. Verlängern Sie die Garzeit um einige Minuten.

CHINESISCHES SCHWEINEFLEISCH CHAR SIU

Für 4 Personen
Vorbereitung: 10 Minuten
Marinieren: 1 Nacht
Garzeit: 1 Stunde

1 Stück fermentierter Tofu (Doufuru)
1 ½ EL Hoisin-Sauce
1 ½ EL Char-Siu-Sauce
1 TL Shaoxing-Wein
1 EL helle chinesische Sojasauce
1 EL Malzzucker in Form von Sirup (oder Honig)
1 EL neutrales Speiseöl
etwas frisch gemahlener Pfeffer
400 g Schweinefilet

Sämtliche Zutaten, außer dem Fleisch, zu einer Sauce verrühren. Das Filet in eine tiefe Schale legen und rundherum vollständig mit der Sauce überziehen. Mit Frischhaltefolie zudecken und über Nacht im Kühlschrank marinieren.
Den Backofen auf 200 °C Umluft vorheizen. Ein ofenfestes Gefäß mit etwas heißem Wasser füllen und in der Ofenmitte einschieben. Das marinierte Fleisch auf einem Rost über einem Bogen Pergamentpapier 15 Minuten abtropfen lassen.
Das Filet auf dem Rost über der Wasserschale in den Ofen schieben und 20 Minuten braten. Mit der verbliebenen Marinade bestreichen, die Wasserschale herausnehmen und das Fleisch im Grillmodus weitere 10 Minuten garen.
Das Schweinefilet ein wenig abkühlen lassen und in 3 mm dünne Scheiben schneiden.

SAFTIGES SCHWEINEFLEISCH CHAR SIU AUF JAPANISCHE ART

Für 4 Personen
Vorbereitung: 15 Minuten
Garzeit: 30 Minuten

500 g Schweinebauch
2 TL Öl

Würzmischung
100 ml Sake
100 ml dunkle japanische Sojasauce
5 g Ingwer
1 EL Zucker

Den Schweinebauch mit der dicken Fettschicht nach außen aufrollen und mit Küchengarn verschnüren. Sämtliche Zutaten für die Würzmischung mit 600 ml Wasser verrühren. Das Öl in einem Topf erhitzen und den Schweinebauch sorgfältig rundherum goldbraun anbraten. In einem weiteren Topf Wasser zum Kochen bringen und das gebräunte Fleisch darin 5 Minuten blanchieren. Die Würzmischung zum Kochen bringen und das Fleisch einlegen. Direkt auf der Oberfläche einen Bogen Alufolie auflegen, das Fleisch bei geringer Hitze garen und regelmäßig umdrehen, bis es ganz zart und vollkommen durchgegart ist. Abkühlen lassen.
Das Fleisch in feine Scheiben schneiden und als Garnitur in einer Schale Ramen servieren.

VIETNAMESISCHE FRÜHLINGSZWIEBELN IN ÖL

Ergibt 4 EL
Vorbereitung: 10 Minuten
Garzeit: 2 Minuten

12 Frühlingszwiebeln
100 ml Sonnenblumenöl
1 kräftige Prise Salz

Den grünen Teil der Frühlingszwiebeln vom weißen Teil abtrennen und in 2 mm breite Röllchen schneiden. Den weißen Teil anderweitig verwenden.
In einem kleinen Topf das Öl 2 Minuten bei hoher Temperatur erhitzen.
Den Topf vom Herd nehmen, die Frühlingszwiebeln in das heiße Öl geben und salzen. Gut umrühren und die Mischung in eine hitzebeständige Schale umfüllen (das Öl ist sehr heiß).
Zum Servieren die Frühlingszwiebeln und etwas Öl herauslöffeln und über Gegrilltes oder Banh-Hoi-Küchlein (siehe Seite 202) ziehen.

FRÜHLINGSZWIEBELÖL

Für 100 ml Öl
Vorbereitung: 5 Minuten
Garzeit: 45 Minuten

40 g Frühlingszwiebeln
100 ml neutrales Speiseöl

Die Frühlingszwiebeln in 4 cm lange Stücke schneiden, mit dem Öl in einen Topf geben und bei mittlerer Temperatur etwa 5 Minuten erhitzen. Sobald kleine Bläschen an die Oberfläche steigen, die Hitze ein wenig herunterstellen und die Frühlingszwiebeln weitere 40 Minuten sanft garen.
Das Öl vollständig abkühlen lassen, in ein kleines Einmachglas füllen und kalt stellen. Es hält sich an einem kühlen Ort mindestens 6 Monate.

SICHUAN-PFEFFER-ÖL

Für 150 ml Öl
Vorbereitung: 2 Minuten
Garzeit: 10 Minuten

150 ml neutrales Speiseöl
3 TL Sichuan-Pfeffer (6 g)

Das Öl und den Sichuan-Pfeffer in einem kleinen Topf bei mittlerer Temperatur erhitzen, bis kleine Bläschen an die Oberfläche steigen und sich der Pfeffer etwas dunkler gefärbt hat (das dauert je nach Herdtyp 5–10 Minuten). Das Öl abkühlen lassen, samt Pfeffer in ein kleines Einmachglas füllen und kühl lagern. Es hält sich mindestens 6 Monate.

ANNATTO-ÖL

Annatto-Öl findet in der vietnamesischen Küche reichlich Verwendung. Es verleiht verschiedenen Zutaten eine appetitliche Rotfärbung, darunter Garnelen, Krabben, aber auch Fleisch und Brühe.

Für 100 ml Öl
Vorbereitung: 10 Minuten
Garzeit: 5 Minuten

1 Knoblauchzehe
50 g Annattosamen
100 ml Sonnenblumenöl

Die ungeschälte Knoblauchzehe zerstoßen. Die Annattosamen in dem heißen Öl 5 Minuten rösten. Kurz vor Ende der Garzeit den Knoblauch zugeben. Den Herd ausschalten und das Öl in einer Schale abkühlen lassen. Das Öl durch ein Sieb passieren, Annattosamen und Knoblauch wegwerfen.

CHILIÖL

Für etwa 160 ml Öl
Vorbereitung: 5 Minuten
Garzeit: 20 Minuten

30 g rotes Chilipulver
8 g weiße Sesamsamen
½ TL Salz (2 g)
160 ml Öl zum Frittieren
1 Muskatnuss
2 Sternanis
1 TL Sichuan-Pfeffer
3 Lorbeerblätter
5 g getrocknete Klementinenschale
1 EL schwarzer chinesischer Reisessig

In einem hitzebeständigen Gefäß das Chilipulver mit dem Sesam und dem Salz vermengen.
In einem Topf das Öl mit den Gewürzen und der Klementinenschale auf 180 °C erhitzen. Gewürze und Schale mit einem Schaumlöffel herausfischen und das Öl weiter erhitzen, bis es 200 °C erreicht hat. Den Herd ausschalten und das Öl auf 175 °C abkühlen lassen. In drei Portionen über die Chilimischung gießen (Vorsicht, nicht verbrennen!) und den Essig zugeben – das Öl wallt dabei noch einmal kurz auf, das ist normal.
Das Öl abkühlen lassen, in ein kleines Glas füllen und kühl lagern. Es hält sich mindestens 3 Monate.

JAPANISCHE VINAIGRETTE

2 EL dunkle oder helle japanische Sojasauce
4 EL japanischer Reisessig
1 EL Sesamsamen (nach Belieben)
1–3 TL Zucker (nach Belieben)

Sämtliche Zutaten miteinander verrühren, den Zucker nach persönlichem Geschmack dosieren.

SESAM-VINAIGRETTE

2 EL weiße Sesampaste
1 EL dunkle japanische Sojasauce
2 TL japanischer Reisessig
1 TL Miso (nach Belieben)
1 TL japanischer Sake
1 EL Zucker

Sämtliche Zutaten miteinander verrühren.

YUZU-VINAIGRETTE

20 ml Sake
20 ml Mirin
100 ml dunkle oder helle japanische Sojasauce
20 g Katsuobushi
100 ml Yuzu-Saft

In einem Topf 80 ml Wasser, Sake, Mirin und die Sojasauce erhitzen, jedoch nicht aufkochen.
Das Katsuobushi zugeben und den Topf sofort vom Herd nehmen.
Durch ein Sieb den Yuzu-Saft zugießen.
Die Vinaigrette hält sich in einem verschlossenen Glas im Kühlschrank mehrere Tage.

NUOC-MAM-SAUCE MIT INGWER

Für 4 Personen
Zubereitung: 15 Minuten

20 g Ingwer
2 Knoblauchzehen
1 frische Chilischote (oder 1 TL Sambal Oelek)
2 EL brauner Zucker
5 EL Nuoc-Mam
2 EL frisch gepresster Limettensaft

Den Ingwer und den Knoblauch schälen und fein hacken, die Chilischote in feine Streifen schneiden.
In einer großen Schale den braunen Zucker, das Nuoc-Mam und 5 EL Wasser verrühren. Den Limettensaft und den gehackten Ingwer unterrühren, zuletzt den Knoblauch und den Chili hinzugeben.

SESAMSAUCE

Für 4 Personen
Zubereitung: 10 Minuten

70 g Sesampaste
3 EL helle chinesische Sojasauce
3 EL schwarzer chinesischer Reisessig
1 TL Salz
2 TL Zucker

Die Sesampaste nach und nach mit 55 ml Wasser glatt rühren.
Die Sojasauce, den Essig, das Salz und den Zucker unterrühren.

NUOC-MAM-SAUCE MIT KNOBLAUCH UND CHILI

Diese Sauce ist eine beliebte Beigabe zu zahlreichen traditionellen Gerichten der vietnamesischen Küche. Je nach Speise, die sie begleitet, variiert die Sauce um Nuancen und fällt mehr oder weniger salzig, süß oder zitronig aus.

Ergibt etwa 500 ml Sauce
Zubereitung: 15 Minuten

80 g brauner Zucker
60 ml weißer chinesischer Reisessig
Saft von 1 Limette (etwa 50 ml)
90 ml Nuoc-Mam
2 Knoblauchzehen
1 frische Chilischote (oder 2 TL Sambal Oelek)

Den braunen Zucker in 250 ml heißem Wasser auflösen. Den Essig, den Limettensaft und das Nuoc-Mam unterrühren, abschmecken und gegebenenfalls etwas korrigieren.
Den Knoblauch schälen und fein hacken. Die Chilischote hacken oder in feine Ringe schneiden. Beides unter die Sauce rühren, einige Minuten durchziehen lassen und noch einmal abschmecken, falls nötig. Die Sauce sollte süß-salzig schmecken mit einer säuerlichen Limettennote und einem dezenten Hauch von Knoblauch und Chili.

Gut zu wissen: Diese Sauce steht und fällt mit einem Nuoc-Mam von guter Qualität.
Der Reisessig lässt sich durch Apfelessig ersetzen, der Limetten- durch Zitronensaft und die Chilischote durch Sambal Oelek, das für den gleichen Geschmack sorgt, jedoch ohne das Feuer frischer Chilischoten.

SOJASAUCE FÜR SALAT

Diese Sauce auf Sojabasis ist die vegetarische Alternative zu Nuoc-Mam und wird nach demselben Prinzip zubereitet.

Ergibt etwa 800 ml Sauce
Zubereitung: 15 Minuten

180 g brauner Zucker
150 ml weißer chinesischer Reisessig
Saft von 2 Limetten (etwa 100 ml)
200 ml helle chinesische Sojasauce
3 Knoblauchzehen
1 frische Chilischote (oder 2 TL Sambal Oelek)

Den braunen Zucker in 200 ml Wasser auflösen. Den Essig, den Limettensaft und die Sojasauce untermischen, abschmecken und eventuell noch etwas nachwürzen.
Den Knoblauch schälen und fein hacken, die Chilischote hacken oder in feine Ringe schneiden. Beides unter die Sauce rühren, einige Minuten durchziehen lassen und noch einmal abschmecken, falls nötig.

Gut zu wissen: Wer unter Glutenunverträglichkeit leidet, kann die Sojasauce durch Tamari ersetzen. Dazu kann man Apfel- statt Reisessig verwenden und den Limetten- durch Zitronensaft ersetzen. Statt Chili lässt sich Sambal Oelek verwenden, der für den gleichen Geschmack sorgt, jedoch ohne die Schärfe einer frischen Chilischote.

GARNELENSAUCE (MAM-TOM-SAUCE)

Für 4 Personen
Vorbereitung: 20 Minuten
Garzeit: 10 Minuten

4 TL Mam Tom (Garnelenpaste)
1 EL Zucker (nach Geschmack auch mehr)
1 Schalotte
4 EL neutrales Speiseöl
120 ml frisch gepresster Limettensaft (oder Klementinensaft)
3 Knoblauchzehen, geschält
1 frische Chilischote (oder 2 TL Sambal Oelek)

Das Mam Tom in einer großen Schüssel mit dem Zucker verrühren.
Die Schalotte schälen, fein hacken und in einem Topf in dem Öl bei starker Hitze 2 Minute bräunen. Die Schalotte samt dem heißen Öl in die Mam-Tom-Mischung gießen, dabei kräftig rühren, bis die Mischung schäumt.
Sorgfältig den Limettensaft unter die Sauce rühren.
Zuletzt den Knoblauch und die Chilischote fein hacken und untermengen.

Gut zu wissen: Wenn Ihnen frische Chilis zu scharf sind, Sambal Oelek bietet geschmacklich einen guten Ersatz und ist weniger feurig.
Bei manchen Gerichten wird das Öl durch die gleiche Menge Wasser ersetzt und nicht selten tritt Klementinensaft an die Stelle des Limettensafts.

HAUSGEMACHTE ROTE SOJASAUCE

Ergibt 200 ml Sauce
Vorbereitung: 5 Minuten
Garzeit: 30 Minuten

2 Frühlingszwiebeln
5 g Ingwer
60 g Muscovado- oder brauner Zucker
200 ml helle chinesische Sojasauce
1 EL dunkle chinesische Sojasauce
2 Knoblauchzehen
1 Muskatnuss
1 schwarze Kardamomkapsel
2 Lorbeerblätter
2 Gewürznelken
1 Sternanis
1 TL Sichuan-Pfeffer
1 TL Fenchelsamen
1 Zimtstange

Die Frühlingszwiebeln in 5 cm lange Stücke, den ungeschälten Ingwer in zwei Hälften schneiden.
In einem Topf 100 ml Wasser mit dem Zucker bei hoher Temperatur erhitzen, bis sich der Zucker aufgelöst hat. Sojasaucen, Knoblauch, Frühlingszwiebeln, Muskatnuss, Kardamom, Lorbeer, Nelken, Sternanis, Sichuan-Pfeffer, Fenchelsamen und die Zimtstange zugeben und zum Kochen bringen. Die Hitze reduzieren und alles 20–30 Minuten köcheln lassen, bis die Mischung auf ein Drittel eingekocht ist.
Die Sauce vollständig abkühlen lassen und durch ein Sieb passieren. In einem verschlossenen Glas hält sie sich im Kühlschrank mindestens 6 Monate.

NUOC-MAM-SAUCE FÜR SALAT

Diese Nuoc-Mam-Salatsauce wird nach demselben Prinzip zubereitet wie die Würzsauce (siehe Seite 309), ist aber weniger dünn.

Ergibt etwa 800 ml Sauce
Zubereitung: 15 Minuten

180 g brauner Zucker
150 ml weißer chinesischer Reisessig
2 Limetten (etwa 100 ml Limettensaft)
200 ml Nuoc-Mam
3 Knoblauchzehen
1 frische Chilischote (oder 2 TL Sambal Oelek)

Den Zucker in 200 ml heißem Wasser auflösen. Den Essig, den Limettensaft und das Nuoc-Mam unterrühren, abschmecken und gegebenenfalls noch etwas nachwürzen.
Den Knoblauch schälen und fein hacken, die Chilischote in feine Ringe schneiden, unter die Sauce rühren und einige Minuten ziehen lassen. Falls nötig, noch einmal abschmecken.

Gut zu wissen: Die Qualität des Nuoc-Mam ist ausschlaggebend für eine gute Sauce.
Der Reisessig lässt sich durch Apfelessig, der Limettensaft durch Zitronensaft und die Chilischote durch Sambal Oelek (das gleiche Aroma ohne die Schärfe) ersetzen.
Da die Sauce für Salate oder Ähnliches verwendet wird, muss sie etwas salziger abgeschmeckt werden als eine Sauce zum Dippen.

SHACHA-SAUCE

Ergibt etwa 300 g Sauce
Vorbereitung: 30 Minuten
Einweichen: 30 Minuten
Garzeit: 10 Minuten

30 g getrocknete Garnelen
2 Stängel Zitronengras
2 Schalotten
2 Knoblauchzehen
1 EL Annatto-Öl (siehe Seite 307)
1 EL Chilipulver oder -flocken (oder 1 TL für eine weniger scharfe Sauce)
1 TL Zucker
3 EL Nuoc-Mam

Die getrockneten Garnelen 30 Minuten in lauwarmem Wasser einweichen. Abtropfen lassen und im Mixer oder Mörser fein zermahlen.
Das Zitronengras von der äußeren Blattschicht befreien, die Stängel leicht zerdrücken, den weißen Teil fein hacken.
Die Schalotten und den Knoblauch schälen, fein hacken und in einer Pfanne in dem Annatto-Öl anschwitzen. Sobald die Schalotten glasig sind, die zermahlenen Garnelen, das Chilipulver und das Zitronengras zugeben und alles bei starker Hitze anschwitzen. Den Zucker und das Nuoc-Mam unterrühren und die Sauce 5 Minuten bei mittlerer Hitze reduzieren. Anschließend ist die Sauce einsatzbereit.

Gut zu wissen: Getrocknete Chiliflocken sind äußerst scharf. Reduzieren Sie die Menge oder ersetzen Sie die Flocken durch edelsüßen Paprika, wenn Sie nicht gern scharf essen.

REZEPT-VERZEICHNIS

Annatto-Öl 307
»Ausgefuchste« Soba 48
Banh Canh 30
Banh Canh mit Krebsfleisch 124
Banh Canh mit Schweinerippe 120
Banh Hoi mit knusprigem
　Schweinefleisch 200
Banh-Hoi-Küchlein 202
Basis für Ramen mit Salz 293
Basis für Ramen mit Sojasauce ... 293
Bo Bun 178
Bun Cha nach Art von Hanoi 196
Bun mit Bambussprossen und
　Ente 126
Bun mit Fisch, Kurkuma und Dill ... 184
Bun mit Hanoi-Brühe 125
Bun mit Huhn und
　Zitronengras 183
Bun mit Krebsfleisch und Tofu ... 128
Bun mit Lachs 192
Bun mit Meerbarbe 67
Bun mit Rindfleisch aus Hue 130
Bun mit Schweinefleisch und
　Zitronengras 182
Bun mit Tofu und Garnelenpaste .. 198
Bun mit Tofu und Zitronengras 194
Chiliöl 307
Chinesische Hühnerbrühe 294
Chinesische Rinderbrühe 296
Chinesische Schweinebrühe 297
Chinesisches Schweinefleisch
　Char Siu 305

»Dachs«-Soba 49
Dashi für Ramen 292
Eingelegte Eier für Ramen 304
Eingelegte Soja-Eier 304
Fen mit Essig und Chiliöl 62
Fen Si mit Möhren 220
Fen Tiao mit Schweinefleisch 240
Festtags-Yakisoba 246
Frische Udon mit Lachs und
　seinem Kaviar 154
Frittierte Mi-Nudeln 303
Frühlingszwiebelöl 306
Garnelensauce (Mam Tom) 310
Gebratene Mi mit Gemüse und
　Garnelen 218
Gebratene Mian nach Art von
　Shanghai 238
Gebratene Mien mit Gemüse 212
Gebratene Pho mit Rindfleisch ... 214
Gebratene Thai-Reisnudeln 256
Gedämpfte Mi Fen 204
Geschabte Mian mit Gemüse 171
Geschabte Mian-Nudeln 35
Geschmorte Mian mit grünen
　Bohnen 231
Geschnippelte Mian 36
Geschnippelte Mian
　mit Tomaten 164
Gewürfelte Mian mit Gemüse ... 232
Gezupfte Mian nach Art der
　Uiguren 230
Gezupfte Mian-Nudeln 37

Grüntee-Soba 145
Hausgemachte rote Sojasauce 310
Hausgemachte Soba-Nudeln 28
He Fen auf kantonesische Art 226
Hiyamugi 144
Hu Tieu mit Fisch 66
Hu Tieu mit Rindfleisch und
　Shacha-Sauce 136
Hu Tieu nach Art von My Tho 134
Hu Tieu nach Art von Saigon 132
Hue Tieu ohne Brühe 176
Instant-Ramen 94
Japanische Dashi 286
Japanische Vinaigrette 308
Kaeshi 288
Kakiage mit Garnelen, Zwiebeln
　und Frühlingszwiebeln 302
Kalte koreanische Nudelsuppe 70
Kalte Mian mit Huhn 156
Kalte Soba 146
Kalte Somen auf chinesische Art ... 56
Kalte Udon mit Umeboshi 152
Koreanische Fadennudeln
　mit Kimchi 206
Koreanische Glasnudelpfanne ... 252
»Krabbelnde Ameisen« 242
Lamian 34
Lamian mit Rindfleisch 98
Mi Fen nach Art von Guilin 103
Mi Fen nach Art von Singapur ... 236
Mi Fen nach Art von Taiwan 234
Mi mit Ente und Shiitake-Pilzen ... 138

Mi mit Schweinefleisch und Garnelen 216	Nuoc-Mam-Sauce für Salat 311	Soba nach Art der Barbaren im Süden 76
Mi Quang mit Huhn 188	Nuoc-Mam-Sauce mit Ingwer 308	Soba-Suppe 43
Mi Quang mit Schweinefleisch und Garnelen 186	Nuoc-Mam-Sauce mit Knoblauch und Chili 309	Sojasauce für Salat 309
Mi Quang mit Tofu und Gemüse ... 190	Pho mit Huhn 118	Somen-Suppe 42
Mi Xian »überqueren die Brücke« 110	Pho mit Rindfleisch 112	Spaghetti auf japanische Art 251
Mian 35	Pho-Brühe 116	Spaghetti mit Nori und Parmesan ... 250
Mian Biang Biang 32	Ramen mit Gemüse 93	Spezial-Pho nach Art des Südens ... 114
Mian Dandan 172	Ramen mit Kimchi 91	Süßsauer eingelegte Möhren 304
Mian des Nudelträgers 104	Ramen mit Miso 95	Suiton nach Art meiner Mutter 52
Mian des sonnigen Frühlings 58	Ramen mit Salz, Char Siu und Spinat 92	Tempura 80
Mian mit Auberginen 158	Ramen mit Sojasauce 90	Thai-Nudeln mit Erdnusssauce .. 254
Mian mit Dalu-Sauce 166	Ramen nach Art von Hakata 88	Tonkotsu-Brühe für Ramen 290
Mian mit Frühlingszwiebeln 160	Ramen nach Art von Madame Ebina 96	Tsuyu-Brühe 289
Mian mit Huhn 223	Rindfleischbällchen 305	Udon mit Garnelen-Tempura 78
Mian mit Rindfleisch nach Art von Taiwan 102	Saftiges Schweinefleisch Char Siu auf japanische Art 306	Udon mit Gemüse 244
Mian mit roter Sojasauce 161	Sesamsauce 308	Udon mit Rohkostgemüse 150
Mian mit Sesamsauce 157	Sesam-Vinaigrette 308	Udon mit Umeboshi und Wakame 151
Mian mit Shiitake-Pilzen 224	Shabu-Shabu mit Udon 153	Udon Sukiyaki 148
Mian mit Sojasauce 222	Shacha-Sauce 311	Udon-Nudeltopf 84
Mian mit Tomaten 165	Sichuan-Pfeffer-Öl 307	Umwickelte Garnelen 258
Mian mit Tsa Tsai 60	Soba mit Kakiage 82	Vegetarische Dashi aus Kombu ... 289
Mian mit Wan-Tans 106	Soba mit Mochi 51	Vegetarische Dashi aus Shiitake 289
Mian mit Zhajiang-Sauce 174	Soba mit Natto 50	Vietnamesische Frühlingszwiebeln in Öl 306
Mian nach Art von Chongqing 170	Soba mit Nori 46	Vietnamesische Hühnerbrühe ... 301
Mian nach Art von Wuhan 162	Soba mit Pilzen 44	Vietnamesische Rinderbrühe 300
Mien mit Huhn 68	Soba mit Süßkartoffel 54	Vietnamesische Schweinebrühe 298
Miso-Suppe mit Udon 86	Soba mit Zitrusfrüchten 47	Wan-Tans mit Schweinefleisch-Garnelen-Füllung 108
Nudeln garen 26		Yuzu-Vinaigrette 308

VEGETARISCHE UND GLUTENFREIE REZEPTE

VEGETARISCHE REZEPTE

»Ausgefuchste« Soba 48
Banh Canh 30
Banh-Hoi-Küchlein 202
Bun mit Tofu und Zitronengras 194
Chiliöl 307
Fen Si mit Möhren 220
Frittierte Mi-Nudeln 303
Frühlingszwiebelöl 306
Gebratene Mien mit Gemüse 212
Geschabte Mian 35
Geschabte Mian mit Gemüse 171
Geschnippelte Mian 36
Gewürfelte Mian mit Gemüse ... 232
Gezupfte Mian 37
Grüntee-Soba 145
Hausgemachte rote Sojasauce ... 310
Hausgemachte Soba 28
Hiyamugi 144
Kaeshi 288
Kalte Soba 146
Kalte Udon mit Umeboshi 152
Lamian 34
Mi Quang mit Tofu und
   Gemüse 190
Mian Biang Biang 32
Mian mit Auberginen 158
Mian mit Frühlingszwiebeln 160
Mian mit roter Sojasauce 161
Mian mit Sesamsauce 157
Mian nach Art von Wuhan 162
Sesamsauce 308
Sesam-Vinaigrette 308
Sichuan-Pfeffer-Öl 307
Soba mit Mochi 51
Soba mit Natto 50
Soba mit Nori 46
Soba mit Pilzen 44
Soba mit Süßkartoffel 54
Soba mit Zitrusfrüchten 47
Soba-Suppe 43
Sojasauce für Salat 309
Somen-Suppe (ohne Ei) 42
Spaghetti mit Nori und
   Parmesan 250
Süßsauer eingelegte Möhren 304
Suiton nach Art meiner Mutter .. 52
Thai-Nudeln mit Erdnusssauce
   (Nuoc-Mam durch helle chine-
   sische Sojasauce ersetzen) 254
Udon mit Gemüse 244
Udon mit Rohkostgemüse 150
Udon mit Umeboshi und
   Wakame 151
Vegetarische Dashi aus Kombu ... 289
Vegetarische Dashi aus
   Shiitake 289
Vietnamesische Frühlings-
   zwiebeln in Öl 306
Yuzu-Vinaigrette 308

GLUTENFREIE REZEPTE

Verwenden Sie Nudeln, die zu 100 Prozent aus Buchweizenmehl bestehen. Vorsicht vor versteck-tem Gluten in Essig, Spirituosen, Saucen und anderen Würzmitteln. Glutenhaltige Zutaten lassen sich im Allgemeinen wie folgt ersetzen:
- chinesische und japanische Soja-saucen durch Tamari
- schwarzer chinesischer Reisessig durch Balsamico-Essig oder durch japanischen Reisessig
- Shaoxing-Wein durch Sherry oder japanischen Sake

Annatto-Öl 307
»Ausgefuchste« Soba 48
Banh Canh 30
Banh Canh mit Krebsfleisch 124
Banh Canh mit Schweinerippe 120
Banh Hoi mit knusprigem
   Schweinefleisch 200
Banh-Hoi-Küchlein 202
Basis für Ramen mit Salz 293
Basis für Ramen mit Sojasauce ... 293
Bo Bun 178
Bun Cha nach Art von Hanoi 196
Bun mit Bambussprossen
   und Ente 126
Bun mit Fisch, Kurkuma und
   Dill 184

Bun mit Hanoi-Brühe 125	Hausgemachte Soba-Nudeln 28	Pho-Brühe 116
Bun mit Huhn und Zitronengras 183	He Fen auf kantonesische Art ... 226	Rindfleischbällchen 305
Bun mit Krebsfleisch und Tofu ... 128	Hu Tieu mit Fisch 66	Saftiges Schweinefleisch Char Siu auf japanische Art 306
Bun mit Lachs 192	Hu Tieu mit Rindfleisch und Shacha-Sauce 136	Sesamsauce 308
Bun mit Rindfleisch aus Hue 130	Hue Tieu ohne Brühe 176	Sesam-Vinaigrette 308
Bun mit Schweinefleisch und Zitronengras 182	Japanische Dashi 286	Shacha-Sauce 311
Bun mit Tofu und Garnelenpaste 198	Kaeshi 288	Sichuan-Pfeffer-Öl 307
Bun mit Tofu und Zitronengras 194	Kalte Soba 146	Soba mit Mochi 51
Chiliöl 307	Koreanische Glasnudelpfanne 252	Soba mit Natto 50
Chinesische Hühnerbrühe 294	»Krabbelnde Ameisen« 242	Soba mit Nori 46
Chinesische Rinderbrühe 296	Mi Fen nach Art von Guilin 103	Soba mit Pilzen 44
Chinesische Schweinebrühe 297	Mi Fen nach Art von Singapur ... 236	Soba mit Süßkartoffel 54
Chinesisches Schweinefleisch Char Siu 305	Mi Fen nach Art von Taiwan 234	Soba-Suppe 43
Dashi für Ramen 292	Mi mit Ente und Shiitake-Pilzen 138	Sojasauce für Salat 309
Eingelegte Eier für Ramen 304	Mi Quang mit Huhn 188	Spezial-Pho nach Art des Südens 114
Eingelegte Soja-Eier 304	Mi Quang mit Schweinefleisch und Garnelen 186	Süßsauer eingelegte Möhren 304
Fen mit Essig und Chiliöl 62	Mi Quang mit Tofu und Gemüse 190	Thai-Nudeln mit Erdnusssauce 254
Fen Si mit Möhren 220	Mi Xian »überqueren die Brücke« 110	Tonkotsu-Brühe für Ramen 290
Fen Tiao mit Schweinefleisch 240	Mien mit Huhn 68	Tsuyu-Brühe 289
Frühlingszwiebelöl 306	Nuoc-Mam-Sauce für Salat 311	Vegetarische Dashi aus Kombu ... 289
Garnelensauce (Mam Tom) 310	Nuoc-Mam-Sauce mit Ingwer ... 308	Vegetarische Dashi aus Shiitake 289
Gebratene Mien mit Gemüse 212	Nuoc-Mam-Sauce mit Knoblauch und Chili 309	Vietnamesische Frühlingszwiebeln in Öl 306
Gebratene Thai-Reisnudeln 256	Pho mit Huhn 118	Vietnamesische Hühnerbrühe ... 301
Gedämpfte Mi Fen 204	Pho mit Rindfleisch 112	Vietnamesische Rinderbrühe 300
Grüntee-Soba 145		Vietnamesische Schweinebrühe 298
Hausgemachte rote Sojasauce ... 310		Yuzu-Vinaigrette 308

REZEPTE NACH GETREIDE- UND STÄRKEARTEN

REIS

Feine Nudeln

Banh Hoi mit knusprigem
   Schweinefleisch 200
Banh-Hoi-Küchlein 202
Bo Bun 178
Bun Cha nach Art von Hanoi 196
Bun mit Bambussprossen und
   Ente 126
Bun mit Fisch, Kurkuma und
   Dill 184
Bun mit Hanoi-Brühe 125
Bun mit Huhn und
   Zitronengras 183
Bun mit Krebsfleisch und Tofu ... 128
Bun mit Lachs 192
Bun mit Meerbarbe 67
Bun mit Rindfleisch aus Hue 130
Bun mit Schweinefleisch und
   Zitronengras 182
Bun mit Tofu und Garnelenpaste .. 198
Bun mit Tofu und Zitronengras 194
Gebratene Thai-Reisnudeln 256
Hu Tieu nach Art von My Tho ... 134
Hu Tieu nach Art von Saigon 132
Mi Fen nach Art von Singapur ... 236
Mi Fen nach Art von Taiwan 234
Thai-Nudeln mit Erdnusssauce ... 254

Bandnudeln

Banh Canh 30
Banh Canh mit Krebsfleisch 124
Banh Canh mit Schweinerippe 120
Gebratene Pho mit Rindfleisch ... 214
Gedämpfte Mi Fen 204
He Fen auf kantonesische Art ... 226
Hu Tieu mit Fisch 66
Hu Tieu mit Rindfleisch und
   Shacha-Sauce 136
Hue Tieu ohne Brühe 176
Mi Fen nach Art von Guilin 103
Mi Quang mit Huhn 188
Mi Quang mit Schweinefleisch und
   Garnelen 186
Mi Quang mit Tofu und
   Gemüse 190
Mi Xian »überqueren die
   Brücke« 110
Pho mit Huhn 118
Pho mit Rindfleisch 112
Spezial-Pho nach Art
   des Südens 114

WEIZEN

Feine Nudeln

Festtags-Yakisoba 246
Frittierte Mi-Nudeln 303
Gebratene Mi mit Gemüse und
   Garnelen 218
Gebratene Mian nach Art von
   Shanghai 238
Geschmorte Mian mit grünen
   Bohnen 231
Hiyamugi 144
Instant-Ramen 94
Kalte Mian mit Huhn 156
Kalte Somen auf chinesische Art ... 56
Koreanische Fadennudeln
   mit Kimchi 206
Mi mit Ente und Shiitake-
   Pilzen 138
Mi mit Schweinefleisch und
   Garnelen 216
Mian Dandan 172
Mian des Nudelträgers 104
Mian des sonnigen Frühlings 58
Mian mit Auberginen 158
Mian mit Dalu-Sauce 166
Mian mit Frühlingszwiebeln 160
Mian mit Huhn 223
Mian mit Sesamsauce 157
Mian mit Shiitake-Pilzen 224
Mian mit Sojasauce 222
Mian mit Tsa Tsai 60
Mian mit Wan-Tans 106

Mian mit Zhajiang-Sauce 174	Gezupfte Mian-Nudeln 37	Soba mit Mochi 51
Mian nach Art von Chongqing 170	Kalte Udon mit Umeboshi 152	Soba mit Natto 50
Mian nach Art von Wuhan 162	Lamian 34	Soba mit Nori 46
Ramen mit Gemüse 93	Lamian mit Rindfleisch 98	Soba mit Pilzen 44
Ramen mit Kimchi 91	Mian Biang Biang 32	Soba mit Süßkartoffel 54
Ramen mit Miso 95	Mian mit Rindfleisch nach Art	Soba mit Zitrusfrüchten 47
Ramen mit Salz, Char Siu	von Taiwan 102	Soba nach Art der Barbaren im
und Spinat 92	Mian mit roter Sojasauce 161	Süden 76
Ramen nach Art von Hakata 88	Mian mit Tomaten 165	Soba-Suppe 43
Ramen nach Art von	Miso-Suppe mit Udon 86	
Madame Ebina 96	Shabu-Shabu mit Udon 153	**SÜSSKARTOFFELSTÄRKE**
Somen-Suppe 42	Suiton nach Art meiner Mutter 52	**Feine Nudeln**
Spaghetti auf japanische Art 251	Udon mit Garnelen-Tempura 78	Fen mit Essig und Chiliöl 62
Spaghetti mit Nori und	Udon mit Gemüse 244	Koreanische Glasnudelpfanne 252
Parmesan 250	Udon mit Rohkostgemüse 150	
Umwickelte Garnelen 258	Udon mit Umeboshi und	**Bandnudeln**
	Wakame 151	Fen Tiao mit Schweinefleisch 240
Bandnudeln und andere Formen	Udon Sukiyaki 148	
Frische Udon mit Lachs und	Udon-Nudeltopf 84	**MUNGBOHNENSTÄRKE**
seinem Kaviar 154		Fen Si mit Möhren 220
Geschabte Mian mit Gemüse 171	**BUCHWEIZEN**	Gebratene Mien mit Gemüse 212
Geschabte Mian-Nudeln 35	»Ausgefuchste« Soba 48	»Krabbelnde Ameisen« 242
Geschnippelte Mian 36	»Dachs«-Soba 49	Mien mit Huhn 68
Geschnippelte Mian	Grüntee-Soba 145	
mit Tomaten 164	Hausgemachte Soba-Nudeln 28	
Gewürfelte Mian mit Gemüse 232	Kalte koreanische Nudelsuppe 70	
Gezupfte Mian nach Art der	Kalte Soba 146	
Uiguren 230	Soba mit Kakiage 82	

DANKE...

An Patrick Cadour für unsere Begegnung
An Grace Ly für eine brillante Idee
An Ximena Riveros
An Auriane Velten
Und an das Team der Éditions du Chêne, allen voran Fabienne Kriegel, Fanny Delahaye, Sabine Houplain und Hélène Maurice

An meine Großmutter Li Rong-Qing
An Coralie Ferreira
An Baptiste

Margot

An Thierry
An Hugo
An meine Familie und meine Schwiegereltern
An Marielle, Audrey und Sandie

Minh-Tâm

An Nancy Lì und Cahty Ho
An Élodie und Danile Tran

Chihiro

#nouille #noodlegirls #panasie #makenoodlesnotwar
#faisonsdesnouillespaslaguerre

DIE AUTORINNEN

CHIHIRO MASUI
Chihiro Masui, in Tokio geboren, arbeitet seit 20 Jahren als Gastrokritikerin und Sachbuchautorin zum Thema Essen & Trinken (*Petits Gâteaux, Pommes de terre, Tartes, Astrance, Kei, Amandine Chaignot, Sola, Thés japonais,* u. a.). Sie hat in der internationalen Presse zahlreiche Artikel über namhafte französische und japanische Köche veröffentlicht. Im *Cuisine Kingdom*, einem der wichtigsten Magazine zu kulinarischen Themen in Japan, unterhält sie eine monatliche Kolumne. Sie hat einen französischen und einen japanischen Blog ins Leben gerufen, die Lesern aus Fachwelt und Gastronomie als wichtige Referenz dienen: **chihiromasui.com**

MINH-TÂM TRÂN
Minh-Tâm Trân, vietnamesischer Abstammung und in Frankreich geboren, ist seit frühester Kindheit mit der vietnamesischen Küche vertraut. Sie arbeitete zunächst im Bereich Musik, bevor sie sich ganz der Erforschung ihres kulinarischen Erbes widmete. Seit einigen Jahren bringt sie ihre Leidenschaft für die vietnamesische Küche auch unter die Leute, sei es in Kochkursen oder in ihrem Blog, der französischsprachigen Lesern als wichtige Quelle in Sachen vietnamesische Küche dient: **misstamkitchenette.com**

MARGOT ZHANG
Margot Zhang wurde in Peking geboren und bereits von ihrer Mutter und Großmutter in die Geheimnisse der chinesischen Familienküche eingeweiht. Seit sie in Frankreich lebt, hat sie an der Université de Paris VII in Linguistik promoviert, an der Science Po unterrichtet und einen kulinarischen Blog gegründet, der für die frankofone Blogosphäre zur der Referenz in Fragen der chinesischen Küche schlechthin geworden ist: **recetteschinoises.blogspot.fr**

Impressum

Titel der Originalausgabe: *Nouilles d'Asie*
Erschienen bei Éditions du Chêne – Hachette Livre,
Vanves 2016
Copyright © 2016 Éditions du Chêne – Hachette Livre,
Vanves, Frankreich

Texte: Chihiro Masui, Minh-Tâm Trân, Margot Zhang
Fotografie: Taisuke Yoshida mit Ausnahme von:
S. 8, © Margot Zhang, S. 10 © Chihiro Masui, S. 11 oben
© Marielle Laheurte, S. 11 unten © Chihiro Masui, S. 13
© Chihiro Masui, S. 40 © Margot Zhang, S. 74 © Chihiro
Masui, S. 142 © Marielle Laheurte, S. 210 © Chihiro Masui
Gestaltung: Ximena Riveros

Deutsche Erstausgabe
Copyright © 2019 von dem Knesebeck GmbH & Co.
Verlag KG, München
Ein Unternehmen der La Martinière Groupe

Projektleitung: Susanne Caesar, Knesebeck Verlag
Lektorat: Dr. Gabriele Kalmbach, Reutlingen
Umschlaggestaltung: Leonore Höfer, Knesebeck Verlag
Satz: Arnold & Domnick, Leipzig
Herstellung: Arnold & Domnick, Leipzig
Printed in China

ISBN 978-3-95728-206-4

Alle Rechte vorbehalten, auch auszugsweise.

www.knesebeck-verlag.de